中国新基建

未来布局与行动路线

中国社会科学院工业经济研究所未来产业研究组 / 著

中信出版集团 | 北京

图书在版编目（CIP）数据

中国新基建：未来布局与行动路线 / 中国社会科学院工业经济研究所未来产业研究组著 . -- 北京：中信出版社，2020.9

ISBN 978-7-5217-2081-5

Ⅰ . ①中… Ⅱ . ①中… Ⅲ . ①信息经济—经济发展—研究—中国 Ⅳ . ① F492.3

中国版本图书馆 CIP 数据核字 (2020) 第 137243 号

中国新基建：未来布局与行动路线

著　　者：中国社会科学院工业经济研究所未来产业研究组
出版发行：中信出版集团股份有限公司
（北京市朝阳区惠新东街甲 4 号富盛大厦 2 座　邮编　100029）
承 印 者：北京诚信伟业印刷有限公司

开　　本：787mm × 1092mm　1/16　　印　　张：19.25　　字　　数：240 千字
版　　次：2020 年 9 月第 1 版　　印　　次：2020 年 9 月第 1 次印刷
书　　号：ISBN 978-7-5217-2081-5
定　　价：69.00 元

推荐序一

新基建是指战略性、网络型的基础设施建设。早在2018年12月，中央经济工作会议就已提出新基建的概念。应对新冠肺炎疫情催生的对无接触、智能化技术、产品和服务的新需求，进一步凸显出建设新型基础设施，加快经济社会数字转型的重要性和紧迫性。中央在统筹推进疫情防控和经济社会发展中将新基建提到战略高度，这不仅是中短期刺激投资的举措，而且是以新基建为引领，立足国内超大市场规模优势，推动中国经济社会发展和国家治理迈向依靠数据驱动，数字化、网络化、智能化的发展道路，从而更好地激发新的消费需求，持续增强中国经济发展的内生动力。

从这一意义出发，新基建的"新"，并非局限于设立新的基建工程项目，更在于打造新的产业增长点，创新投资渠道，培育新型消费，为中国开展全方位数字转型强基赋能。同时，应该看到，5G、人工智能、物联网等新基建的主要领域都是新一轮科技革命和产业变革的重要方向，也是世界工业大国深度布局、抢先发展的"主战场"。近年来，中国科技发展明显提速，重大创新成果不断涌现。特别是反映在信息技术领域，如果说在2G、3G、4G等前几代技术主导市场的时期，中国移动通信的整体技术水平和商用发展明显滞后于发达国家的话，进入5G时代，这种局面开始发生根本性变化。不论是5G技术标准、专利数量，还是 5G 产品开发，再到用户规模和网络建设，中国均走在了世界前列。在大数据、人工智能、工业互联网等领域，总体来看，我们起步也不算晚，但现阶段在原创层面与国际领先水平尚有一定差距，而加大新基建投资力度将为这些领域的中国企业提供更多的发展机遇和有利的政策环境。

面对世界百年未有之大变局，高水平推动新基建，需要把握好以下几个方面：一要坚持创新驱动。新一代信息技术迭代发展快，还需要在应用中持续创新，突出企业在新型基础设施建设、运营及创新中的主体地位。二要充分发挥数据作为生产要素的作用，数据参与收益分配有利于推动大数据更大规模、更深层次的应用，同时也对新型基础设施的发展提出更高的要求。三要注重传统基础设施升级改造与新基建协同推进和统筹发展，以新基建为契机，改造提升传统产业，培育壮大新兴产业。四要增强新基建的辐射带动作用，围绕 5G 网络、工业互联网、数据中心、基础软件等重点领域精准发力，形成新基建投资的杠杆作用和政策撬动力，促使 5G 网络等新技术尽快扩展到产业应用上，夯实中国产业基础和提升现代化水平。最后，需要强调的是安全问题。我们要清醒地认识并预判到，伴随着数字经济日益活跃，网络空间与现实世界的边界趋于模糊，网络安全隐患也将从信息空间向物理空间延伸，这不仅是中国面临的重大挑战，也是数字时代全球亟待应对的风险。新基建面临的安全风险，影响更为严峻。有别于传统基础设施靠事后修修补补解决安全问题的方式，新基建的网络安全要与基础设施建设同步进行。这要求在相关领域树立全新的安全观，以先进的理念、规划、技术和法规共同构筑安全生态，为数字经济和智慧社会保驾护航。

新基建既是国家战略，也是社会关注的热点问题，其中蕴含多领域、跨学科的专业知识和政策背景。中国社会科学院工业经济研究所未来产业研究组充分利用其在新兴产业发展、新工业革命、全球化趋势以及国际竞争格局演进等方面的学术积累和研究成果，撰写了《中国新基建：未来布局与行动路线》一书，从中央战略部署和国家政策措施出发，系统阐释了新时代中国推动新基建的重大现实意义，厘清了新基建的内涵和特征，并对新基建主要领域的主导技术、价值创造、市场潜力、建设主体、推进方式以及政策着力点进行了深入分析，提出了面向新一轮科技革命和产业变革下中国新基建的行动路线，解答了社会对新基建关注的一些问题，提出了新的见解。对于政策制定部门、行业研究机构以及关注新基建的大众读者而言，这都是一部兼具专业性和可读性的好书。

期待作者今后进一步发挥国家智库的研究专长，深入观察全球科技创新、基础设施更新迭代以及未来产业发展的新动向，不断推出高水平的研究成果，为形成“国内国际双循环”新发展格局，加快发展数字经济贡献智慧。

中国工程院院士

2020 年 8 月 24 日

推荐序二　新基建、新经济、新文明

从经济和社会发展的角度看，2020 年一定是人类历史上值得铭记的一年。工业时代历经百年形成的全球经济体系、治理体系，因为新冠肺炎疫情造成的阻滞而加速了变革，并把 2020 年变成了人类从工业文明到数字文明演化的一个重要分水岭。历史上文明的更迭，往往与科学技术革命有密不可分的关系，并由此引发经济社会矛盾的全面爆发，从而导致人类社会治理体系的革命。以往历次文明更迭所引发的矛盾，大多是以战争的形式解决，这使得人类文明总是在破坏中创造、在倒退中前进。向数字文明的进步有望打破这一历史前进的方式，以一种更加先进的社会巨变模式代替战争那种不文明的方式。席卷全球的新冠肺炎疫情，使得这种巨变提前到来，疫情后全球经济的重塑力度不亚于一场世界大战，人类文明正在呼唤数字经济时代的新社会秩序。

面对这场异常严峻的竞争，中国政府提出了加速新基建的发展战略，并大力推进数据要素市场化配置、推动企业“上云用数赋智”。这是中国在应对这场大变革时，从容自信的布局，我们正在以一种顺应历史潮流的方式，科学地参与并开始主导这一轮全球数字经济、社会秩序的重构。

新基建就是支撑数字经济、数字社会治理的各种基础设施，它代表着人类文明的未来。建设这些基础设施无比重要，就像是高速公路、高速铁路、信息高速公路一样，构建一个具有竞争力的数字社会，必须要有先进的数字基础设施。但是，新型基础设施到底包含哪些内容？该如何建设这些基础设施？这些基础设施又会带来经济社会发展的哪些新机会？由于没有可以借鉴的经验，这些问题依然没有准确的答案，不同领域、不同背景的人会从不同的角度解读新基建。过去的几个月中，参与新基建解读的技术专家很多，但真正能从经济管理视角系统解读新基建的还很少。《中国新基建：未来布局与行动路线》这本书由多位经济学、管理学博士，从数字经济系统、社会系统的视角，探讨未来科技、未来产业和未来城市之间的深度交互与全方位融通模式。这对深入理解新基建的经济社会内涵，从而更好地建设数字社会的基础设施，具有重要的意义。

一、新基建是数字生产力与生产关系匹配的产物，是支撑数字经济循环的基础

从本书的论述中不难看到，在经济学家看来，任何基础设施的代际革命，都是社会生产力发展到了一定领先程度，社会生产关系与之不能匹配的结果。以互联网、大数据、人工智能、云计算、区块链等为代表的数字生产力，在过去几十年时间里得到了长足发展，并正在逐渐成为世界经济、社会秩序的主宰力量。但是，现有的基础生产关系还是在工业时代形成的，用以匹配分工协作的工业生产模式，它并

不能满足数字生产力对于信用、效率、创新等方面的要求，从而开始阻碍先进生产力的发展。要想释放数字生产力所蕴含的巨大能量，就必须要大胆变革生产关系。

新基建就是在为全面重塑生产关系、释放数字生产力奠定基础。无论是信息基础设施，还是融合基础设施、创新基础设施，都是在力图重塑一个更加适合数字经济发展需要的经济社会基础环境，为数据要素全面融入经济社会的方方面面提供便利，从而构建一个全新的智慧社会。中国正在构建经济发展的双循环模式，新基建将成为其中的关键。借助新基建，中国正在全国各地建设一个又一个更适合数字经济发展的营商环境，为全球企业提供更好的数字化经营平台，从而带动全球经济复苏和转型。

二、要充分认识投资新基建与投资传统基建的差异，创新新基建投资模式

毫无疑问，投资新基建会带动未来几年中国高水平的投资。所谓高水平，要体现在投资模式的创新、投资综合效益的增加、投资效率的提升等多个方面。与投资传统基建相比，投资新基建有以下几方面不同。

首先，从投资主体看，传统基建一般由政府投资，有的项目虽然采用 PPP 模式，但往往还需要政府兜底；投资新基建一定不能是政府兜底，而是要充分发挥各类新基建的灵活性，由市场主体根据政策

引导自主投资，自负盈亏。比如，中国的通信基础设施是由几大电信企业以及铁塔公司在投，通过政策引导，还可以有民营企业参与物联网、工业互联网，甚至是卫星互联网等基础设施的投资。多样化的投资主体才能充分体现新基建的创新性，并提高投资效率。

其次，从投资回收期看，传统基建投资大、回收慢，一条 100 公里的高速铁路的投资规模至少 150 亿元，其回报期一般要 30 年；新基建的投资规模大小不一，但因为是市场主导，投资主体对投资效率要求较高，因此总的来说回报期会相对较短。

最后，从投资的经济社会效益看，传统基建投资形成了若干交通枢纽，奠定了城市经济这一人类伟大发明的发展基础；新基建投资则奠定了人类数字文明的发展基础，不仅本身形成了规模庞大的数字经济产业，还将颠覆传统产业，使之走向数字化，从而产生不可估量的投资叠加效应、乘数效应。

从本书对新基建的分析中可以看到，新基建投资的关键是在投资模式的创新上，也就是如何借数字经济发展的东风，合理制定政策，用国家资本撬动社会资本，全面开展新基建工作。

三、用基于新基建的科技创新、产业创新、制度创新，推进中国引领第四次工业革命——数字革命

到目前为止，人类社会经历了三次工业革命，目前正在兴起第四次工业革命，也可以称为数字革命。前两次工业革命，中国都错过

了，第三次工业革命，中国赶上了，但只是跟进而已。面对第四次工业革命，中国不仅仅是跟进者，而且是引领者之一。

2010 年前后，科技革命呈现出新特征，一些领域出现新突破，有人将之称为第四次工业革命，或者是数字革命。在这个阶段，中国的创新能力也发生了新的飞跃。2009 年，华为开始布局 5G 领域的研发和投资，随后的突破奠定了中国在 5G 领域领先全球的地位。而 5G 正是数字产业化、产业数字化的关键技术。2010 年，我国首次成为全球第一制造大国，并连续多年居世界第一。但是我们也要清醒地看到，与国际先进水平相比，我们的基础研究能力有待进一步提升，创新体系仍存在不少短板。在新冠肺炎疫情深度冲击全球经济的大背景下，唯有科技、唯有创新才是走出危机、赢得主动的治本之道。加快新基建，加快布局一批以大科学装置和大试验平台为代表的创新基础设施，同时辅以科技创新体制改革的深化，将有助于打造基础研究、区域创新、开放创新和前沿创新深度融合的协同创新体系，有助于进一步激发全社会的创新创造动能。

关键技术的创新是绕不过的发展道路，基于新技术的产业创新、制度创新也同等重要。新基建为数字时代中国的产业创新、制度创新奠定了基础，大量新的产业形态、商业模式将不断涌现，社会治理的效率将不断提升，数字时代的财富效应将助推中国 GDP 走向全球领先，并进一步推进中国引领数字革命。《中国新基建：未来布局与行动路线》这本书在这一维度上做了详细的论述，分别就每一类新基建中国产业所面临的机会做了深入讨论，具有很好的参考价值。

2020 年 8 月 21 日习近平总书记在安徽考察时强调“要深刻把握发展的阶段性新特征新要求，坚持把做实做强做优实体经济作为主攻方向，一手抓传统产业转型升级，一手抓战略性新兴产业发展壮大，推动制造业加速向数字化、网络化、智能化发展，提高产业链供应链稳定性和现代化水平。要牢牢把握扩大内需这个战略基点，努力探索形成新发展格局的有效路径。要对标世界一流，加强前沿探索和前瞻布局，加大关键核心技术攻坚力度。要发挥好改革的突破和先导作用，依靠改革破除发展瓶颈、汇聚发展优势、增强发展动力”。这段话为中国新基建进一步明确了发展内涵，中国新基建已经成为改革开放的重要抓手，正在从全方位实现党中央的战略布局。但新基建毕竟是一个全新的领域，需要社会各界共同思考、不断创新，才能真正在信息基础设施、融合基础设施、创新基础设施等几个方面为中国数字经济的发展奠定坚实的基础。希望《中国新基建：未来布局与行动路线》这本书在这一探索过程中能够起到些许作用，并引发更多人以各种形式投身于新基建的开发大潮中，共同见证中国在数字经济时代的和平崛起！

中国国际经济交流中心副理事长

2020 年 8 月 22 日

目　录

推荐序一　邬贺铨　**/ I**

推荐序二　新基建、新经济、新文明　黄奇帆　**/ V**

前　言　/ *01*

疫情下快进的中国新基建 / *01*

新基建：为何建，如何建 / *03*

筑牢数字强国之基 / *09*

未来的城市：建起来还是“算出来” / *18*

关于本书 / *23*

第一章　面向智慧社会的新基建 / 001

新基建全速领航 / 001

新基建的特征与类型 / 006

智慧社会与新基建的角色 / 018

新基建：风险何在 / 026

政策如何发力 / 028

第二章　新型通信网络基础设施：从 5G 到“星链” / 031

数字时代的新通信 / 032

5G：破局与爆点 / 035
工业互联网：号准实体经济的数字脉搏 / 044
物联网：万物智联冲上云霄 / 050
卫星互联网：梦想下的新风口 / 054
搭上通往数字未来的快车 / 061

第三章　新技术基础设施：决战新工业革命之巅 / 063
新基建中无处不在的人工智能 / 064
区块链：包容性技术与数据要素载体 / 080
新技术提升重大突发事件的防范能力 / 093
大国角力的主战场 / 099

第四章　算力基础设施：新世界的核心竞争力 / 102
算力驱动数字未来 / 103
新基建需要新计算 / 108
超级计算机：大国科技竞争的制高点 / 115
“一超多强”的全球新格局 / 121
算力释放新红利 / 128

第五章　智慧能源基础设施：引领大国能源转型 / 136
智慧电厂：打造发电新方案 / 137
能源互联网：打通多能互补互联的“任督二脉”/ 142
能源区块链：没有中间商赚差价 / 149
智慧储能：需求痛点与技术燃点 / 157

新基建下的智能充电桩 / 163
新一轮能源革命的到来 / 167

第六章　智能交通基础设施：产业和城市共同的数字明天 / 169
智能交通系统的“能量来源” / 170
交通信息服务：出行、物流、交管的智能化 / 177
无人驾驶汽车：飞驰的智慧 / 183
不只交通：推动智慧城市的高质量发展 / 193

第七章　创新基础设施：面向科技强国的第一生产力 / 195
超常规的中国工业化 / 195
“中国式创新”的新引擎 / 197
关乎大国未来的基础设施 / 201
创新基础设施的新使命 / 218
美好生活的科技之光 / 230

第八章　新基建与“中国式创新”之路 / 237
“中国式创新”在路上 / 237
创新型国家任重道远 / 242
新基建加持科技强国建设 / 249

参考文献 / 255
后　记 / 261
作者介绍 / 267

前　言

疫情下快进的中国新基建

多年后回想起 2020 年，对于亲历者而言，记忆中或许只留有一个关键词：新型冠状病毒肺炎（以下简称新冠肺炎）。

此时此刻，已致超过千万人感染的这场疫病逐渐演变为百年来危害最大、破坏性最强的全球性公共卫生事件。实际上，疫情在世界范围的传播远远超出各界预判，引发生产萎缩、贸易受阻、物流中断、失业激增。在政治经济、国际格局、地缘关系、社会生活、公共安全等方方面面，新冠肺炎疫情复杂而深远的影响尚未完全释放。后疫情时期，重振经济贸易、重塑分工体系、重建公共秩序、重拾国际信任，仍面临诸多不确定性。

经济学家似乎一向不会过分担心不确定性，因为自乐观理性的亚当·斯密之后，"经济学常常被看作一门忧郁的学问"，甚至在经济学家看来，"关于未来已知的最好答案是'不确定'"[①]。然而，随着疫情快

① 周其仁. 关于未来已知的最好答案是"不确定"［J］. 现代阅读，2019（3）：6-7.

速蔓延，全球宏观经济形势急转直下。世界银行 2020 年第 6 期《全球经济展望》指出，新冠肺炎疫情或将使全球经济陷入第二次世界大战以来最严重的衰退，国际货币基金组织（IMF）给出的最新预测是，全球 GDP（国内生产总值）大幅下降 4.9%（其中发达国家降幅超过 8%），WTO（世界贸易组织）预计 2020 年上半年国际贸易急跌 18.5%，而联合国贸易和发展会议（UNCTAD）则宣称全球投资收缩 40%……当这些糟糕的预测接踵而至，即便“不确定”的预期是常态，对数据异常敏感的经济学家也无法做到泰然自若。更令人忧心忡忡的是，疫情期间各种舆论纷争和观念对立与一段时间以来持续发酵的“反全球化”和民粹主义甀鸣鳖应，将这个世界拖入朝夕难继的巨大风险之中。

近来，伏尔泰的一句名言屡被提起：雪崩之时，每一片雪花都不是无辜的[①]。在新冠肺炎疫情冲击下，确乎鲜有国家、行业和个人可以独善其身。现阶段，中国抗击疫情阻击战取得了重大战略成果，生产生活逐步重现活力，但疫情带来的“蝴蝶效应”仍在扩散，本已增速放缓、处在转型爬坡期的中国经济承受着多重压力，如荆棘载途，举步维艰。同时，疫情加剧了不同部门和市场主体之间的分化。一方面，疫情重创旅游、航空、影视、文娱、院线、教培、餐饮等服务业，不少行业陷入暑雨祁寒、轹釜待炊的困境，企业生存压力不断向家庭和个人传导；另一方面，新型冠状病毒的不可知性和强传染性等突出特点导致以“人工为主”的传统防疫工具捉襟见肘，疫情的远程化、无接触、智能化应对刺激了新的市场需求，大数据、云计算、区

① 原文（英文）为：No snowflake in an avalanche ever feels responsible。

块链、人工智能、无人驾驶、工业互联网、专用机器人等数字技术和智能设备在越来越多部门和领域的应用进入“实战”状态，在助力疫情监测、医疗救治、物资调配、生活保障、复工复产、公益捐助等方面大显身手，带动电子商务、网络直播、智慧医疗、远程教育等行业迎来新一轮市场扩张和投资风口，进而倒逼传统产业的数字化转型驶向快车道。这不仅为中国乃至全球科技抗疫增添了一抹亮色，更进一步彰显出中国经济的强劲韧性。

救焚拯溺、转危为安须得鉴机识变，这场灾难同样危中有机。从中国的实践来看，应对新冠肺炎疫情丰富了新技术的应用场景，促进了新产业新模式新业态的成熟，大大提高了防疫工作的科学性和精准度，在为运用科技手段处置各类重大风险事件积累经验、开拓思路的同时，使得推动数字化、智能化、绿色化新型基础设施建设（以下简称新基建）的政策动力和投资偏好在供给和需求两侧得以显著强化。一时间，政策不断加码，资本持续追捧，市场快速回应，中国新基建按下快进键，逐步承担起为加快高质量发展、实现大国数字转型强基赋能的关键角色。

新基建：为何建，如何建

考察工业化的进程可以发现，历次工业革命无不带来了改变生产和生活的技术、产品和服务。循着科学技术→生产组织→生活方式→社会架构的路径，一国（地区）开启“技术—经济”的范式变迁，实施了对科学体系、经济结构和社会生态的重构。在这一过程中，通用（主导）技术的更迭必然要求关键原材料供给以及能源、交通、通信等基础设施超前或同步发生重大变革，使之与制造、流通和消费方式的演进相适配，共同推动人类社会实现从蒸汽时代到电气时代、信息时代、数字和智能时代的革命性跃迁。今天，第四次工业革命的大潮奔涌而来之际，人类智慧以云的形态集聚和展示，新科技新产业不再是单点突破，而是表现为群体性爆发。由此可以认为，新工业革命的实质是建立在能源转型和基础设施再造之上的整个实体经济多层次、系统性、簇群式的深刻变革。

近年来，在新一轮科技革命和产业变革驱动下，数字化已成为不可逆转的全球趋势，支撑数字经济发展的5G（第五代移动通信技术）、物联网、人工智能、数据中心等基础设施和通用技术也是主要经济体竞相投入和精准发力的战略领域，而新冠肺炎疫情这一重大风险事件则进一步凸显出数据要素和数字实力在构建智慧社会、布局未来大国竞争中至关重要的作用。

实际上，我们不难发现，世界各国应对疫情的理念、方式及其效果呈现出明显的差异，这固然从根本上是由各国国情和发展水平决定的，但也反映出一个客观事实：面对重大风险事件，不论发达国家还是发展中国家，其应急体系都不同程度地存在漏洞和不足。而在国内，各地交出的防疫成绩单同样差异颇大，在这场财力保障、治理理念、行政水平、基层效率、公共服务的实力“比拼”中，部分经济发达省市与东北和西部地区实打实地拉开了差距。这不仅将改变各类要素，特别是人才流动和集聚的方向，甚至会影响后疫情时期供应链调整的战略布局和区位选择。

疫情造成的种种分化和撕裂促使人们重新审视重大风险事件的防控机制及其效力。可以肯定的是，在新冠肺炎疫情暴发之前，随着经济发展水平提高，世界各国对减灾和应急管理的重视程度不断提升，并在制度设计和能力建设方面取得了积极进展。其中，联合国作为全球减灾和突发事件应急协调的重要参与方，开发出了“宾库”减灾行动框架及灾害风险模型等一整套政策工具，帮助成员建立和完善了突发事件防控体系。但当新冠肺炎在全球快速蔓延且在部分国家和地区造成“失控”局面时，人们却失望地看到，各国惯用的应急手段频频失效。对于重大公共卫生事件引发的经济衰退，传统宏观经济政策很难引导并形成可控的市场预期，财政和货币工具均有可能失灵，而在全球救灾和应急管理实践中，联合国等机构已经认识到并提示各国巨灾应对机制存在的困境：在大多数国家和地区，风险管理部门的重要性和国家应急储备的功能普遍不具备连续性，而是极具即时性和短期化，这意味着只有当一个国家和地区面临巨灾或重大风险事件的现实威胁之时，这类部门和机构才会显示出存在感。由于各级政府和普罗大众对其作用和角色寄予太高期望，在灾害降临或风险发生的短时间内，应急管理部门往往会获得强力的资金支持。一旦灾害或疫情过后，这些部门却难以维持长期的关注度，甚至被排斥在公共治理和预算支出的边缘。这种现象和特点既是政府通常更注重免遭偶发灾害的损失，而非专注于管理累积风险的原因，也是其必然结果，致使绝大部分国家和地区的应急管理和储备体系始终处于“头疼医头”的被动局面。

不论是对于“黑天鹅”还是“灰犀牛”事件，“头疼医头”显然远非应对的理想状态。以往国内在处置金融危机、安全生产事故和自然灾害过程中，事前预警常常是备受诟病的环节，但预警机制发挥作用是有条件的，除了科学的理念和良好的制度保障，技术和成本同样是影响其可持续运转的主要因素。尤其是对于新冠肺炎疫情这类不可知、危害大的突发事件，“头疼”发作时尚能及时、有效地“医头”已属不易。至此，关于应对重大风险事件是制度重要还是能力重要的讨论，答案似乎已然明了：唯有兼顾制度和能力建设，才能为抵御重大风险、化解各类危机提供根本性保障。

正是基于这一思路，近期中央连续推出了加大新基建投资力度、做好“六稳”落实“六保”①、深化要素市场化配置改革、构建更加完善的要素市场化配置体制机制等一系列重大举措，为统筹推进疫情防控和经济社会发展定下了新基调、指明了新方向。值得注意的是，早在 2018 年中央已提出加强新基建，在防疫关键时期将其作为经济政策的重心，除了出于刺激投资等短期效应的考量，更为长远的布局显然直指后疫情时期数字经济强国战略。

目前，国内有关新基建的内涵和外延并未形成统一的认识，但不同界定和分类均涵盖发展数字经济的主要领域及其底层支撑技术。同时，现阶段中国数字技术应用和数据要素的积累，“to C”（对消费者）的水平要超出“to B”（对商家）的水平，实体部门数字化转型普遍面临成本高、难度大、壁垒多的障碍和制约。为此，政府推动新基建，一来以此为契机，自上而下进一步凝聚加快发展数字经济的共识，吸引各类资本参与，扩大数字要素供给，统筹各地区、各部门、各领域

① “六稳”是指“稳就业、稳金融、稳外贸、稳外资、稳投资、稳预期”，“六保”是指“保居民就业、保基本民生、保市场主体、保粮食能源安全、保产业链供应链稳定、保基层运转”。

的数字化和智能化发展进程，推进政府数据与社会数据的开放共享，强化各领域数据协同，防止地区之间、部门之间的数字鸿沟加大，避免出现区域发展新的数字级差；二来形成研发合力，加紧突破新一代通用技术创新及产业化应用的瓶颈和障碍，打通传统产业与新兴产业之间以及供应链各环节的数字端口，全面提升实体部门智能软硬件水平，夯实现代化经济体系的基础；三来探索建立新基建运营的技术标准和市场规范，引领相关领域国际规则的制定，从而在数字时代的大国竞争中占据主动。

需要强调的是，新基建运营本身属于新兴领域，但却并非毫无规律可循，没有法则可依。有别于传统基建资本挑大梁的模式，新基建可不是“砸钱”这么简单。5G、人工智能、云计算、物联网等新型基础设施与新兴产业通用技术的应用边界较为模糊，具有高度的关联性和交互性，相关领域公共品与资本品的融合程度高，且现阶段主导技术迭代加快，甚至在前序技术尚未产业化之际，下一代技术已经开始酝酿推演，加之商业模式还未定型，行业标准尚不成熟，其中一些细分方向需要在较长时期内边研发边建设，这无疑将大大增加项目预期收益的不确定性，也决定了新基建必须采取开放、多元、融合的全新投资、运营、管理和评价模式，通过可持续的机制创新，将这些环节更多地交由“有效市场”担当主角。

另一个不容忽视的事实是，在国内数字经济和智能技术发展过程中，华为、阿里巴巴、腾讯等一批民营企业在新一代信息技术、电子商务、云服务、平台经济等领域深耕多年，相继推出了高水平的科创成果和商业模式，已成为相关行业的全球领军企业和具有广泛影响力的世界级巨头。中央明确发出加强新基建的政策信号之后，地方政府响应快、动作多、力度大。据不完全统计，截至 2020 年 4 月，先后有 26 个省市区推出了包含新基建内容的投资计划。各级政府力推新基建，首先要厘清边界，坚持有所为有所不为，做到尽量少“作为”，不干预。一方面，应将政府的角色定位于分散主导技术的竞争前投入风险，发挥政府投入的撬动力，协调统一新基建的技术标准，科学界定数字权益，防范数字垄断，不断探索完善新兴领域的监管模式；另一方面，要充分尊重并保障企业在新基建各领域的知识产权，突出其投资建设的主体地位，并通过政府购买服务等方式，将电子政务、数据中心、云服务、智能安防等数字化基础设施和公共服务交由市场化主体提供，谨防打着新基建的旗号，在相关领域抬门槛、设壁垒、乱伸手、“抢 C 位”、“掺沙子”、“摘桃子”，干扰数字经济的发展秩序，侵蚀民营企业的市场势力，损害社会资本的正当利益。

对于那些仅仅因部分新基建项目预期收益不明朗或者具有一定的公共物品属性，便对市场在其中发挥的作用提出质疑的看法，疫情期间仍在持续“圈粉”的马斯克早已现身说法。在曾经被视为最不适合商业化（之一）的航天和太空领域，猎鹰 9 号和龙飞船用不断刷新的成功发射纪录为私人企业的角色正名，而猎鹰 9 号首发成功距今已经过去了整整 10 年，完成首次回收也近 5 年。其实，很多时候人们所谓不可能、不合理的一孔之见，不过是自缚手脚、裹足不前，背后的根由则是知识贫乏、视野狭窄或利益驱动，对于“最有可能影响人类未来的问题还有哪些？”这样的挑战，任何人都有资格思考、探索和解答。

筑牢数字强国之基

在中国新基建按下快进键的同时，全球化却似乎按下了暂停键，这被世界各国的“知识界”看作新冠肺炎疫情最严重的“并发症”，并很有可能演变为影响未来国际关系和多边体制走向的长期“后遗症”。

受新冠肺炎疫情冲击，全球价值链作为过去 30 年来这一轮全球化的重要产物，一方面，由于受到供求两端的挤压，断点频现，基于全球价值链的全球一体化生产网络暴露出其固有的脆弱性；另一方面，由于疫情期间世界各国普遍遭遇医疗用品和生活物资短缺的困扰，面对供应链安全形势恶化的局面，曾经担当实体部门的资本和生产国际转移主要推手的发达国家开始着手恢复国内产能，收缩其在全球价值链的参与度，推动新一轮供应链“内向化”的意愿明显增强。

不少观点将新冠肺炎疫情视为全球化停摆的“导火索”。然而，深入观察全球化演进动力机制可以发现，伴随着新科技革命和工业革命蓬勃兴起，过去 10 年间，持续了 30 年的全球价值链扩张势头已经出现停滞，面临着重大结构性调整。虽然疫情发生前由分工深化创造的产出仍在增加，全球贸易规模还在扩大，但越来越多产业价值链的贸易强度（贸易在产出中所占的比重）逐步下降，这种情况在分工环节较多的复杂价值链中尤为突出。导致贸易强度下降的原因是多方面的，其中关键一点在于，全球价值链构成中知识含量不断增加，人工智能、高端机器人等新科技的应用带动了制造业智能化、绿色化发展，不仅催生了新产业群，而且使得纺织服装、机械加工、化工建材等传统产业的部分环节被重新布局到发达国家的可能性增大。20 世纪 90 年代和 21 世纪前 10 年，大规模外包主导全球价值链分工的模式逐渐式微，回流的趋势增强，更多的制造业新增投资开始重新流向发达国家。

深度解析要素跨国配置的新趋向，首先，新科技革命改变了全球化的动力机制。在微观层面，颠覆性创新带来的“利基市场”促使掌握尖端技术的企业更加注重研发的内部化，以便最大限度地防止创新成果过早扩散，延长获利周期；在中观的产业层面，现阶段人工智能、工业互联网等新兴领域尚未实现规模效应，新产业扩张的成本导向不显著，短期内难以形成可向海外转移的产能；在国家层面，工业大国对科技创新投入巨大，势必强化重大研发及其产业化成果的知识产权保护，并对新兴产业的投资并购实行严格管控，意欲将高附加值、最前沿的创新活动控制在本土。总体来看，现阶段大国之间科技创新的竞争多于合作。归根结底，高科技领域的竞争从来不是围绕劳动力成本展开的，新兴产业在初创阶段往往对成本并不敏感，这导致世界范围内以劳动力成本为核心的传统比较优势对全球化的推动作用有所弱化，低技能劳动力在生产要素全球配置中的地位下降。目前，全球仅有 18% 的商品贸易是基于劳动力成本套利。换言之，80% 以上的商品贸易不再从低工资国家流向高工资地区（麦肯锡，2019），这意味着以往资本主导、成本驱动全球化的动力机制正在加速切换，知识积累和创新成果扩散将改变全球化的方向和范式。

其次，随着资本快速积累和科技实力提升，中国作为世界第一制造大国和货物贸易国，参与全球价值链分工的方式不再局限于承接国际产业转移，而是凭借不断增强的国内配套能力、更加完善的产业体系和日益活跃的创新活动向全球价值链更高端环节攀升。近年来，多个国际机构的研究都得出了类似的判断：分享了全球化红利的中国，总体来看，经济外部依赖程度有所下降，而世界经济对中国的依存度却在上升。在这一过程中，中国本土采购规模的扩大实则拉低了全球贸易强度，在一定程度上制约了全球价值链在地理空间上的延展。

最后，中美经贸摩擦升级的影响快速扩散，全面收紧的两国关系导致企业预期不稳，投资信心不足。令人遗憾的是，新冠肺炎疫情这一人类共同的灾难非但未能充当弥合中美之间矛盾对立的人道主义契机，再现人们所期待的埃博拉病毒肆虐时两个大国联手抗疫的感人画面，各种将病毒“标签化”和“污名化”的操作反而堵塞了彼此之间已为数不多的沟通渠道。疫情引发的供应链中断等短期风险直接推高了跨国企业的运营成本，而技术封锁、规则脱钩等更大的隐患则使国际投资的风险偏好进一步弱化，通过调整供应链布局来对冲风险、提高供应体系的弹性成为跨国公司全球价值链治理的重要应对策略。可以预见，今后一段时间，中美两国供应链体系将显现出“分流和回流”并存的特征，亚太区域价值链重构将随之提速和深化。不过，美国要想完全撇开中国重建供应链体系难度较大，仍需付出高昂代价。在微观层面，受制于质量、稳定性、产业生态等因素，包括美国在华投资企业在内的跨国公司供应链的“去中国化”依然存在种种障碍，寻找新的供应商需要投入大量时间成本，不可能一蹴而就。

值得关注的是，互联网等信息技术和新媒体对“反全球化”的社会心理具有特定的加持作用。保守势力和民粹主义者利用网络社交平台等技术载体，持续散布孤立主义的理念和政治构想。互联网自下而上的动员显然比传统渠道更加快速有效，非理性情绪的生成和传播如虎添翼。疫情期间，各种仇视全球化的观点和情绪通过互联网和社交软件在更大范围内传播，并形成了一定的“广场效应”。

从历史角度看，随着技术不断成熟和产品生命周期的推演，创新必将回归其作为要素配置市场化、全球化根本动力的角色，但当下全球化遭遇的波折却有更复杂的背景。从欧洲到北美，部分发达国家的政客将全球化作为靶子，把经济失衡、失业、难民等政治、经济、外交问题皆归因于全球化，在疫情中更是将反全球化作为屏蔽国内矛盾的手段和转移公众视线的障眼法。不可否认，在新工业革命初期，保守主义和孤立主义在一定程度上为发达国家筑牢新兴领域的国际竞争优势赢得了战略时机，并为刺激制造业回流营造了必要的舆论氛围，但这势必侵蚀贸易投资自由化的重要成果，全球化时代建立起的多元化经济关联和多边规则面临严峻挑战。

由此看来，新冠肺炎疫情更像是全球价值链阶段性收缩的“加速器”，放大了国际分工方式及收益分配机制的内在风险，对世界经济“去全球化”起到了推波助澜的作用。后疫情时期，美国力主突破现行贸易规则，构建符合自身利益的国际秩序。阵营对立、利益割裂、选边站队或将演变为国际关系的“新常态”，进而在一定程度上固化全球供应体系“去中国化”的倾向。

暂停、转场还是终结，全球化去向何方？现在做判断、下结论或许为时尚早。但这一轮由资本加持、向世界投放了 30 年开放红利的全球化遭遇今天的逆境，不应被简单解读为一连串的偶发政治事件或者仅仅是民粹主义者的鼓噪，在这些纷繁表象的背后，实则是世界经济和国际格局正在酝酿重大变革，同时也折射出中美两国渐行渐远的深层次原因。

与改革开放初期相比，进入新时代，中国参与国际分工的区位条件和制度环境发生了重大变化。长期来看，中国经济增长趋势从根本上是由国内经济基本面和全球政治经济大环境共同决定的。不断加大的开放力度、巨大的经济体量和超大规模市场、相对完整的产业体系以及良好的基础设施、丰富的人力资源是中国抵御各种风险的压舱石，这些条件和优势并不会因短期突发的冲击而逆转，但新冠肺炎疫情与新工业革命、中美大国竞争等因素相互叠加的影响不容小觑，百年未有之大变局的镜像由此变得更加清晰和锐利，中国经济转向内生性增长的外部压力和内在动力陡增。

实际上，疫情期间，美国在前沿科技、核心技术和贸易规则等领域对中国的施压仍在加码。种种迹象表明，两国“脱钩”似成“开弓之箭”。面对中美大国竞争全面升级的局势，国内应对之策在所谓“卡脖子”的技术、设备、零部件和原材料上集中发力。然而，必须清醒认识到，大国博弈从来都是相互制衡的过程。理论上讲，在动态不完全信息博弈中，参与一方一旦在非均衡路径上对博弈对手策略的推断出现随意性，往往会在选择均衡（应对）行动时发生决策偏差，而中美关系的现状导致双方渐失形成“共同知识”的策略基础。在这种情景下，任何一方都有可能错判对方的行动方向。

再从科技创新的一般规律出发，作为经济增长的根本源泉和持久动力，内生性创新需要长期的能力积累和良好的制度环境。对于凭借这种创新生态和制度条件取得的重大成果，市场一向不吝给予高度肯定和充分回馈，追赶者和模仿者更不应无视这类成果的知识产权所有者在研发过程中的艰辛投入。而追赶战略更大的风险在于，关键创新往往具有颠覆性。正如熊彼特在《资本主义、社会主义与民主》一书中所指出的："……在迥异于教科书所说的那种资本主义的现实中，有价值的不是上述竞争，而是新商品、新技术、新供给来源、新的组织类型（例如最大规模的控制单位）的竞争，也就是在成本或质量上有绝对优势的竞争。这种竞争打击的不是现有企业的边际利润和产量，而是它们的基础和生命。"颠覆性创新一方面带来"无中生有"的市场机遇，另一方面在完成对旧技术和产品破坏的同时，也将放大决策失败的破坏力。对于不掌握创新主动权、不具备领导力的追赶者而言，特定领域技术路线发生革命性变化势必会产生大量沉没成本，造成严重的资源浪费。比如，从胶片到彩显，在这方面我国在技术、设备、产品引进消化吸收过程中已有过多次深刻教训。

需要强调的是，芯片不同于卫星导弹，"盯住和追赶"的结果并不必然带来超越，仅以被"卡脖子"之困激发试图"卡别人脖子"的后勇，多半会因亦步亦趋而深陷山重水复，于兜兜转转之间，目所能及的变化不过是差距的缩放。即便在少数几轮赛程中看到超越的机会，也往往精疲力竭地发现对手的背影转瞬出现在另一条赛道上。因此，静态地梳理受限的技术设备，并据以判断自身的短板和弱项，设定赶超目标和投入计划，不足以应对大国竞争，很难化解"脱钩"风险，更不宜将其作为新型举国体制推进的主导方式。唯有将创新目标和愿景投放到创造更美好生活、缔造更灿烂文明的宏大格局和开放视野之下，才能使中国大步踏上原创道路，从而真正担负起大国复兴的历史使命。

"对全人类来说，只有一种共同利益，那就是科学的进步。"在新冠肺炎疫情中，屡屡跌破认知底线的谣言四处散播，一时间，这一理想主义色彩浓厚的信条显得鼓馁旗靡，但如前所述，新科技革命和工业革命下的数字转型已呈云奔潮涌之势。总体来看，得益于国内生产消费等环节快速积累的海量数据资源、产业部门和公共服务领域不断成熟和丰富的应用场景、大规模数据要素的成本优势以及相对宽松的监管政策环境，中国正在快速成长为数字经济大国，技术研发应用、商业模式创新、核心价值实现等方面走在世界前列，具备建设数字强国的基础条件，而新基建的提速无疑将为中国数字经济高质量发展树本筑基，这也是成就大国数字未来扎实而关键的一步。

抛开大国博弈的现实立场，客观地看，推动新基建可以借鉴的国际经验，仍然主要来自美国。从实施“星球大战计划”到建设“信息高速公路”，美国这些超大型科技发展规划和基础设施项目，不论设立初衷是什么，其影响无一不是革命性、全球性的，在实现对美国经济和社会升级再造的同时，更是将同时期国际上的竞争对手远远甩在了身后。其中，美国建成的“信息高速公路”直接改变了世界，我们今天仍在使用的几乎所有信息设施和智能终端皆可归于这一重大战略计划取得的成功，甚至疫情中需求火爆的视频会议、在线课程、远程医疗也都脱胎于“信息高速公路”产生的众多副产品和巨大的辐射效应。

以计算机技术和通信技术为“路基”、以光纤电缆为“道路”、以多媒体计算机为“交通工具”，“信息高速公路”计划旨在为美国构建遍布全国、高速通达的数字通信网络，将成千上万的企业、部门和家庭连接到了网络上。有关美国建设“信息高速公路”的时代背景和内在动机、主要目标与推进机制、经济效益及国际影响，过去近 30 年中，国内外有过不少深入的总结。对于当下中国聚焦的新基建，尤其值得借鉴的经验有三点：一是超前布局，二是市场化推进，三是军民融合。

首先，从克林顿竞选总统时抛出“信息高速公路”的概念到其就任后美国政府实施“国家信息基础设施”（National Information Infrastructure，缩写为 NII）计划，那段时间，美国经济处于持续低迷的转型期。虽然设置了刺激增长、带动就业等常规目标，但“信息高速公路”建设却并未局限于扶持 ICT（信息与通信技术）等具体产业发展，而是提出了“打造美国未来新型社会资本核心”这一更具引领性的方向。与中国新基建情况相似的是，美国“信息高速公路”建设过程中同样存在技术可行性和预期收益不清晰的问题，但突出的战略前瞻性却赋予其超强的投资召唤力，极大地拓展了收益边界，有效化解了预期不确定的风险。其次，这一投资 4 000 亿美元、将国家带入繁荣复兴的重大战略，美国政府最终为其投入的资金不足 5 亿美元，其余投资均由市场买单。“信息高速公路”为产业界和消费者描绘出的未来愿景，吸引了美国计算机、通信领域的制造巨头和顶尖研究机构踊跃参与，市场对这些投资者的回报也颇为丰厚。高度活跃的投资和创新氛围及其为企业劳动生产率带来 20% ~ 40% 提升的实绩①，为

① 从某种程度上看，“信息高速公路”产生的影响可以视为对 20 世纪 80 年代在美国 IT（信息技术）领域观察到的“索洛悖论”有一定说服力的回应。“信息高速公路”为美国经济带来的繁荣发展表明，所谓 IT 的高投入未使得生产率相应提升，即企业的 IT 投资和投资回报率（ROI）之间没有明显的关联，可能仅是阶段性的现象。一旦整个经济社会体系完成信息化改造，这种“生产率悖论”便可缓解甚至消失。现阶段人工智能、工业互联网、区块链等新基建中的底层技术和重要领域同样存在价值实现的难题，面临“索洛悖论”的质疑，从“信息高速公路”的经验来看，这些问题有望在更成熟和系统性的应用中得以解决。

美国赢得了近 20 年真正意义上的“熊彼特式”繁荣[①]，并为美国迎接互联网时代的到来培育出苹果、谷歌、微软、亚马逊等接棒领跑的明星企业，从而将人类社会的信息革命推向了历史性巅峰。最后，美军从中获得的收益彻底改变了现代战争的形态和范式，使得美国从战略到战术，从武器装备到指挥系统，与其军事对手切实拉开了距离。同时，美国国防采购与高技术企业之间的互动得以显著强化，进一步打通了军事领域重要研发成果产业化应用的市场通道，使军民融合机制成为美国创新体系中难以复制且极具竞争力的“撒手锏”。

在“信息高速公路”建设运营过程中，竞争前（Pre-Com petition）、功能性、合规性、透明度，这些被视为美国竞争政策和市场规范一以贯之的标签[②]，体现出美国政府推动科技创新和经济活动的原则和边界。对标国际经验，大国顶层设计须得做足战略“留白”，而非具象于执行层面的部门任务和地方指标，对于重大科技创新和基础设施建设计划，或许“月亮在那里”便是行动指南[③]。因此，新兴领域政策

① 韩和元 . 克林顿的“信息高速公路”给中国新基建的一点启示［EB/OL］. 2020-04-08，http：//www.360doc.com/content/20/0408/01/77611_904534019.shtml.

② 美国学术界和政府很少提及产业政策。一般认为，美国政府在产业发展中的作用明显有别于日本等赶超型国家和地区，其对经济活动的干预和产业组织的监管主要通过竞争政策和市场规范实现，且美国竞争政策和市场规范通常以法律的形式出现，而政府针对特定产业的直接补贴比较有限。实际上，尽管扶持方式和对象不同，但联邦政府在美国科技创新活动中长期扮演着重要角色却是公认的事实。据美国国家科学基金会统计，在信息革命和美苏军备竞赛高峰时段的 20 世纪 60 年代，美国航空航天领域 90% 的研发经费来自联邦基金，而电力和电子设备、科学仪器、机械、合金材料、汽车、化工等行业政府研发投入占比也分别高达 65%、42%、31%、28%、24% 和 20%。

③ 为应对来自苏联不断迫近的科技赶超和军事竞争，1961 年 5 月，时任美国总统肯尼迪发布题为“国家紧急需要”的特别咨文，提请国会为“美国空间计划”追加 70 亿 ~90 亿美元的预算。同年肯尼迪在莱斯大学发表演讲，对实施该计划给出了美国式的依据：“许多年以前，有人问后来死在珠穆朗玛峰的登山家乔治·马洛里为什么要爬那座山，他回答因为山在那里。现在有人问为什么要登月——因为月亮在那里……”

撬动力和杠杆作用的实现在很大程度上取决于是否为各类参与主体提供了充足的想象空间和宽松有序的发展环境，而新基建可否撑起中国的数字未来则取决于一个“新”字，包括新的建设理念、新的目标领域、新的技术标准、新的投资主体、新的运营模式、新的盈利渠道、新的监管机制、新的评价体系、新的专业人才。

然而，我们注意到，在部分地方政府推出的新基建规划中，不乏将传统基础设施和公共服务甚至一些毫无特色的房地产项目的“旧酒”打包装入新基建这一“新瓶”的思路和安排。这种操作既是“拼政绩”的惯性思维所致，也暴露出面对新基建及其蕴含的新技术和新模式，各级政府仍存在发展观念滞后、知识更新迟缓、工作机制落伍等突出问题，不利于动员新冠肺炎疫情中自上而下和自下而上形成的数字化需求和转型共识，甚至有可能导致错失中国建设数字强国、应对大国竞争的重大战机。

未来的城市：建起来还是“算出来”

新一轮科技革命在引领产业变革的同时，也在悄然改变城市的面貌。从发达国家的进展来看，过去 10 年中，产业升级与城市变迁如影相随。在纽约、伦敦等国际化大都市，特色鲜明的创新街区推动新型产城深度融合，改造产业生态，提升创新活跃度，增强城市核心竞争力。其中，瑞典 Kista（希斯塔）的升级之路演绎出信息时代和数字时代基础设施交替更迭和城市发展创新对产业空间格局的重要影响，见证了由“建园”到“创城”的世界城市规划理念和发展路径的深刻变化，成为全球城市数字化、绿色化转型的经典范例。

Kista 科学园位于瑞典首都斯德哥尔摩北郊，在 200 万平方米的区域内，包括爱立信、诺基亚、IBM（国际商业机器公司）、Oracle（甲骨文公司）、Intel（英特尔公司）、Skype（即时通信软件公司）等在内的电信、无线、微电子、软件巨头扎堆集聚，是瑞典乃至欧洲最具创新力的高科技聚集区，《连线》杂志将其评为仅次于美国硅谷的全球第二大科技园，又被称为欧洲硅谷。20 世纪 70 年代末，矿产、林业、机械、汽车等瑞典传统产业开始走下坡路，同时石油价格高企给制造业带来了压力，企业迫切需要新的增长点。斯德哥尔摩市政府、爱立信、ABB（电力和自动化技术领域的跨国公司）和 KTH（皇家理工学院）在对国家未来和经济前景进行科学论证的基础上，决定建设一座新城，并将其打造为全球最先进的微电子产业集群，于是有了从 Kista 森林到 Kista 科学城的第一次转型。21 世纪初，“互联网泡沫”破灭以及随之而来的扩张放缓迫使 Kista 加快增长动力转换，迈向二次升级。2002 年，瑞典财富基金会成立了初创企业孵化基地，先后协助建立了 200 多家初创企业，这些创业团队在 Kista 和斯德哥尔摩两地与经济、工业和学术界领军者持续沟通和互动，促成了创新良性循环和优越的产业生态。这座科学城最初采用当时主流的空间布局模式：一侧是居住区，另一侧是工作区，市中心位于正中央，汇集了商业区、交通枢纽和影院等娱乐设施。然而，随着规模扩张，这种规划模式的弊端日益凸显。由于住在 Kista 的居民有不少在斯德哥尔摩工作，而在 Kista 工作的人却从周边各处涌来，结果是 Kista 的一半区域白天人迹罕至，另一半区域则在夜晚空无一人，这导致严重的空间浪费，低下的通勤效率和配套设施长期不到位。建成 30 年后，Kista 开启了新一轮自我革新，顺应全球创新要素配置的潮流，将这座科技城打造成了“可持续发展城市”。2016 年以来，Kista 精心规划了集公园、娱乐、购物、居家、文化活动于一体的公共环境，为居民提供了智慧型的基础设施、生活环境、就业机会和发展前景。如今的 Kista 由世界顶级科技园区蜕变为欧洲最宜居宜业的新城，从移动应用到无人机，新兴领域的企业不断涌入，依托新一代信息和远程通信技术设施，Kista 正在形成全新的数字化办公模式。

Kista 的转型历程表明，生产与生活长期脱节必定会损害创新活力和高技术产业的效率。实现再造之前，Kista 面临的困境其实是欧美国家上一轮产业园和科技城规划发展的“通病”，也是制约中国众多城市和科技园区可持续发展的突出问题。应该看到，在新科技革命和工业革命下，支撑产业升级和城市发展的重要资产已不再是自然（矿产）资源，而是获得高技能劳动力——尤其是科学家、工程师及其他主导新经济的专业人才——的能力。生活质量、综合环境、城市魅力成为高端要素集聚的关键因素，与生活设施在技术和空间上割裂的传统园区和办公楼宇行将退出城市发展的历史舞台。政府及城市规划部门需要认识到：进入新时代，哪里宜居，人才就会到哪里居住；人才到哪里居住，智慧就会在哪里汇集；智慧在哪里汇集，新产业最终便会在哪里发展。而城市是否宜居不再仅仅由自然景观、空气质量、公共服务等维度断定，以人为本，不断增添美誉度，才能激发城市持久的智慧和活力。

毫无疑问，新经济需要与之匹配的空间载体和基础设施，新科技、新产业、新业态、新模式必然造就新城市。实际上，借力新兴科技手段，全球范围内智慧城市由概念推演加快落地，相继涌现出更具前沿性的未来城市。2017 年，Alphabet 旗下的城市创新部门 Sidewalk Labs 与加拿大多伦多市合作，计划运用边缘计算、物联网和云技术，把该城市一块荒废的滨水区改造成名为 Quayside 的高科技新区，打造 21 世纪城市生活模范社区，这一智慧城市项目有望树立全球可持续和互联城市的新标杆①。同时，马斯克也在紧锣密鼓地实现他的第四个梦想，继在商业太空、真空高铁、电动汽车等领域不断突破粉丝想象之后，马斯克携其另一个看似没那么高大上、实则回应了当年“阿罗提问”②的创新方向——家用电池，在墨尔本城郊 YarraBend③社区规划建设世界第一个“特斯拉城”。这座未来全部安装特斯拉 Powerwall④电池和配套太阳能电池板的城市，将凭借标新立异的特斯拉电力系统，创下全球可持续发展生态指数（Ecologically Sustainable Development Rating）有记录以来的最高值。马斯克将借此进一步把梦想的触角“上天入地”，而这也昭示出智慧能源作为城市新型基础设施的巨大潜力。

另一个有意思的动向是，与城市转型同频共振，最近几年科技巨

① Alphabet 是谷歌重组后的“伞型”公司的名称，Sidewalk Labs 为该公司成立的研究开发城市新生活及相关项目的部门，Quayside 则是这一研发部门推出的智慧城市项目。

② 2017 年诺贝尔经济学奖获得者、被誉为 20 世纪后半叶最伟大的经济学家之一的肯尼斯·约瑟夫·阿罗离世之际，清华大学的钱颖一教授撰文悼念。文中提及与阿罗生前交往的一件趣事。曾经在斯坦福大学一次 seminar（研讨会）的茶歇中，阿罗用一个小问题把他问住了：“你认为过去百年来进步最慢的是哪一项技术？”面对一时卡壳的钱颖一，阿罗给出的答案是：电池。钱颖一用这一事例来佐证阿罗一贯的睿智和深邃的洞察力。而从产业技术进步的角度观察，这固然可以认为是现有电池产品仍具有一定技术经济性和需求适用性的表现，但也反映出电池技术路线长期未能实现根本性突破、相关领域颠覆性创新蓄势待发的现实情况，进而有理由揣测马斯克很可能又一次“号”准了重大创新的脉搏，而这一切在很大程度上源自梦想的力量。

③ YarraBend 是墨尔本的传统富人社区，也是当地的大型绿色社区。

④ 特斯拉家用电池系统的名称。

头不约而同地完成了办公场所升级。从苹果的 Apple Park 到亚马逊的温室花园再到谷歌的山城新景，这些浸润着科技美学、集成最新智能软硬件、开放而舒适的新总部不断向人们展示出在数字时代，需要为顶尖创新团队配备什么样的工作环境。不得不说，这些科技巨头深谙人才竞争之道。现阶段，世界范围内人工智能、量子计算等领域重量级的科学家和工程师屈指可数，仅凭高薪和股权等传统激励手段难以将这种段位的人才罗致门下，而巨头的应对之策则是将公司的吸引力和凝聚力塑造于高明远识、巨细无遗。

上述实践正在颠覆城市规划理念和建设模式，而科技和资本成为这一浪潮的真正驱动力。我们可以大胆地预判：未来的城市将被“算出来”而非建起来。面向数字未来，算力即竞争力，对于国家、产业、企业和城市，无不如此。

回到近年来国内城市这一波“抢人大战”。撇开其背后颇受争议的深层逻辑，一个非常现实的问题摆在面前：人是抢来了，城市又能为他们怎样安排工作和生活？未来 10~30 年，中国的城市既要承载年轻人的梦想，又要迎接银发潮的汹涌袭来。在这一大势之下，中国人不仅要靠新科技延展脑力，更需要靠新基础设施解放体力，数字化、智能化成为提升区域发展黏性、赢得新一轮城市竞争的根本方向和必然选择。城市政府须得与时俱进地提供更加优质、智慧、绿色的公共服务，而在创新规划设计理念和技术手段，实现创业空间、产业升级与地产开发良性互动的方方面面，新基建在每一座城市都不应也不会缺位，助力城市营造创新与绿色协同、乐业与宜居兼容的高质量发展环境，从而为美丽中国源源不断地创造新财富，续写新文明。

关于本书

本书由中信出版社策划编辑，中国社会科学院工业经济研究所未来产业研究组撰写。立足于产业经济学和管理学的最新理论进展，结合作者对新科技革命和工业革命的跟踪研究以及对中国实体部门和不同地区的长期扎实调研，将观察新基建的视角置于未来科技、产业和城市之间的深度交互与全方位融通，从而为来自政策制定部门、行业研究机构以及对新基建有兴趣和投资意向的读者，提供前瞻性信息和专业化判断，这是作者写作的初衷，也是本书的突出特色。

考虑到新基建尚无统一的界定，本书探讨的新基建领域在参考中国发展改革委相关分类的基础上①，尽可能兼顾第四次工业革命的通用技术与面向智慧社会、构筑数字强国的软硬件条件。同时，“有趣”是作者的写作追求，本书延续了研究组在《影响未来的新科技新产业》一书中确立的既严谨又轻快的文风，尝试为这一政策导向较强的主题赋予更强的可读性和吸引力。

回溯人类数千年的历史，东海扬尘，染黄染苍。不管付出几多代价，灾难终将过去，风险也总会被化解。面对新冠肺炎疫情突如其来、前所未有的冲击，人们或惊呼这个世界从此将彻底改变，或笃定

① 本书各章的内容基本上对应中国发展改革委对新基建的分类，并将新基建分为三大类：信息基础设施、融合基础设施和创新基础设施。在这三大类下分别细分为多个领域和方向（详见第一章）。

人类社会发展和文明演进的大方向不会偏航，坚信“短期危机难改长期趋势”。其实，变与不变，不过是视角差异和立场不同，而这场百年不遇的困局是否终将沦为一块“好了的伤疤”，既取决于反思的力量，同时在很大程度上仍要依靠科学技术进步和物质财富的创造性积累。对于进入新时代、处在世界大变局之中的中国，前者改进制度，后者增强能力。就这一意义而言，有理由相信，高水平的新基建必将为我们许下仓箱可期的大国数字未来。

杨丹辉

2020 年 6 月　北京

第一章　面向智慧社会的新基建

理性一手拿着自己的原理，一手拿着根据那个原理研究出来的实验，奔赴自然。

——康德

历次工业革命都伴随着基础设施的更新换代，中国建设现代化经济体系更是离不开先进基础设施的支撑。当今世界正经历百年未有之大变局，新一轮科技革命和产业变革孕育兴起，国际形势复杂多变。在此背景下，中国全力推进新基建，不仅是应对经济下行、稳定经济增长的短期举措，更是在抢抓科技和产业革命机遇、建设智慧社会和实现“两个一百年”奋斗目标中发挥先导和基础性作用。随着中央相关会议多次提及新型基础设施，以及新冠肺炎疫情对经济的冲击急需扩大投资，提振经济，2020 年以来，地方政府纷纷出台了大规模新基建计划，关于新基建的讨论急剧升温。

新基建全速领航

2018 年中央经济工作会议提出，“加强人工智能、工业互联网、物联网等新型基础设施建设”。这是“新型基础设施建设”一词在我国第一次被中央正式提出。此后，中央相关会议又多次提到“新型基础设施建设”（见表 1–1）。

表 1–1　党中央、国务院会议有关新型基础设施建设的重要内容

时间	会议	主要内容
2018 年 12 月 19 日至 21 日	中央经济工作会议	加快 5G 商用步伐，加强人工智能、工业互联网、物联网等新型基础设施建设，加大城际交通、物流、市政基础设施等投资力度，补齐农村基础设施和公共服务设施建设短板
2019 年 3 月 5 日	第十三届全国人民代表大会第二次会议	政府工作报告提出，完成铁路投资 8 000 亿元、公路水运投资 1.8 万亿元，再开工一批重大水利工程，加快川藏铁路规划建设，加大城际交通、物流、市政、灾害防治、民用和通用航空等基础设施投资力度，加强新一代信息基础设施建设
2019 年 5 月 14 日	国务院常务会议	把工业互联网等新型基础设施建设与制造业技术进步有机结合
2019 年 7 月 30 日	中共中央政治局会议	实施城镇老旧小区改造、城市停车场、城乡冷链物流设施建设等补短板工程，加快推进信息网络等新型基础设施建设
2019 年 12 月 10 日至 12 日	中央经济工作会议	要着眼国家长远发展，加强战略性、网络型基础设施建设，推进川藏铁路等重大项目建设，稳步推进通信网络建设，加快自然灾害防治重大工程实施，加强市政管网、城市停车场、冷链物流等建设，加快农村公路、信息、水利等设施建设
2020 年 1 月 3 日	国务院常务会议	出台信息网络等新型基础设施投资支持政策
2020 年 2 月 14 日	中央全面深化改革委员会第十二次会议	审议通过《关于推动基础设施高质量发展的意见》。基础设施是经济社会发展的重要支撑，要以整体优化、协同融合为导向，统筹存量和增量、传统和新型基础设施发展，打造集约高效、经济适用、智能绿色、安全可靠的现代化基础设施体系

续表

时间	会议	主要内容
2020 年 3 月 4 日	中共中央政治局常务委员会会议	要加大公共卫生服务、应急物资保障领域投入，加快 5G 网络、数据中心等新型基础设施建设进度
2020 年 4 月 17 日	中共中央政治局会议	实施老旧小区改造，加强传统基础设施和新型基础设施投资

总体来看，中央相关会议提到的新型基础设施包括两个层面的内容。一是关于新型基础设施的含义。2020 年 2 月 14 日召开的中央全面深化改革委员会第十二次会议提出，要“统筹存量和增量、传统和新型基础设施发展”；2020 年 4 月 17 日召开的中共中央政治局会议提出，要“加强传统基础设施和新型基础设施投资”。可见，新型基础设施是与铁路、公路、机场等传统基础设施相对应的概念。二是关于新型基础设施的具体内容。2018 年 12 月 19 日至 21 日召开的中央经济工作会议提出的新型基础设施包括“人工智能、工业互联网、物联网”；2019 年 7 月 30 日召开的中共中央政治局会议和 2020 年 1 月 3 日召开的国务院常务会议提到的新型基础设施意指“信息网络等”；2020 年 3 月 4 日召开的中共中央政治局常务委员会会议提到的新型基础设施包括“5G 网络、数据中心等”。可以看出，中央相关会议中提出的新型基础设施主要是与新一代信息技术、数字技术有关的基础设施。

随着中央相关会议密集提及新基建，出现了大量关于新基建的讨论，但现阶段各界对于新基建的理解莫衷一是。这些讨论大致从窄口径、宽口径、中口径三个维度来认识新基建，每个维度又有不尽相同的认识和看法。

窄口径界定

这种观点基于中央相关会议提到的人工智能、工业互联网、物联网、信息网络、5G 网络、数据中心等内容，认为新基建是与数字技术、数字经济相关的基础设施。例如：国务院发展研究中心的田杰棠认为，数字经济相关基础设施是对新基建最准确的理解；腾讯研究院的闫德利认为，新型基础设施与信息基础设施基本同义。

宽口径认识

中国发展改革委有关负责同志在 2020 年 4 月 20 日召开的新闻发布会上回答记者提问时指出，新型基础设施包括信息基础设施、融合基础设施、创新基础设施三个方面（见表 1–2）。该观点一经提出就产生了广泛影响。工业和信息化部信息通信研究院院长刘多的观点虽然也属于宽口径，但与中国发展改革委的看法又不尽相同。他认为，新型基础设施的关键是以新一代信息技术和数字化为核心形成的基础设施，主要包含信息网络融合创新演进形成的新型数字基础设施（5G、工业互联网、卫星互联网、物联网、数据中心、云计算等）与信息技术赋能传统基础设施转型升级形成的新型基础设施（如智能交通基础设施、智慧能源基础设施等新型经济性基础设施，以及智能校园、智慧医院等新型社会性基础设施）。中国科学院科技战略咨询研究院的潘教峰、万劲波对新基建的理解更为宽泛，提出智能化数字基础设施，数字化科技创新基础设施，现代资源能源与交通物流基础设施，先进材料与智能绿色制造基础设施，现代农业和生物产业基础设施，现代教育、文旅、体育与卫生健康等基础设施，生态环境新型环境基础设施，空天海洋新型基础设施，国家总体安全基础设施，国家治理现代化基础设施这十大新基建的战略方向。

表 1–2　中国发展改革委对新型基础设施的分类

类型	子类型	主要内容
信息基础设施（基于新一代信息技术演化生成的基础设施）	通信网络基础设施	5G、物联网、工业互联网、卫星互联网
	新技术基础设施	人工智能、云计算、区块链
	算力基础设施	数据中心、智能计算中心
融合基础设施（深度应用互联网、大数据、人工智能等技术，支撑传统基础设施转型升级，进而形成的融合基础设施）		智能交通基础设施、智慧能源基础设施
创新基础设施（支撑科学研究、技术开发、产品研制的具有公益属性的基础设施）		重大科技基础设施、科教基础设施、产业技术创新基础设施

中口径分类

这种观点认为，新基建的范围介于窄口径与宽口径之间，比新型数字基础设施的范围要大，但是又不包括创新、社会等领域的基础设施。2020 年 3 月 1 日，中央电视台中文国际频道新基建专题提出 5G、特高压、城际高速铁路和城际轨道交通、新能源汽车充电桩、大数据中心、人工智能、工业互联网这七大新基建领域，除了包括数字基础设施，还包括其他新科技发展所推动的新能源、新材料等。由于这种观点在中央电视台专题节目中被提出，所以有比较大的影响。中国工程院院士张平的看法与中央电视台相关专题节目中的观点类似，但他做了进一步的分类，他认为新基建的核心层是数字基础设施（如 5G

基站、IDC 数据中心），第二层是用智能化软硬件对现有技术进行智能化改造（如工业互联网），第三层是新能源、新材料，如特高压、城市轨道交通的建设。

虽然关于新基建或"新型基础设施"的讨论已经不少，但人们对于其内涵和外延远未形成共识，比如，有人认为中央电视台相关专题节目所提出的七大新基建领域中的特高压、城际轨道交通早已被提出，属于传统基础设施。

新基建的特征与类型

目前对新基建的大多数讨论存在"就事论事"的特点，普遍存在理论深度不够、界定标准与具体类型划分不科学等问题。基于基础设施的一般标准并通过与传统基础设施进行比较，才能够科学界定新基建的内涵、特征和具体内容。

基础设施的一般标准

提到基础设施，人们通常想到的是为大众所使用的大规模公共物质资产。在我国，由于交通基础设施的持续大规模建设和突飞猛进的发展，人们往往把基础设施与"铁公机"即铁路、公路、机场联系起来。但实际上，基础设施所涉及的内容要比建筑、设备特别是"铁公机"宽泛得多。在现代经济体系中，基础设施覆盖了运输（道路、桥梁、隧道、机场、铁路系统、海港、运输、物流中心、城市公交）、通信（电话系统、蜂窝通信发射塔、有线网络、Wi-Fi、卫星、电视、无线电广播）、能源和公共设施（电力生产和输送、燃气储存和输送、供水、废水处理、可再生能源）、社会基础设施（大学、学校、医院、运动场、社区设施、公共住房、监狱、惩教中心）等诸多领域。

应该说，基础设施具有比较丰富的内容，但从国内外的相关概念来看，基础设施一般需要满足以下标准。

第一，对于一定范围的需求，资源的消费是非竞争性的。消费上具有非竞争性或部分（非）竞争性的产品指的是纯公共物品或准公共物品。

第二，对基础设施的社会需求主要由下游生产性活动所驱动。这一标准强调基础设施作为资本品的性质，在用于生产用途时能够创造社会价值。与原材料、中间商品或衍生出的投入不同，基础设施在使用时不会一次性消耗、用尽或枯竭，往往也不会被改变或被嵌入其他最终产品。

第三，可用作范围广泛的商品和服务投入，其产出范围包括私人、公共和社会物品。基础设施不是特定目的资源，不会为了迎合特定下游市场所产生的需求而针对特定用户或用途进行优化，相反，其提供的是基础的、多目的的功能。

就这一意义而言，无论是物质资产，还是支持人类活动的复杂且相互关联的物理、社会、经济和技术系统，无论是实物资产、设备和设施，还是其底层结构、组织、商业模式和规则、法规，都有可能属于基础设施。从上述三个标准还可以推论出，基础设施是动态演化的。从基础设施内在的技术来看，特定技术产生之初的应用领域可能比较单一，如早期的因特网主要用于军事和科研机构，但随着技术的发展和成熟，其应用范围逐步扩大，与该技术相对应的资产就可能转变为基础设施。

新基建具有数字基础设施的属性

新型基础设施并没有改变基础设施的一般特征和标准，其“新”是相对于传统基础设施而言的。中央相关会议提到的新型基础设施具体包括人工智能、工业互联网、物联网、信息网络、5G 网络、数据中心，这些都属于新一轮科技革命和产业变革的主要领域。由此可见，所谓基础设施的“新”与“老”是一个相对的概念，“新基建”与“老基建”最大的不同就是技术的先进性。当前，新一轮科技革命和产业变革正在全球范围内兴起，其核心驱动力是以新一代信息技术或数字技术为代表的新技术簇群。可以认为，新型基础设施是随着新一代信息技术的发展而形成的，经济生产、居民生活、公共服务和社会治理开展所必需的基础设施，包括设备设施、算法代码、软件系统、标准规则等。从中央相关会议提出的“新一代信息基础设施建设”和“信息网络等新型基础设施建设”等表述中，也可以看出当前语境下新型基础设施主要是数字基础设施或信息基础设施。

数字技术之所以能够发展成新型基础设施，一个重要的原因是，它是典型的通用目的技术（General Purpose Technology，缩写为 GPT）。通用目的技术是相对于特定技术而言的，从整个生命周期的角度来看，这类技术最初有很大的改进空间，最终会被广泛使用并具有许多溢出效应，具有广泛应用、持续改进、促进创新三个突出特征。作为通用目的技术，数字技术应用十分广泛，成为越来越多行业发展不可或缺的元素。一般而言，数字技术及其形成的产品或服务在生产上具有边际成本为零或趋近于零的特点，在消费上具有非竞争性或部分（非）竞争性。5G网络、数据中心等作为基础设施的数字技术、产品虽然仍然以资本品的形式存在，但与传统基础设施不同的是，数字技术设施通常以服务的形式向用户提供，且不会因作为投入品经过生产过程转变为其他最终产品而耗竭。

需要强调的是，通用目的技术与基础设施不能完全等同，一些通用目的技术并不满足基础设施的三个条件。例如，铁路、因特网等通用目的技术属于基础设施，但蒸汽机、计算机因为不具有非竞争性或部分（非）竞争性，就不属于基础设施。应该看到，在需求侧，基础设施与通用目的技术的特征非常相似，都可以赋能广泛的生产性活动并对其他经济部门产生显著的溢出效应；而在供给侧，基础设施与通用目的技术有明显区别。仍以计算机和因特网为例，两者都属于通用目的技术，但因特网作为基础设施的性质更突出。导致这种差异的主要原因在于，两者虽然在需求侧都广泛使用，但从供给侧来看，提供因特网设施和服务的竞争性比计算机弱得多。在现实中，供给侧具有非竞争性但需求侧具有特定用途的技术也被称为基础设施。这主要是为了强调该技术的重要性或者对于生产活动是必不可少的。从这一角度出发，可以把基础设施区分为专用目的基础设施和通用目的基础设施。

当一项通用目的技术被看作基础设施时，不是指该技术本身，而是包含了该项技术产品化之后支撑该技术赖以运行的设备、设施或者系统。当我们说电力是基础设施时，不是特指电力技术，而是指发电厂、输电线路、配电站以及相应控制、调度软件所构成的整体；因特网是基础设施，不是特指因特网相关技术，而是包括支撑因特网运转的各种协议、服务器、传输线路或者无线基站、ISP（互联网服务提供商）等。例如，因特网由五层构成（见表 1–3），分别是物理基础设施、逻辑基础设施、应用、内容和社会关系。其中，物理基础设施与逻辑基础设施一起构成了因特网基础设施，而应用、内容和社会关系只是因特网基础设施的下游产出。

表 1–3　因特网的五层次模型

层次	描述	示例
社会关系	使用者之间的关系和社会连接	社会网络，隶属关系，群组
内容	传递给最终用户的信息 / 数据	E-mail（电子邮件），音乐，网页
应用	最终用户使用的程序和功能	E-mail，媒体播放器，浏览器
逻辑基础设施	促进数据通过物理网络传输的标准和协议	TCP/IP①，域名系统
物理基础设施	构成相互联系网络的物理硬件	电信，有线和卫星网络，路由器和服务器，骨干网

资料来源：弗里施曼（2012：319-320）。

新基建的五大特征

新基建除了要符合基础设施的基本标准，还呈现出不同于传统基础设施的如下特征。

特征一，以数字技术为核心。交通、能源、市政、社会等领域的

① TCP/IP，Transmission Control Protocol/Internet Protocol，传输控制协议 / 网际协议。

传统基础设施主要以机器设备、建筑、设施为主，其中虽然也有数字技术产品或服务的投入，但规模不大、占比相对较低。新型基础设施的核心支撑技术是数字技术，主要表现为数字技术形成的产品或服务。从产业分类的角度出发，新型基础设施的投入品虽然也有部分属于机器设备或建筑物，但主要属于电子及通信设备制造业、软件业、通信业、互联网和信息服务业；从产出来看，新型基础设施提供的是数据采集、存储、传输、处理以及各种软件应用服务，属于软件业、通信业、互联网和信息服务业。

特征二，以新兴领域为主体。改革开放40多年来，我国基础设施建设取得了突飞猛进的发展。可以说，支撑大国经济社会运行的传统基础设施及其主体架构已经完成，在部分领域、部分地区甚至出现了饱和或过剩。虽然基础设施建设不一定追求直接经济收益，对经济社会发展的溢出效应完全可以弥补甚至超过基础设施本身的建设运营成本，但随着人口、经济活动密集地区的基础设施逐步完善，建设的重点必然从“热线”转向“冷线”，基础设施的社会收益也会不断递减，直至完全失去经济价值。因此，进入新时代，传统基础设施建设的任务主要是查漏补缺和改造升级，新兴领域将成为基础设施建设的重点。

专栏1-1

新中国基础设施建设的成就

完善的基础设施是中国经济的压舱石，也是新中国特别是改革开放以来取得的最引人瞩目的建设成就。

◎ 2018 年，全国铁路运营里程、公路运营里程分别是 1978 年的 2.6 倍和 5.4 倍。

◎中国高速公路和高速铁路从无到有，2018 年高速公路里程达 14.3 万千米，位居世界第一，高速铁路运营里程 2.9 万千米，比全世界其他国家的总和还要多。

◎全球十大港口中有 7 个来自中国。

◎ 2019 年，中国境内运输机场共有 238 个，其中定期航班通航机场 237 个，定期航班通航城市 234 个。全年旅客吞吐量超过 13 亿人次，完成 135 162.9 万人次。除了直辖市，内蒙古和贵州两省区已实现“市市有机场”。

◎ 2018 年固定长途电话交换机容量是 1978 年的 2 065.4 倍，中国是全球 4G 移动网络覆盖率最高的国家之一，移动电话普及率达到 114.4 部 / 百人，智能手机用户接近 7.5 亿。

◎截至 2019 年，全国发电装机容量 201 066 万千瓦，规模以上电厂发电量 71 422.1 亿千瓦 · 时，而 1949 年全国发电量仅为 43 亿千瓦 · 时，1978 年是 2 565.52 亿千瓦 · 时。

特征三，以科技创新为动力。交通、能源等传统基础设施建设、运营中使用的技术较为成熟，以增量型、渐进式创新为主。因此，传统基础设施的发展水平、质量主要取决于投资的规模。新型基础设施建设与运营中投入的主要技术不仅具有先导性，而且颠覆性创新不断涌现，其发展水平和质量既取决于投资规模，同时又受制于科技创新的进展。科技创新的颠覆性越强，新技术工程化和产业化的速度越快，就会有越多的新技术获得应用，新型基础设施的发展水平也就越高。

特征四，以虚拟产品为主要形态。传统基础设施虽然也包括规则、规范等制度形态，但以物质产品为主。物质产品是人类社会运行的基础条件，新型基础设施同样需要以物质产品为载体，例如，数据中心需要建筑物、服务器群、网络交换机、电源设备和数据传输网络等，但数字基础设施是物质或非物质 / 虚拟的基本深层结构，这一结构将软件、内容、数据、设备连接起来，从而实现分布数据的处理、储存、传输和共享，呈现软硬结合、虚实结合的特征。在新型基础设施的硬件架构中运行着各种软件、App（手机应用程序），包含着海量的代码、算法、数据，并且遵守行业共同的技术规范和技术标准，更多地体现为虚拟形态。

特征五，以平台为主要载体。传统基础设施特别是交通、通信、电力基础设施具有典型的网络特征，无数的社会经济活动主体成为网络的末端节点。在经济社会活动中，公路、铁路、光缆、电线主要起到通道的作用。基础设施主要由通道及其节点组成，而连接则是其本质特征。连接以及数据的传输对于数字经济非常关键，因此，仍然需要物联网、5G 等起到泛在连接、通道作用的网络型基础设施。随着数据成为重要的生产要素，数据存储、清洗、处理、应用的重要性大大提高，数据中心、云计算中心、工业互联网等基础设施成为提供数据、算法、算力的平台，负责提供标准化的数据相关服务，这类服务也被称为 IaaS（基础设施即服务）。此外，数字经济进入下半场后，平台成为许多企业广泛采用的商业模式。这类双边平台一边连接着最终用户，一边连接着供应商。一方面大量供应商的加入打破了平台企业可以利用的资源范围，另一方面，平台企业成为供应商开展业务的基础条件。

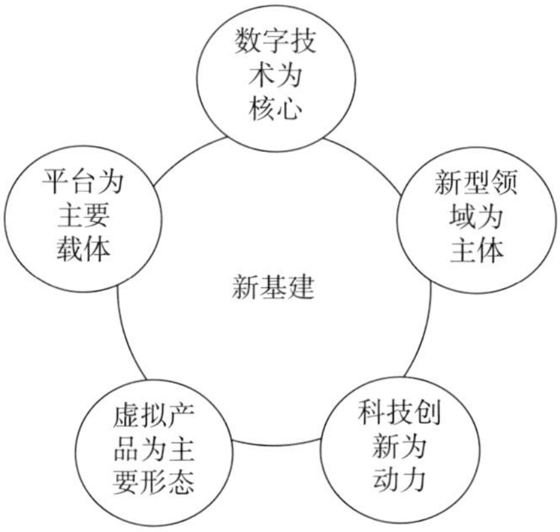

图 1–1　新基建的特征

新基建的三种类型

对于新基建包含的具体内容及其类型划分，国内已有一些初步的探讨。工业和信息化部原部长、中国工业经济联合会会长李毅中认为，新基建包括数字基础设施建设（数字产业化）和产业数字化两个方面，前者包括 5G 网络、数据中心、计算中心、工业互联网、信息网络安全、重大研发机构和基地，后者包括利用数字技术提升已有基础设施效能、新兴产业的基础设施、传统产业数字化转型、城市公用基础设施。工业和信息化部信息通信研究院辛勇飞将新基建分为网络基础设施（如 5G）、计算基础设施（如云数据中心）、融合基础设施（如工业互联网）。阿里巴巴集团副总裁刘松认为，数字基础设施包括数字技术基础设施（如人工智能）、数字平台基础设施（如购物平台）、物理基础设施智能化。中国发展改革委将信息基础设施分为通信网络基础设施、新技术基础设施、算力基础设施三种子类型。

从数字技术应用领域的差异角度，可将新基建划分为三类：数字创新基础设施、数字的基础设施化、传统基础设施的数字化（见表 1–4）。

表 1–4 新基建的类型划分

类型	子类型	代表性内容
数字创新基础设施		人工智能素材数据库，开源社区等
数字的基础设施化	通信网络基础设施	5G 网络、卫星互联网、物联网等
	数据应用基础设施	以基础设施即服务存在的数据中心、超算中心等
	系统服务基础设施	以 PaaS（平台即服务）、SaaS（软件即服务）形式存在的人工智能、区块链、云计算等系统架构、开发工具和应用软件等
	商业应用基础设施	支撑电商、打车、直播等各种业务开展的行业性数字平台等
传统基础设施的数字化		智能交通基础设施、智慧能源基础设施、智慧农业基础设施、智慧医疗基础设施等

数字创新基础设施，是指支撑数字经济领域技术创新的基础设施。在传统产业中，大学、科研机构、公共创新平台等能够为社会创造新科技、新知识，为企业提供研究开发活动的基础条件。数字经济领域的颠覆性创新更加频繁，同时数据产品和服务的创新还具有代码量巨大、高度模块化、后向兼容、以数据为基础等特点，因此，数字领域的科学研究和产业创新活动需要新型的创新基础设施作为支撑。例如，为了训练人工智能算法建立的类似 ImageNet 的人工智能素材数据集，针对各种应用场景开发的类似 TensorFlow 的开源社区与开源软件库，这些数据集、软件库成为大学、科研机构、企业甚至创客进行创新的重要基础。

数字的基础设施化，是由新一代数字的工程化、产业化所形成的设备、设施等物质资产和标准、算法、软件、系统等无形资产，是科技创新、产业发展、居民生活、公共治理活动不可或缺的基础条件。按照在数字经济体系架构中应用的层次，又可进一步将这一子类型划分为四类：

◎ 第一类是通信网络基础设施。新一代通信网络基础设施突破了固定网络、3G（第三代移动通信技术）和4G（第四代移动通信技术）移动网络等传统通信设施在连接和信号传输方面的瓶颈，使泛在连接、端到端实时响应成为可能，具体包括5G网络、卫星互联网、物联网等。

◎ 第二类是数据应用基础设施。随着数据成为重要的生产要素，对数据的存储、处理、分析就变得非常重要，相关市场需求规模不断壮大，专业化的数据存储、处理和分析具有规模经济性，从而出现了可供全社会使用的数据中心、超算中心等。

◎ 第三类是系统服务基础设施。它建立在通信网络设施、数据应用基础设施之上，向下游用户提供系统架构、开发工具和应用软件。对下游用户来说，不再需要投入大量的资金和人力从头开始构建系统架构和各种应用软件，只需要按需向数字服务提供商购买或租用相应的服务。

◎ 第四类是商业应用基础设施。它往往以双边数字平台的形式存在，为参与各种具体业务、各种商业模式的平台供应商提供了一个即插即用的商业化运营环境。

需要注意的是，一些数字基础设施在不同的应用场景中也可以属于不同的类型或多个类型。以工业互联网为例，在物理资产的基础上，工业互联网平台由边缘层、PaaS 层和应用层三个关键功能组成。其中，边缘层提供海量工业数据接入、转换、数据预处理和边缘分析应用等功能；PaaS 层提供资源管理、工业数据与模型管理、工业建模分析和工业应用创新等功能；应用层提供工业创新应用、开发者社区、应用商店、应用二次开发集成等功能。工业互联网平台的边缘层可划分为通信网络基础设施和数据应用基础设施，PaaS 层属于系统服务基础设施，应用层根据其具体业务的不同可被划入系统服务基础设施、商业应用基础设施或数字创新基础设施。

传统基础设施的数字化，是指通过数字技术的深度应用，使传统基础设施具有高度数字化、智能化的特征。中央相关会议在提出推进“新型基础设施”建设的同时，也多次提到传统基础设施。进入数字时代，对传统基础设施进行数字化改造升级同样具有强劲的需求。在物联网、移动物联网、大数据、云计算、人工智能、机器人、区块链等数字技术的推动下，交通、能源、通信、市政、社会等领域的传统基础设施正在发生根本性的改变。智能基础设施能够向其运营者实时反馈自身的状态，从而实现预测性维护、方案规划和投资决策，以满足不断变化的需求并优化整个生命周期的资产价值。更重要的是，智能化的基础设施能够适应产业发展、居民生活、公共服务和社会治理的更高要求。例如，能源基础设施的智能化有助于高效调配能源的生产和传输，提高能源的综合利用效率；交通基础设施的智能化能够缓解交通拥堵、减少交通事故、降低交通领域的能耗和污染物排放。再如，无人驾驶的发展不仅要求车辆通过加载定位导航系统、相机、激光雷达、毫米波雷达、超声波雷达而具备周边环境感知与自主决策的能力，而且要求对道路、路边标志、交通信号系统等传统基础设施进行数字化、智能化改造，实现车辆与道路的实时通信。数字的基础设施化在连接、数据、决策等方面的能力也使其成为传统基础设施数字化的基础。

智慧社会与新基建的角色

随着生产力的发展，人类社会的技术经济范式也在不断演进。每个时代最具颠覆性、影响力的代表性技术转化而成的资源构成了特定技术经济范式下的物质基础。人类进入智慧社会，将对基础设施提出新的要求。

社会形态变化需要与之匹配的基础设施

党的十九大报告提出“建设科技强国、质量强国、航天强国、网络强国、交通强国、数字中国、智慧社会”，这是党中央文件首次提出“智慧社会”的概念。“智慧社会”也被称作“智能社会”，即一个无须人工干预，仅仅依靠情境感知机器和技术就能够做出决策，从而提高效率和福祉的社会。

目前，建设智慧社会成为越来越多国家和地区的共识。早在2008年11月，IBM就提出了“智慧地球”愿景。IBM强调，随着连接和算力的普及，整个世界正变得日益智能化，电网、食物系统、水管理、医疗、交通等都向着智能化方向发展。2016 年 1 月，日本发布的《第五期科学技术基本计划（2016—2020）》提出了“社会 5.0”（Society 5.0）的概念，也即“超智能社会”。“超智能社会”具有“智慧公民”支撑、科技创新推动、认知与决策自动化支持、社会技术生态融合、“网络—物理”在线社区构建、生活智能化等特点，最终将成为一个充满活力、适宜生活的社会。在实践层面，美国通用电气公司和德国政府先后提出了“工业互联网”和“工业 4.0”战略，更多国家和地区的政府则开始推动“智慧城市”战略，如韩国的“U-City”计划、新加坡的“智慧国家”计划、英国的“未来城市”战略，等等。

智慧社会是数字时代的必然产物，也是未来世界的美好愿景，是随着生产力的发展特别是以移动互联网、物联网、云计算、人工智能等新一代信息技术的发展和广泛应用而被提出并付诸实践的。技术进步不但会推动经济的发展，而且会使人的生活和交往、公共服务和社会管理等各方面发生深刻改变，人类社会的经济技术形态随之也会不断演进。日本提出的“社会 5.0”将人类出现后的社会形态概括为五个阶段：狩猎社会、农业社会、工业社会、信息社会和智能社会。基础设施对经济、社会发展发挥着重要的作用，基础设施的质量和规模对于国家、地区、城市的吸引力、竞争力、可持续性以及经济增长、贸易、公众生活水平等经济社会的各个方面都会产生重要的影响。人类文明诞生后的每一种社会形态不仅取决于占有主导地位的新兴技术，而且需要与主导的新兴技术紧密相连的基础设施作为支撑，相应时代的新型基础设施成为人类历史上历次工业革命的标志和必要条件。

人类进入农业社会后，定居型农业对供水、农业灌溉、道路以及维系国家统治的社会基础设施都提出了要求。英国工业革命后，人类步入了工业社会。以蒸汽、电力驱动的机械动力取代了人力、畜力，推动经济总量显著扩大，使贸易范围极大拓展，城市规模大幅度扩张，在此背景下，对基础设施的要求亦不断升级。更高等级的道路、铁路、运河、海港、电力、电报、电话等经济基础设施，以及污水和垃圾处理、通信系统、医院、学校等社会基础设施成为经济社会发展的基本要求。20 世纪下半叶以来，随着可编程逻辑控制器（PLC）、计算机以及因特网的发明，人类进入信息社会，生产过程可以按照预先设定的程序自动运行，计算机大幅度提高了脑力劳动的效率，人与人之间的联系更加高效。在信息社会，由光纤、无线通信、有线网络、电信机房等构成的互联网基础设施成为这一时代最重要的新型基础设施。

进入 21 世纪以来，新一代信息技术的发展推动网络空间与物理空间（现实世界）的融合不断加深。物联网、移动互联网的发展正在构建一个万物互联的世界，并产生实时大数据。随着海量数据的持续积累、算力的快速提升和算法的优化完善，人工智能技术开始大规模商业化应用，数据成为贯穿经济社会生活全领域、全流程的生产要素，一个智慧型社会正在浮现。从这一角度看，智慧社会可以被视为随着云计算、大数据、物联网、移动互联网、人工智能、虚拟现实 / 增强现实、区块链等新一代信息技术成熟和广泛利用而出现并深度发展的新型经济社会形态，在科学技术、产业活动、人民生活、社会治理等方方面面都呈现高度智能化的特征。

所谓智能化，就是在没有人的干预下，产品、服务及其所构成的各种经济社会系统对系统运行状态进行实时感知、准确预判、操作执行并不断学习提高。科学技术的智能化不仅包括智能科技的创新，而且包括科学研究、产品开发和工艺设计等过程的智能化；产业活动的智能化，则是产业演变成一个“信息—物理系统”，实现横向集成、端到端集成和纵向集成，包括全商业生态、全价值链、全产品生命周期的智能化；人民生活的智能化显然是智慧社会的直接目标，随着丰富且优质的智能产品和服务主导人们的日常生活，人民群众的衣食住行、娱乐、教育，甚至工作都日益智能化；社会治理的智能化是智慧社会的重要一环，也是实现国家治理体系和治理能力现代化的必由之路。

同时，智慧社会也是一个更高的社会价值形态，以人民为中心、可持续发展、包容性增长等价值目标通过新的技术手段及其引发的社会关系的变革得以实现。物联网、大数据、人工智能等技术使能源、资源的利用更加高效，污染物和温室气体的排放大幅度降低。人工智能、区块链、机器人等技术推动老龄化、医疗健康、交通拥堵等社会问题得到解决，实现更加高效、守信的社会治理图景。过去，大量经济活动建立在以铁路、公路、机场等为代表的传统基础设施之上。在智慧社会，经济和社会活动需要建立在能支撑数据采集、传输、存储、处理、利用并由新一代信息技术发展形成的新型基础设施的基础之上。

新基建助力智慧社会发展

基础设施被普遍认为是经济增长的基础条件，适度超前的基础设施建设是我国改革开放以来经济快速增长的重要原因。相较之下，一些欠发达国家虽然有丰富的自然资源和劳动力，但是由于缺少足够的资金开展大规模基础设施建设，资源和劳动力优势长期无法转变为现实的竞争优势，从而陷入“低水平陷阱”难以自拔。基础设施建设所需资金规模大、建设周期长，其本身也能成为直接带动经济增长的重要力量，特别是在逆周期调节中能够发挥重要作用。在应对 1997 年亚洲金融危机、2008 年国际金融危机中，我国通过大规模的基础设施投资，快速扭转了经济下行的态势。世界各国对高水平基础设施之于经济、社会发展的重要作用已经形成共识，2019 年的 G20（二十国集团）大阪峰会达成了《G20 高质量基础设施投资原则》，并将之作为共同的战略方向和远大目标。除了作为经济增长的基础条件和直接动力外，新基建还能够发挥更为深远的作用，成为在新科技革命和产业变革大潮中抢占先机、争夺未来产业竞争制高点的重要抓手，应对“逆全球化”的有力武器，以及智慧社会发展的重要支撑和动力源。

新基建助力智慧社会发展的五大机制如图 1–2 所示。

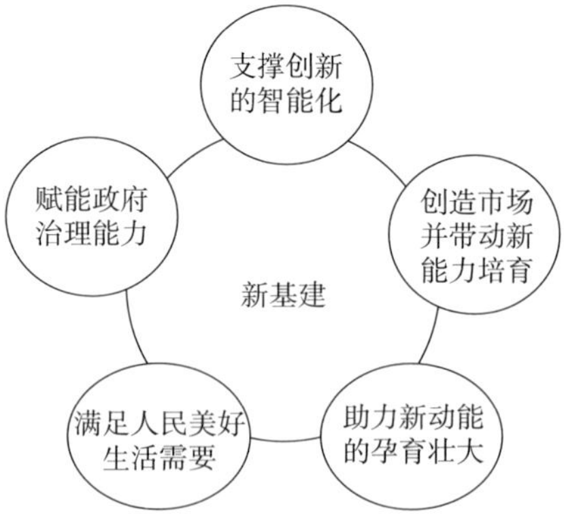

图 1–2　新基建助力智慧社会发展的五大机制

第一，新基建支撑创新的智能化。人工智能等数字科技的发展需要海量数据的支撑，而大学、科研机构和中小企业往往缺少数据，也难以承受专门生产、标注数据的成本，开放的人工智能素材数据库为人工智能理论研究和应用算法的开发提供了极大的便利。汇集各种算法、代码并依靠大量极客不断丰富、提高的开源社区，使许多创新活动不用从零开始，特别是对非数字科技领域的创新者来说，可以直接将现成的算法用于本领域的应用型创新，极大地提高了创新活动的效率。

第二，新基建创造市场并带动新能力培育。一些规划建设的基础设施会包含新技术、采用新形式、实现新功能。新型基础设施本身就是由新型或前沿数字技术所推动的，因此，其中新技术、新功能的含量更高。对一个国家、一个企业来说，技术能力不只体现在大学、科研机构或企业的科学发现、竞争前的实验室技术之中，在工程化和产业化过程中形成、积累的技术诀窍和专利也是市场竞争力的重要来源。产业化技术的形成和发展必须依托于足够的生产规模，只有在实际生产中反复试错，才能推动技术的进步和成熟。前沿技术虽然发展空间巨大，但在发展早期，技术性能与既有产品往往存在较大差距，以致不能规模化生产，成本居高不下。如果完全依靠市场机制，就可能因市场规模不足，企业不愿意过早进入，即使进入，企业也会耗费漫长时间才能使技术逐步完善。新基建的投资规模巨大，能够为前沿技术的产业化发展提供一个具有相当规模的早期市场，并通过“干中学”机制加快新技术的演进和成熟。当前，新一轮科技革命和产业变革正在全球范围内兴起，主要国家的国内政策变化、国际关系调整的核心都是瞄准新一轮科技和产业大潮，以抢占未来国际竞争的先机，实现本国经济的快速增长。新基建已成为前沿技术产业化的重要拉动力。

第三，新基建助力新动能的孕育壮大。作为经济活动开展的支撑条件，基础设施对产业的发展至关重要，其投资规模和结构能够影响资源要素的配置方式和效率，进而影响不同产业的发展速度，促进产业结构的变化甚至产业的更替。新基建的投资是面向全局和长远发展的基础性、战略性、先导性、引领性投资。如果支撑新产业的基础设施能够适时规划建设，就能够起到加速新产业、新模式、新业态发展和传统产业转型升级的作用，实现新旧动能转换。4G 基础设施在我国的发展就是一个很好的例证。我国拥有全球规模最大的移动通信网络，4G 基站实现了包括农村和人烟稀少地区的全面覆盖，加上智能手机价格的下降和连续多年的“提速降费”，4G 智能终端在我国的普及率大大提高。4G 网络的广泛覆盖方便了人们的日常生活，带动了农村和边远地区农产品和特色产品的线上销售，促进了网购、社交网络、在线直播、短视频、线上到线下（O2O）、外卖等新模式、新业态的创新。主要服务于终端消费者的消费互联网还催生出大数据、云计算、人工智能、金融科技等新的数字科技及相关产业，使我国数字经济规模领先，数字科技水平也居于世界前列。同样，新型基础设施的建设和发展在未来会继续催生新技术、新模式、新业态，成为新动能发展的重要推动力。在具有广泛连接、状态感知、数据分析等能力的新型基础设施支持下，传统企业不需要大规模投资建设自己的数字化设施和能力，可以按需购买、即取即用数据存储和处理等服务，以低成本实现数字化、智能化转型，对用户数据的实时监控、分析和预测，对生产线工艺参数的优化等，也避免了存储、计算资源的浪费。

第四，新基建满足人民美好生活需要。党的十九大报告指出，我国社会主要矛盾已经转化为人民日益增长的美好生活需要和不平衡不充分的发展之间的矛盾。新基建通过支撑产业的智能化，将劳动者从繁重、危险、枯燥、重复的体力劳动中解放出来，有助于提高产业劳动生产率，从而留出大量的时间供劳动者享受生活和促进其个人发展。在新基建的支撑下，各行业可以更加准确预判消费者的需求，以更低的成本生产定制化产品，更加精细地应对社会各种需求，将所需的物品、服务在所需之时按所需之量提供给所需之人，使每个人都能获得高品质的产品、享受高质量的服务。

第五，新基建赋能政府治理能力。高效的公共治理依赖于对数据的获取和处理能力。依托普遍存在的数字基础设施，政府管理部门可以获取经济社会生活的海量鲜活数据；利用大数据、人工智能等手段对数据进行分析、挖掘，做出更精准的判断、预测，并据此做出相应决策，实施相应政策，从而切实提高公共服务水平和社会治理能力。区块链去中心化、不可篡改的特性有助于一个更加诚信的社会的出现。可以说，新基建将成为国家治理体系和治理能力现代化的有力支撑。例如，新基建在应对新冠肺炎疫情中发挥了积极的作用：政府部门利用工业大数据，可以及时掌握应急物资的生产能力、库存状况和供应链企业的分布，快速组织口罩、消毒剂等医疗防护用品生产；利用电信运营商和各种数据平台的数据，可以快速锁定感染者的密切接触人群并对其进行隔离，利用定位数据生成“健康码”，加快恢复人员流动和复工复产；利用互联网和各种数字平台，开展线上问诊，实施线上会议、远程协作办公，实现“停课不停学”。

新基建：风险何在

新基建既是关系当前“六稳”和“六保”的重要政策抓手，又是着眼于未来智慧社会建设的重要战略。在推动新基建的过程中，需要吸取传统基础设施建设中的经验与教训，依据新基建的特征和存在的风险，制定和实施有效的国家战略和政策（见图 1–3）。

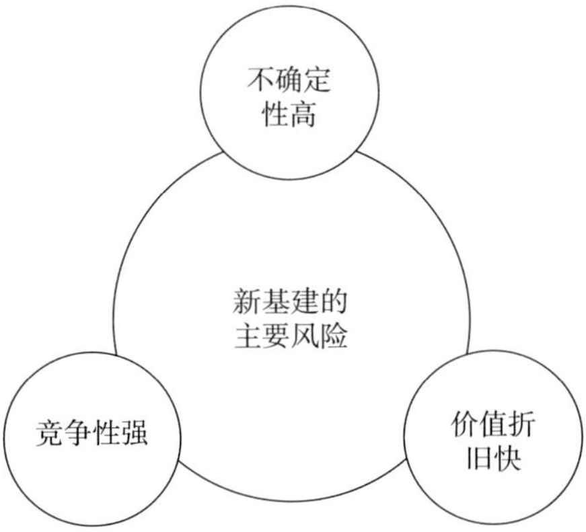

图 1–3　新基建的主要风险

首先，新基建的不确定性高。作为快速演进的前沿技术，数字技术具有高度的不确定性，包括技术的不确定性、市场的不确定性、组织的不确定性。基础设施具有非竞争性或部分竞争性的特点，存在着正外部性和供给不足的问题，因此，政府在传统基础设施的规划建设中往往发挥着主导性的作用。相对于在市场中直接参与技术创新、市场竞争并面对用户的企业，政府对技术和市场的不确定性更不敏感，因此，做出关于新型基础设施技术路线选择和建设规模的正确决策更加困难。一旦决策失误，不但会面临巨额的投资损失，而且会丧失在前沿数字技术领域的发展先机，并因新基建滞后而影响经济社会的转型升级。

其次，新基建的价值折旧快。与传统基础设施以机械、建筑、设施等物质产品为主要硬件不同，新型基础设施的主要物质载体是电子信息产品，以及其中蕴含的大量算法、软件和服务。相较于机械、建筑和设施，电子信息产品与软件、互联网服务的技术进步更快、折旧周期更短。《中华人民共和国企业所得税法实施条例》对固定资产折旧最低年限的规定是：房屋、建筑物为 20 年，飞机、火车、轮船、机器、机械和其他生产设备为 10 年，电子设备为 3 年。根据《财政部国家税务总局关于企业所得税若干优惠政策的通知》，软件的折旧或摊销年限最短为 2 年。尽管超前的基础设施建设对经济社会的发展至关重要，但新型基础设施如果不能适时发挥作用，产生直接经济效益或间接社会效益，就可能造成巨大的资源浪费。

最后，新基建的竞争性强。虽然公共产品理论是基础设施建设的理论基石，但并不意味着基础设施必然要由政府来提供。在传统基础设施建设中，政府的参与程度较高，或者由政府进行投资，或者由公共部门直接运营，即使是通信、道路等商业化运营基础设施的准入，也受到政府的严格管制。而新型基础设施中数字平台的形成在很大程度上是市场竞争的结果。企业可以利用技术突破带来的商业模式变革机遇建立平台，并实现平台规模的迅速扩大。由于网络效应的存在，在同一细分市场中通常最终只能剩下数量很少的平台企业，甚至是一两家平台企业，这些平台企业成为许多第三方供应商甚至个人创业者开展经营活动的支撑条件。例如，电商平台能够给网店提供网店模板、数据存储和分析、金融支持等服务，大幅度降低了开店成本，提高了开店的便利性。在较为成熟的细分数字经济领域，虽然由于“赢家通吃”现象，最终导致市场上剩下的平台数量不多，但平台之间的竞争异常激烈，同时，入驻同一平台的供应商也需要为争夺稀缺的流量进行激烈的竞争。

政策如何发力

新基建需要处理好长期与短期、政府与企业、规制与竞争等方面的关系。因此，推动新基建需要秉持开放包容的政策取向。

第一，面向未来，政府引导。新型基础设施的规划建设不应仅落脚于短期经济刺激，而要将其作为构建智慧社会、实现第二个百年奋斗目标的先导性工作和重要支撑。可以发布类似“新型基础设施建设战略”和“新型基础设施建设行动指南”的指导性文件，吸引社会各界积极参与新基建，同时要纠正地方政府在新基建领域的短期化行为，避免造成新型基础设施的严重产能过剩和资源浪费，避免因盲目地“大干快上”而加重地方政府的财政负担、加剧债务风险。

第二，适度超前，小步快走。新基建是经济社会数字化和智能化转型的基础。一方面，一旦新基建滞后，就会成为整个经济社会系统智能化的瓶颈；另一方面，如果新基建太过超前，就会造成资源浪费。因此，新基建应当适度超前，根据技术成熟程度、市场开发程度，“小步快走”地稳步推进。例如，5G 投资规模巨大，仅中国的投资规模估计就会超过 1 万亿元，但 5G 市场需求尚未充分培育起来，现阶段仍存在大规模应用场景不足的问题。此时最好的策略不是一哄而上，而是根据市场需求的发展，在最需要的地区、领域、场景率先启动，不断积累经验，形成示范，促进应用模式尽快成熟。

第三，放松准入，多元参与。随着改革开放深入推进，我国市场准入管制逐步放松，但限制企业进入和公平参与竞争的“玻璃门”“旋转门”“弹簧门”仍然存在，这些进入壁垒和竞争障碍在通信、电力、交通等基础设施领域尤为突出。新型基础设施的投资规模及其公共物品的属性要求有实力的国有企业参与其中，但同时，新型基础设施技术含量高、技术发展方向高度不确定以及强竞争性的特征又要求充分调动民间的投资积极性，吸引大量的企业特别是民营企业、中小微企业参与。为更加多元化的主体提供参与新型基础设施建设和获益机会，应成为相关政策的主要发力点和各级政府的重要工作方向。

第四，合理分工，企业先行。新基建应处理好政府与市场的关系，把市场愿意做、擅长做的交给市场，市场做不好的，政府可以参与。政府的作用主要是从全局着手，制定基础设施发展愿景，并为新基建相关科学研究和具有非竞争性的公共物品提供资金支持，通过政府投资的基础设施建设，为数字技术的产业化提供市场。在更多的基础设施领域，特别是具有部分竞争性的领域，应更好地调动企业的积极性，具有公共物品性质的基础设施，也应该积极采取 PPP（政府和社会资本合作）模式，鼓励私营企业、民营资本参与基础设施的建设与运营。

第五，引导需求，推动竞争。新型基础设施是新兴产业发展的重要支撑力量，但其要想更好地服务于新兴产业发展，就需要下游行业不断扩大应用规模。例如，充电桩设施的建设取决于新能源汽车的保有量和发展速度。对于新兴产业的发展，政府的重点工作不是提出明确的技术路线和规模目标，而是从公共利益出发设定更大的愿景，创造良好的产业发展环境，引导企业在新兴产业中进行投资和创新，从而通过下游行业的规模扩张来拉动对新型基础设施的需求。例如，在新能源汽车领域，政府要摒弃选择性产业政策导向，不应替市场指定锂电池路线或燃料电池路线、充电或换电模式，制定规模目标，而应根据可持续发展的要求来设定能耗标准和减排目标，对达到能耗标准和减排目标的产品给予补贴，以此激励不同技术路线之间的竞争。同时，配套的基础设施建设不仅要随之跟进，而且要鼓励更加智能化的基础设施与新兴产业发展形成深度融合和良性互动。

第二章　新型通信网络基础设施：从 5G 到“星链”

只有首先看到事情的可能性，才会有发生的机会。

——埃隆·马斯克

网络是继传统的陆、海、空、太空之后的“第五战场”，新型通信网络基础设施能够为企业快速发展提供新动能。作为新基建的重要组成部分，以 5G、工业互联网、物联网、卫星互联网为代表的新型通信网络基础设施，对促进产业数字化发展具有强大的赋能作用。网络打破了按国界划分的市场边界，在由网络搭建的全球市场竞争平台上，企业的优劣势被无限放大，优者更优，劣者更劣。未来，数字化能力将决定企业的竞争力、经济发展动能以及社会福利水平的提升。新型通信网络基础设施建设不单是“修路”和补充燃料，而且会助力产业实现加速和指数级增长，也必将助力各种智能终端冲上“云霄”，促进在线新经济的蓬勃发展，推动数字经济新时代的到来。

数字时代的新通信

与传统工业和服务业相比，数字经济对基础设施建设有新的要求。传统产业的增长逻辑是基于工厂经济“规模与范围”的扩张，而数字经济则以数据为生产要素，通过平台经济模式实现指数级增长。

数字经济刺激新通信需求

数字经济时代的生产要素发生了显著变化。传统工业和服务业的主要生产要素包括劳动力和资本，生产要素的流动高度依赖铁路、电网、石油管道、高速公路等传统基础设施，经济增长的方式是规模与范围的扩张。数字经济的主要投入要素是数据，为了确保数据的安全存储和流动共享，5G、工业互联网、物联网、卫星互联网等成为必要的通信基础设施。由此可见，与铁路、公路、管道、电网等传统基建不同，新型通信网络基础设施具有鲜明的数字化特征和创新导向，旨在夯实我国数字经济发展基础以及助推整个经济社会实现数字化转型。

数字经济改变了经济增长方式和增长动力。从增长方式看，在传统工业化时代，物质和能量是主要的传输对象，基础设施包括交通网络、管道网络、电力网络三大类型。在数字经济时代，信息成为重要的传输对象，基础设施是互联网设施和宽带网络。在传统工业化时代，企业扩张的方式是“规模和范围”，在数字经济时代，企业的成长可以突破地域和空间的限制，以“平台”的形式覆盖整个网络空间，实现非线性、指数级增长。从增长动力看，数字经济增长动力的关键在于通用目的技术的应用与扩散，区别于依赖要素投入实现增长的传统工业经济，信息技术的指数级增长、数字化网络化的普及应用、系统集成创新和新一代人工智能技术的战略突破是数字经济发展的主要驱动力。在新基建的助力下，新一代信息技术发展的速度越来越快，技术进步不再以线性方式而是以指数方式发展，尤其是互联网企业可以在网络效应下快速实现规模扩张，逐步形成寡头垄断格局，从而突破线性增长模式，实现技术突变和规模跃迁。

5G 等新型通信网络基础设施建设成为我国经济发展的重要动能，它们是新基建的重要组成部分。按照上述内容，可以将 5G 等简单地理解为信息传输的高速公路，只不过应用场景更加复杂，主要包括三类：一是增强移动宽带场景，支持现有移动互联网业务向更强交互性发展；二是满足 URLLC（超高可靠与低时延通信）场景，如自动驾驶、工业控制等；三是低功耗、大连接场景，如智能家居、智慧城市的信息采集。总之，在新一轮科技革命和产业变革过程中，数据成为新的关键生产要素，新型通信网络基础设施有助于实现“万物互联”，增强数据要素的流动性，推动互联网产业形态平台化、网络化，加速制造业向数字化、智能化转型，深刻改变国家间比较优势和竞争优势，从而对全球格局产生深刻影响。

新基建如何赋能数字经济

新基建给数字经济带来怎样的发展空间并非一个技术问题，也不是经济问题，而是一个想象力问题。时代在剧变，人们的认知也要随之改变。“拿着旧地图，找不到新大陆”，不能让传统思维限制了对发展的想象力。如果说传统工业时代的蒸汽机、电力和内燃机主要是通过“规模效应”来定义商业生态，数字化技术则是在硬件、数据、算法等基础上实现了一系列“网络效应”或者“指数效应”，从而使得商业生态空间的“升维”成为可能。

指数增长相对于线性增长是质的飞跃。人类的思维更容易理解线性增量（如 1、2、3、4、5……），而不太容易判断指数增量（如 1、2、4、8、16、32……）。这方面的典型案例是柯达，柯达早在 1975 年就发明了第一台数码相机，但当时柯达并没有推广数码摄影技术。随后，1981 年索尼推出了第一款数码相机。当时柯达所做的市场调查预测至少有 10 年的缓冲期，才会面临数码产品带来的巨大冲击。尽管这种预测是正确的，但它忽略了数字技术的指数级发展速度，这意味着柯达再怎么发力，也几乎不可能赶超了。因此，把握指数发展趋势至关重要。数字经济条件下的技术进步不是以线性方式而是以指数方式发展的，微博、微信、拼多多等不断以刷新纪录的速度积累了上亿规模的用户。电商企业用网站成交额（Gross Merchandise Volume，缩写为 GMV）来评价用户规模，能否年服务逾 3 亿用户，成为衡量电商发展的门槛。无独有偶，今日头条等也用日活跃用户量（Day Active User，缩写为 DAU）作为企业成长速度的评价指标。数字经济时代，企业的成长方式和绩效评价方式都在发生变化。

数字技术的爆炸式发展的速度令人难以置信。如今，一个普通智能手机的算力，比 20 年前世界上绝大多数商用计算机的信息处理能力都要强大。所谓“指数效应”，是指新型通信网络基础设施等具有指数级技术特征，这些技术能够推动相关产业呈指数级增长。可以用飞机起飞类比新型通信网络基础设施的作用，新型通信网络基础设施就是各个企业在数字经济时代实现起飞的关键动能。在飞机起飞前滑行时，加速度——也就是速度变化率——与飞机在跑道上滑行的距离直接相关。加速度越慢，飞机达到起飞速度需要的距离就越长。如果飞机没有达到需要的速度，它就不能在给定的跑道上起飞。从技术架构来看，5G 等通信网络基础设施能够促进其他新基建技术的发展，这些未来技术将共同带来新的产业突破和增长，也将衍生出一些充满想象力的应用场景和创新案例。

5G：破局与爆点

作为支撑经济社会数字化、网络化、智能化转型的关键基础设施，5G、工业互联网、物联网、卫星互联网等新型通信网络基础设施能够培育出更多的新业态和新模式，在稳投资、促消费、助升级、培植经济发展新动能等方面潜力巨大。

5G：突破数字经济全局

数字经济是端、云、用的融合经济。发展 5G，能够攻其一点，破其全局。5G 在数据传输速率、移动性、传输时延以及终端连接数量方面的技术优势将推动万物彼此互联，使业态创新大规模爆发，开启一个突破限制、加速进步的时代。

5G 网络是数字经济的重要基础设施。5G 具有高速率、宽带宽、高可靠、低时延等特征，能够满足未来虚拟现实、超高清视频、智能制造、自动 / 无人驾驶等众多应用场景的需求。随着移动通信系统带宽和能力的增加，面向个人和行业的移动终端快速发展，移动通信相关产业生态急剧变化，5G 不仅是更高速率、更大带宽、更强能力的空中接口技术，而且是面向业务应用和用户体验的智能网络。相较于 4G 网络，5G 具有“质”的飞跃。在移动互联网场景中，用户体验速率提升至少 10 倍，用户可以随时随地在线观看高清视频，即使在高密度人群中，也不会受到带宽变化的影响；而在物联网应用场景中，物与物之间的连接数量大幅提升，5G 技术可支持更高移动速度下的使用，时延效果达到 1 毫秒级别，终端能够及时、准确地做出反应动作。

国际电信联盟（ITU）描述了 5G 的三大应用场景。一是增强型移动宽带（eMBB，极高速率），主要是追求人与人之间更极致的通信体验；二是高可靠、低时延、高品质的网络（uRLLC，极低时延），是物联网应用场景，提供超千亿网络连接的支持能力，主要面向智能驾驶；三是海量机器类通信（mMTC，极大容量），满足广覆盖、低功耗需要，智能终端在很长时间内不用更换电池。根据中国信通院的数据，eMBB、uRLLC 和 mMTC 三大应用场景将分别带来 4.4 万亿、4.3 万亿和 3.6 万亿美元的产值空间。

表 2–1　5G 关键指标及其定义

指标	定义
用户体验速率	真实网络环境下用户可获得的最低传输速率，支持 0.1~1Gbps[①] 的用户体验速率
连接数密度	单位面积上支持的在线设备总和，每平方千米 100 万的连接数密度
端到端时延	数据包从源节点开始传输到被目的节点正确接收的时间，不高于 2 毫秒的端到端时延
移动性	满足一定性能要求时，收发双方的最大相对移动速度，能达到每小时 500 千米以上的移动性
用户峰值速率	单用户可获得的最高传输速率，能达到数十 Gbps 的峰值速率

我国 5G 产业将迎来爆发式增长。5G 产业链包括上游（基础层）的基站射频、光模块、整机等通信设备制造业，中游的网络建设、网络规划设计与维护，下游（应用层）的终端及应用场景。5G 通信产业发展之初，上游基础元器件层面的发展最为迅速，而下游也展开了丰富的场景探索。5G 部署将围绕应用场景需求采取更加长期、灵活的方式，将在技术相对成熟、经济价值大的下游场景优先落地。随着时间的推移，更多的技术壁垒将被打破，5G 带来的经济价值也将在更多行业应用中得到凸显。总体来看，上游基础层和下游场景应用层仍是两大主力环节，其他层面则呈现齐头并进的态势。随着 5G 与各个行业的融合发展，数字经济和数字社会的理念逐步变为现实，人与人之间的单一连接方式将在 5G 时代演变为人与人、人与物以及物与物之间的万物互联模式。因此，5G 技术与其他产业，尤其是传统产业的融合发展将成为未来全球经济和所有产业发展的必然趋势，围绕融合发展将催生更加完善的产业生态。预计到 2025 年，我国 5G 产业

① Gbps 是交换机数据交换能力的单位，也称交换带宽。传输速度为每秒 1 000 兆位，即 1Gbps。

市场规模将达到 3.8 万亿元，年均复合增长率超过 30%。未来 10 年，5G 产业直接创造出的 GDP 年均复合增长率将约为 41%，间接拉动 GDP 将达到 3.6 万亿元，10 年间复合增长率将达到 24%。

总之，5G 技术的普及将带来一个完全、随时、无缝连接的时代，5G 通信网络大带宽、广覆盖和低时延三大特征将彻底变革和颠覆传统的通信方式，能够满足未来不断涌现的各类新型智能终端和应用场景对于持续增长的移动流量的需要。5G 技术和通信服务还将渗透到物联网和其他行业，能够有效满足工业、医疗、交通等行业的创新需求。作为通用目的技术，5G 将全面构筑数字经济的关键基础设施，从线上到线下、从消费到生产、从平台到生态，推动我国数字经济发展迈上新台阶。

主要应用场景

5G 技术能够被应用于密集场景高速连接、超高清和超宽带大视频、面向智慧城市的智能领域，以及自动驾驶和智慧医疗等新的场景。超高清视频、远程医疗、车联网、智能电网、工业互联网等场景应运而生（见图 2-1）。5G 通信网络部署将重点围绕行业应用场景，关键在于加快网络建设，深化融合应用，壮大产业生态。

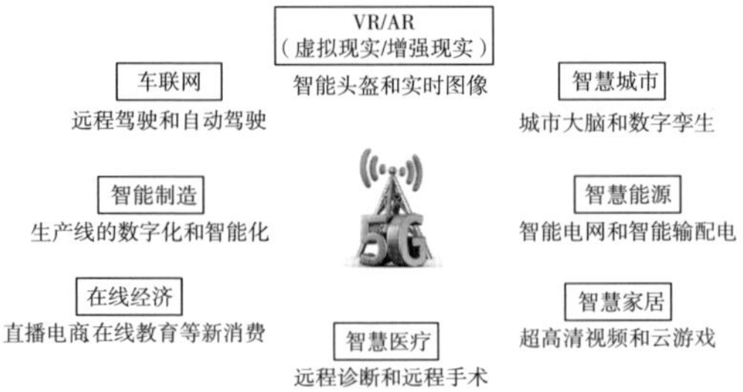

图 2-1　5G 技术的主要应用场景

➢ 下一代智能终端

5G 通信网络建设会培育出新的智能终端。基于 5G 技术的新智能终端将以多种形态呈现，智能手机、智能手环、智能穿戴设备等将基于新基建展现出更高品质、最佳性能的智能化水平。当然，5G 时代的终端一定不会局限于智能手机和智能可穿戴设备，还包括这些终端互联所形成的智能家居、车联网、工业互联网等。

首先是智能手机。智能手机是移动互联网时代最核心的应用终端，在 5G 时代同样大有可为，在个人消费领域，很难想象有能够替代智能手机的新终端。但是，智能手机行业的发展已经介于成熟期和衰退期之间，产品同质化依旧严重，缺乏创新点和新功能以激发消费者的购买热情，市场需要新技术刺激。到了 5G 和物联网时代，各种泛智能的硬件会不断涌现，随着 5G 通信步入商用阶段，未来一定会出现功能更强大、技术更先进的新型智能手机终端。

其次是可穿戴设备，代表性产品有智能手表、智能腕机、智能眼镜、人体智能检测器等。智能手表在 4G 时代已经普及，在 5G 时代，智能手表的功能会进一步强化，市场规模还将进一步扩大。虽然当前 VR/AR 相关产品的销售规模不大，但在 5G 时代，VR 设备在一些特定场所、特定行业会得到应用，包括 VR 游戏、VR 直播、VR 医疗等。5G 技术的低时延、大带宽特性，再结合云计算和人工智能，通过云端预加载数据、云端渲染等技术手段，将更好地满足使用者对沉浸感、交互性和视觉舒适度的要求。同时，在 5G 广覆盖的特性下，VR 设备应用将由室内转向室外，从而能够适用于更多的应用场景。在人体健康智能检测方面，未来会有大量的芯片被植入人体或用于监控身体健康指标，通过收集检测数据并进行大数据分析，指导和改善用户的运动、饮食、睡眠等生活习惯。

最后是范围更广的应用。5G 技术有助于实现更多居家设备、出行设备的互联，并且提升设备之间通信响应的速度，实现更加智能化、自动化的功能和应用。一些典型的应用包括：具有交互功能的智能音箱，成为家庭网络入口的智能电视，以及逐渐进入试运营阶段的无人驾驶汽车，操作更便利的无人机等。其中，围绕智能电视的创新将大显身手，在 5G 网络支持下，超高清视频直播、5G+AI+VR 直播将成为主流应用，为用户带来更加极致的体验。车联网将成为自动驾驶的“最强大脑”，汽车从智能化终端逐步延伸出“单车智能 + 车联网”协同工作的模式。随着新业务、新理念的兴起，这些新兴的智能终端将塑造出新的产业业态，智能手机、可穿戴式设备、VR/AR 产品，以及智能家电、智能化汽车等基于 5G 技术的产品将更加多样化和个性化。

总之，强大的通信能力和高性能计算赋予智能终端更丰富的想象力和无限可能。成熟的 5G 网络能够极大地提升现有移动终端的用户体验，也会激发更多行业挖掘自身需求，开发新型的移动终端以满足行业需求。所有的智能终端都能够保持实时在线、保证连接云端、增强与用户的交互和体验，能够更好地实现“身临其境”、强互动、零距离。随着 VR/AR 终端、超高清视频等新型技术的兴起，5G 为其搭建了高速传输通道，用户和商家之间的互动会变得更加实时，企业和用户之间的交流更加深入，对用户需求的理解也更加及时，而且可以消除不必要的中间环节。

➢ 在线新经济

与智能终端对应的是在线新模式。新冠肺炎疫情期间，我国在线新经济蓬勃发展，各种服务内容纷纷迁移至线上，如无人工厂、工业互联网、远程办公、在线金融、在线文娱、在线展览、生鲜电商零售等。随着 5G 技术在更广范围内的应用，医疗、教育、文娱消费以及智慧家居等多个领域都将得到优化，形成在线新消费态势。

在线新经济是借助人工智能、5G、互联网、大数据、区块链等技术，与生产制造、金融科技、文娱消费、教育健康和交通出行等深度融合，塑造出具有在线、智能、交互特征的新业态、新模式。我国拥有良好的在线新经济发展基础，但存在数字经济与实体经济融合度低、传统产业数字化转型缓慢等问题。

数字经济的发展是信息技术创新和应用积累到一定程度的必然结果。仔细分析就会发现，面对重大风险事件，在线新经济的内在特质与特殊时期的特殊市场需求有天然的契合度，后者可以产生打破传统产业发展路径依赖和锁定效应的力量，成为促进数字经济内生发展的推动力。

以直播电商为例，其代表了电商发展的社交化趋势。直播电商的兴起提醒人们，电商行业的发展趋势再次发生改变，社交化成为新的趋势。最具代表性的事件是，抖音电商撑起了字节跳动千亿元营收的“第二曲线”。在互联网领域，几乎所有人都在追求能够实现指数级增长的“第二曲线”。但让大家感到意外的是，此次居然是直播电商。2019 年“双 11”前 9 小时，淘宝直播引导成交突破百亿元，也许在不久的将来，直播电商会为天猫年度“双 11”活动贡献最大的营收份额。

5G 网络和虚拟现实等技术的发展保障了直播效果，产业分工的完善为直播提供了系统支撑。阿里巴巴的数据显示，网上直播卖货人数大幅增长，2020 年第一季度，平均每天都有 3 万人开通淘宝店铺。现在全国网民数量超过 9 亿，其中直播用户数量达 5.6 亿，直播电商已经成为消费新动能。既然时代和商业模式已经发生了改变，传统企业应当主动求新求变，迎合直播电商的模式要求，变革自己的营销方式。

当然，还有远程医疗的发展。远程医疗主要有三大应用场景，医疗监测和护理类、医疗诊断和指导类、远程操控类。5G 通信网络给远程医疗提供了更可靠的技术实现条件。通过提供更快的速度、更稳定的连接、更低的时延与更大的带宽容量来改善远程监测、远程护理和远程医疗。5G 通信网络高速率、大带宽、低时延的特性，其所带来的更高效的连接以及全新的增强型移动宽带数据传输速率，可以有效保障远程手术的稳定性、可靠性和安全性，支持个性化的医疗保健应用和沉浸式体验，如虚拟现实和实时视频传输。这就意味着，医生只需要带上 VR 头盔，就可以通过 3D/UHD（超高清）视频远程呈现或 UHD 视频流来对病人进行远程诊疗。医疗专家可以随时随地掌握手术进程和病人情况，有效解决优质医疗资源供需矛盾，解决医疗专家与患者在途时间消耗等问题，使得在 4G 时代停滞于概念局面的远程手术、远程医疗等应用场景真正落地。

➢ 智能汽车

汽车将成为新的智能终端。在 3G、4G 时代，智能手机是最核心的应用终端，在 5G 时代，又有哪些终端能够跻身新的平台级应用呢？答案可能是智能汽车。自动驾驶或者无人驾驶作为最高级的智能化阶段，结合了无人驾驶技术和 5G 等新科技，智能汽车能够实现远程操控、智能操控、无人操控。车辆成为智能终端，成为网络中的信息节点，与外界进行大量的数据交换，进而改变车与人、环境的交互模式，实时感知周围的信息，衍生出更多形态的消费模式。

当前汽车行业正在经历电动化、智能化和网联化三种颠覆性的技术创新，产业链将面临变革与重构。智能化是一个广泛的概念，从辅助驾驶到无人驾驶，不同水平的智能化技术将颠覆和深刻影响汽车制造业，再加上我国发达的高速公路网络，未来的自动驾驶会朝着车路协同的方向发展。智能驾驶建立在遍布汽车上的大量传感装置的基础上，如短距离雷达、红外探测和摄像头等，路况和驾驶数据被传送到中控系统，汽车在卫星定位、人工智能和大数据技术的帮助下可以实现自动驾驶。智能汽车能够提供完全不同的用户体验，最典型的特征是作为汽车中控台的液晶大屏幕，它是各种信息汇聚和交换的界面，不但能够实现汽车的智能驾驶，还能使汽车成为继智能手机之后新的、普遍应用的智能终端。利用 5G 技术高带宽和低时延的特性，结合人工智能、边缘计算等新一代信息技术，智能驾驶和自动驾驶模式变得更为稳定和成熟。随着智能汽车产业生态的完善，路网不断标准化、空中下载（OTA）更便利、车联网和物联网技术更强大，数据采集全覆盖、解构交通出行逐渐成为可能，未来可以根据乘客的偏好和实际需求优化路线，自动推荐最优出行路线和驾驶方案。相对于智能手机而言，智能汽车能够带动的产业链更长、产业规模更大，能够推动移动互联网朝着更具想象力的状态发展。此外，无人机也可以像智能化汽车那样实现远程操控和自动驾驶。随着即时通信、物联网、大数据等技术的发展，在偏远地区、危险行业中，无人机能够更加便于操作、更容易完成高难度任务。5G 和卫星互联网还能够解决数据通信和传输速率问题，支撑各种传感信息的传输和处理，保障无人机终端的可靠性和安全性。

值得注意的是，行业应用及其商业模式的演进或重塑并非单一技术所能实现或者单一基础设施能够支撑的，而是需要 5G 与其他多项数字技术和智能设施合力完成。5G 与人工智能、边缘计算、视觉技术、传感技术等通用目的技术相互结合、相互优化，并与行业场景不断融合，才能在交通、能源、制造、教育、医疗、消费、休闲娱乐等领域带来新的业态，促进跨界融合，催生和推动行业数字化发展，重塑甚至颠覆传统商业模式，创造出巨大的经济价值。5G 的关键作用在于，确保各种技术所驱动的应用能够有机高效地整合在一起，并使它们发挥出更加完整且智能化的作用。

工业互联网：号准实体经济的数字脉搏

在万物互联的新时代，5G 对生产端的改变可能远大于对生活端的改变，这是因为 5G 的低时延、广连接、软交换特征更契合工业应用场景。目前来看，物联网、车联网、工业互联网等技术的成熟度虽然有待提高，但已然成为市场关注的焦点领域，未来产业端应用将成为 5G 等新科技的重要落地场景。

工业互联网与产业新生态

工业互联网是新一代信息技术与工业经济深度融合的全新工业生态、关键基础设施和新型应用模式，将提升生产效率，促进生产关系变革。工业互联网是数字经济时代的先进生产模式，依托5G、云服务平台，把设备、生产线、工厂、供应商、产品和用户紧密地连接融合起来，通过对工业数据进行深度感知、实时传输、快速计算以及高级建模分析，实现生产和运营组织方式的变革，全面推动工业企业转型。

工业互联网与消费互联网的概念相对应。随着云计算、大数据、物联网、人工智能等新一代信息技术的发展，互联网从消费互联网阶段发展到产业互联网阶段，信息技术的“赋能力”进一步增强，其与实体经济的深度融合，加快了实体经济数字化、网络化、智能化的发展进程，从根本上改变了经济发展模式。所谓产业互联网，是传统网络技术与新一代信息技术在产业部门的深度融合与应用所形成的新型技术范式与经济活动。产业互联网通过互联网、移动互联网、物联网等信息技术来建立覆盖企业生产经营各部门、各环节的广泛连接，并利用大数据、人工智能等新一代信息技术来改善企业经营活动的精准性、敏捷性，提高运行效率和经济效益。

2012年，GE（美国通用电气公司）最早提出了“工业互联网”概念。GE当时的愿景是通过工业互联网把人、数据和机器连接起来。企业通过开放的、全球化的通信网络平台，把设备、生产线、员工、工厂、仓库、供应商、产品和客用紧密地连接起来，共享工业生产全流程的各种要素资源，使其数字化、网络化、智能化，从而实现效率提升和成本降低。从概念上看，GE 提出的“工业互联网”应该更接近该词的中文表述，即生产物质产品的国民经济部门及其产品与互联网技术的深度融合应用。从经济现实来看，产业除了工业，还包括农业、建筑业和许多服务业部门。每一个产业部门的生产设施、产品或服务、从业人员、用户等都可以被互联网深度连接起来，并通过产业本身的技术、产品/服务与互联网技术的深度融合，为用户、企业创造出更大的价值。值得注意的是，工业领域很可能不是与互联网连接融合最深入、最有效果的产业。2018 年 6 月以来，GE 先后经历了从道琼斯工业平均指数中被剔除（GE 在该指数中已有 110 年历史）、信用降级、股价暴跌、GE 的数字部门 GE Digital 寻求出售等重大事件①，这表明GE提出的工业互联网的现实发展远非白皮书设想的那样美好，德国“工业 4.0”也遭遇了类似境况。基于对这些波折和问题的认识，产业互联网应是一个具有更广泛内涵的概念，工业互联网、物联网和车联网等只是产业互联网的一个子集。

工业互联网（甚至包括整个产业互联网）与消费互联网存在多方面的差异。在支撑技术上，工业互联网的技术基础不仅包括互联网、移动互联网、物联网等网络连接技术，而且包括大数据、云计算、人工智能等数据存储、处理技术，以及虚拟现实、3D 打印等产业应用技术。在连接对象上，消费互联网主要实现的是人与人之间的连接，而工业互联网以万物互联为目标，更强调生产设备、产品、服务、应用场景相互之间及其与用户的连接。在数据利用上，消费互联网受制于通信网络、算力和算法等方面的限制，难以对数据进行实

① 2018 年底，GE Digital 旗下 Service Max 的多数股权被出售，剩余业务被组成一家专注于工业互联网软件的独立公司。

时采集、存储和深度挖掘，数据的价值无法得到充分体现；工业互联网则以数据为核心要素，既要求全流程、全生命周期的数据采集、流动、反馈，又致力于实现基于在线数据的实时分析、自主决策、学习提升，实现核心业务的自动化、智能化。在应用对象上，与消费互联网的服务主要面向终端消费者不同，工业互联网提供的各种应用主体是企业，新一代信息技术应用于企业从研发设计到生产制造、营销销售、售后服务等生产活动的全价值链流程，从企业本身到企业上游供应商、下游分销商和用户的全商业生态。在应用效果上，消费互联网实现了人与人之间的连接、信息交流，解决了企业和用户之间的信息不对称，降低了社会搜寻成本，催生了新的模式，创造了增量产业；工业互联网的着力点在产业本身，通过在优化企业内部流程、改善资源配置、提高运营效率、创新商业模式等方面发挥作用，提高实体经济的运行效率和经济效益。

工业互联网的快速发展对网络、算力、算法和安全等都提出了更高要求，迫切需要进一步加快以 5G、数据中心、人工智能、物联网等为核心内容的新基建，并且设施服务的对象从之前更加注重服务消费互联网转向将消费互联网、工业互联网放到同等重要的位置。工业互联网是新一轮产业变革的关键支撑，是实现经济社会数字化转型的重要驱动力量。未来，工业互联网将呈现三个显著特征：一是工业互联网的支撑技术更广泛，不仅包括传统互联网，也包括“云大物智移”（云计算、大数据、物联网、智慧城市、移动互联网的简称）等新一代信息技术；二是工业互联网除了建立人与人之间的联系，还能够实现万物互联；三是信息设施不仅将万物连接起来，更重要的是大数据、人工智能等都是重要的赋能技术，能够使产业发生深层次的改变。

工业互联网与智能制造

工业互联网的重要发力点在智能制造。作为生产智能化的核心手段，工业互联网扮演的正是底层基础设施的角色。随着我国制造业向智能化生产和大规模定制转型发展，工业互联网成为必要途径和基础环节。

智能制造融合了5G、云计算和AI（人工智能）等技术，通过更加灵活高效的生产系统，能够满足柔性制造的需求，让企业灵活应对快速变化的市场。大数据、人工智能、5G、边缘计算等新一代信息技术的兴起和向各行业的深度渗透，也为企业低成本、高效率地获取用户信息，进行全样本自然实验，持续改进产品提供了前所未有的技术条件。以5G技术为例，得益于其极低时延、极高可用性、极高可靠性等特征，面向自动控制领域的关键任务通信将深度嵌入企业用户的生产、制造、物流和服务流程中，为行业用户提供全方位、智能化、高质量、高可靠的实时自控网络服务。要满足用户不断变化的需求，企业就必须打造一种以用户为导向的新业务体验，和用户保持长期密切的联系。企业要实现这样的转型，就需要源源不断地收集用户需求信息（同时进行概念验证，开发出新的产品和服务，然后进行营销），从而实时应变，提供总能让用户喜爱的产品和服务。消费者个体实时的、个性化的、碎片化的需求信息也能够被传递到生产端，充裕的计算能力可以让这些具体的碎片化需求得到充分满足，产业链再根据需求进行生产，实现精准的供需匹配。基于互联网来直接采集数据、对接用户需求，引导消费者深度参与产品研发、生产制造、营销和服务等产品全生命周期的各个环节，快速满足用户个性化、柔性化、动态化的生产和服务需求。企业主要通过利用普通用户的海量行为数据来获取丰富、全面和动态变化的需求信息，以此提高对市场趋势判断的准确性。

智能制造体现在产业链的各个环节，如智能单元、智能工厂等，并能够生产和提供智能产品、智能服务等价值形态。以智能服务为例，人工智能有望从以下四个环节融入机械装备远程运维，实现监测诊断的变革甚至颠覆性发展。

首先，机械装备运行状态数据获取与存储。人工智能在机械装备远程运维中的应用以数据为前提，需要基于大数据存储管理技术来建立运维数据库的动态自主管理机制，分层管理运维数据，积累机械装备服役期内的运维数据、运维日志、运维手段，构建丰富的全寿命周期动态管理档案，为制定运维数据分析与预测性维护策略提供全面、可靠的数据基础。

其次，流数据处理实现机械装备运行状态的实时判断。在实时健康状态监测环节，利用增量学习技术，结合系统收集的机械装备运行状态数据、研发制造数据等，建立设备故障发生预测模型，通过模型实时计算并快速判断装备当前的运行状态，定期输出装备健康报告，制定运维策略，减少非计划停机频次，从而提高设备利用率以及设备可靠性。此外，通过对机械运行状态的实时判断，减少对大量正常运行状态下数据或者垃圾数据的存储，提高运维数据库的空间利用率。

然后，协助或者代替远程专家分析数据，制定智能运维策略。基于深度学习技术，辅之以增量学习等人工智能方法，可以在数据库不断累积运维数据的过程中自主学习和更新体现装备运行状态的信息，协助和代替远程专家自动判断装备运行状态，减少远程专家的工作量。利用人工智能技术剖析海量运维数据能够获取机械装备局部乃至全局的健康状态，发现运维管理数据中的维护周期、故障频发点等规律信息，协助或代替远程专家科学制定预测性运维管理策略。

最后，针对装备群“个性化”制定运维策略，然后反馈给各装备执行。建立基于深度迁移学习技术的机械装备群运维策略制定平台，在单一机械装备运维策略的基础上，结合机械装备群内相关性、机械健康状态演化的内在激励，将单一装备健康状态知识迁移至装备群中其他装备，个性化制定预测性运维策略，使其能够适应各装备现场实际运行情况以及各装备的不同寿命阶段，并反馈给各装备响应和执行。

简单来说，工业互联网能够把工厂、供应商和企业用户等连接起来，优化生产效率，提供智能产品和服务。远程运维仅仅是基于工业互联网的一种智能服务形式，而工业互联网能够实现的智能制造模式还有很多种。值得注意的是，与具有统一开放网络的消费互联网不同，工业互联网当前还缺乏统一的通信协议，千差万别的工业设备的数据接口、访问接口不统一，这将导致工业网络出现割裂，企业之间信息传递困难，无法实时互联互通。把工业互联网作为新基建的重要内容，就是要改变这种割裂的局面，统一数据传输的标准，真正打造可以服务整个行业的新型工业互联网基础设施。

物联网：万物智联冲上云霄

虽然在概念上经常被混淆，但实际上，互联网、物联网、工业互联网、产业互联网等表述，只是从不同的视角观察数字经济以及未来“万物互联”的世界。

联通物理世界

物联网是互联网发展的必然结果，人类社会生产生活中的辅助工具（如可穿戴设备、环境监控设备、虚拟现实设备等）变得智能化、联网化之后，发生数据交互就需要物联网的支持。但是，作为一种新型基础设施，如果说 5G、工业互联网、卫星互联网有着更加明确的公共属性，那么物联网更像是一种应用场景而非基础设施。物联网和工业互联网在某种程度上存在功能重叠，例如，工业物联网是物联网的重要应用形式。过去，物联网往往侧重个人消费领域，如智能手表、智能手环，但其实经过近几年的不断探索，物联网更大的发展机会还是在于工业物联网。工业物联网有着更广的网络覆盖面和更多的网络节点，物联网可以应用到石油天然气、航空、生产与物流供应链、交通运输、风电等行业，在每一个行业中又有很多个应用场景，每一个应用场景都会产生巨大的经济价值。

对于物联网的未来，最大胆的预测来自《失控：全人类的最终命运和结局》一书的作者凯文·凯利，他认为，未来物联网网络节点的数量将超越人类大脑的神经元，世界将诞生一个统一的复杂系统，也就是“One Machine”（一体机），它永不崩溃，成为智慧本身，释放出无穷价值。完善的通信网络基础设施是保障物联网实现“万物互联”的根基。物联网的通信基础至少由两部分构成：地基和天基——“万物互联”想要真正无远弗届，除了依赖“地面”的 5G 和宽带基础设施，还要抬头“望天”，布局天基或卫星互联网。

一切皆可计划

物联网的发力点在智慧城市（智慧家庭、智慧出行等），这只是从应用场景上界定了“万物互联”的范围，例如，家庭范围内的智能终端的互联互通可以形成智慧家庭，城市范围内的智能终端的互联互通可以造就智慧城市，所有范围内的互联互通就形成了凯文·凯利所说的 One Machine，或者马云所言的“一切都可计划”。

➢ 智慧家庭和智慧城市

物联网是实现物物相连的智能网络，为家电制造商、智能终端制造商、运营商、数据平台企业等提供了新的发展机会。目前，家居物联网是物联网的重要应用领域，主要包括家庭安全、智能家电、个人护理、家庭自动化等，为家电企业、手机企业在产品端提供了新的机遇。家居物联网现阶段仍处于发展初期，产业竞争焦点在于连接设备的数量，即产品线规模的比拼。接入产品的数量决定了用户体验，也决定了平台的潜在影响力。

互联网企业小米构建互联网的战略路径是通过产品的高用户体验构建其 IoT（物联网）平台。小米是一家以智能手机、智能硬件和 IoT 平台为核心的企业，“手机 +AIoT”已上升为其公司层战略。小米构建家居物联网的做法是让一部分产品先火起来。小米除手机外的主要自营产品有笔记本电脑（办公娱乐入口）、智能路由器（网络连接入口）、智能电视（家庭娱乐入口）、智能音箱（语音交互入口）、智能空调（白色家电切入点）。现在，小米 IoT 生态已初具领先规模，除笔记本和手机，共连接全球 2 亿多智能设施。

应该看到，构建智慧家居需要解决各种终端之间互联互通协议不一致的问题，与生态合作伙伴共建各品类控制模型和统一协议标准，让终端之间可以互相对话。基于智慧家居平台，就可以根据人们的生活习惯实现健康、娱乐、安防等设备的场景化互动，给消费者带来最佳体验和更大的价值。

同样，当城市中的各种智能设施被连接起来之后，实现数据及时更新、信息充分共享，消除城市数据孤岛、条块分割现象，推进城市大脑和数字政府的建设，最终形成智慧城市或者数字孪生城市。我国智慧城市的推进主体是“BATH”（百度、阿里、腾讯、华为的简称）。城市大脑就是利用人工智能、大数据、5G、物联网、数字孪生、VR/AR 等新一代信息技术，为城市交通治理、公共安全、应急管理、网格防控、医疗卫生、文化旅游、环境保护、城市精细化管理等构建一个人工智能中枢，推动建设并打通各类城市数字化管理平台，利用实时全量的城市数据，即时补上运行短板，优化城市公共资源，实现城市治理模式、服务模式和数字产业发展的高质量突破。智慧城市的概念包含了城市大脑和数字政府。城市大脑偏向于中后台的建设，为的是打造城市中枢神经系统，数字政府偏重政务信息化建设。不过，三者的边界越来越模糊，未来统一成为数字城市建设也不无可能。

➢ 车联网

当物联网的概念应用于城市出行领域时，就产生了车联网。在城市交通领域，智能化汽车作为个体是一个智能终端，但当所有的出行工具被连接在一起之后，就形成了一个庞大的物联网网络——车联网，这也是智慧城市、智能交通建设的重要领域。

尤其是自动驾驶，一定离不开网联化。基于单车智能的无人驾驶需要搭载大量不同类型的传感器，这带来了异构融合、计算成本高、系统复杂度提升等问题。网联化将为汽车出行决策提供更多的信息，5G 与车联网技术的结合将形成“智能车 + 智慧路”的技术范式，改变传统智能驾驶仅依靠单车智能的局面，车联网信息交互的时效性、准确性会大大提升。5G 超低时延的优势将提升车联网数据采集的及时性，保障车与人、车与车、车与路的实时信息互通，消除无人驾驶的安全风险，从而实现完全无人驾驶，最终形成完善的车联网生态系统。5G 技术与云计算、边缘计算、人工智能、车联网和设施联网等技术相互结合，通过车企、互联网企业、运营商、政府以及行业企业合力构建的“人车路云”高度协同的车联网平台，实现车路协同控制、车车协同编队、远程操作等高级自动驾驶状态，最终实现完全自动驾驶。

卫星互联网：梦想下的新风口

不同于摩托罗拉的“铱星计划”，当前卫星互联网的投入成本随着技术进步而大幅下降。各国纷纷将卫星互联网建设上升为国家战略，卫星通信发展迎来了新模式和新风口。卫星互联网成为与 5G 同等重要的通信网络基础设施，这主要是因为，陆地移动通信与卫星通信无缝衔接，能够形成空天地一体化的通信网络。卫星通信能够发挥覆盖范围广、灵活性高等优势，与地面通信互补融合发展，打造出覆盖空、天、地、海多维空间的泛在网络。

“星链”：5G 终结者？

如何让偏远地区实现“联网”？马斯克着手建设“星链”，谷歌则选择了高空热气球。无论哪种技术路线，两者的共同特点都在于“低成本”，这是当年摩托罗拉的“铱星计划”所难以比拟的。

实现低成本的方式是发射小卫星。卫星通信是重要的网络通信方式，以前主要用于偏远地区的应急和补充通信，现在则逐渐走向全面、广泛应用。近年来，随着卫星宽带成本的下降和卫星通信技术的进步，在高通量卫星带宽巨大需求的刺激下，国内外掀起了卫星互联网发展的热潮，卫星通信进入了一个新的发展阶段。从发展路径看，卫星的发展过程可概括为“小卫星—大卫星—新小卫星”，这是通信成本逐渐下降的过程，也是通信技术逐渐成熟的过程。当前，卫星互联网呈现卫星更小、技术和业态成熟、市场前景广阔等特征。

首先来看小卫星。卫星互联网的投入成本随着技术进步而明显下降。相对于传统的卫星通信系统，卫星互联网普遍采用低轨道（LEO）卫星通信，卫星较小，运行于距地面 500~2 000 千米的轨道上，具有传输时延、覆盖范围、链路损耗、功耗都较小的特征。卫星互联网能够有效规避传统卫星通信信息时延较长、对用户端要求高、带宽容量有限、通信成本高等问题。小卫星通常指重量在 500 千克以下的卫星。与大卫星相比，小卫星具有明显的成本低、研发期短、风险小、发射快、低时延、技术新等优点。OneWeb（一网）、Space X（空间探索）、脸书、波音等企业的卫星互联网计划都是以小卫星为载体，选择距离地球数百千米至 2 000 千米的低轨道。

其次要考虑成熟期。近几年，小卫星在技术和商业模式创新的双重推动下，呈现快速发展趋势，面向大众的消费级应用市场逐渐成为新的增长方式。卫星通信从"能用"向"好用"发展。一方面，要立足于卫星通信"全球覆盖"的独特优势，深耕通信、航海、航天、应急救援等行业领域，进一步扩大市场应用优势。另一方面，需要大力发展大容量、高速率的高通量卫星和低轨宽带星座，降低应用成本，拓宽互联网应用市场。

关键还在于前景广阔。从 2014 年开始，卫星互联网以 Space X、OneWeb 等企业为代表，定位于与地面通信形成互补融合的无缝通信网络。现在，卫星互联网与地面通信系统两者之间更多的是互补与合作，发展空间巨大。从人群来看，世界上尚有超过一半的人口无法使用互联网，潜在用户众多；以"万物互联"的标准来看，偏远山区、大漠戈壁等部分区域如今依旧是通信盲区，卫星互联网的低成本、广覆盖优势巨大；从应用场景来看，随着太空旅行等人类探索太空步伐的加快，星际间通信需求不可或缺，卫星互联网有能力提供解决方案。

虽然小卫星体积小、功能单一、能力有限，但可使用一箭多星技术一次性发射大量卫星，所以在组网方面具有极大的优势。因此，小卫星常常以星座的形式部署使用，且多颗小卫星组成星座后可以实现并超越单一传统大卫星的功能。最为重要的是，这些卫星通信吞吐容量的增大，促进了卫星接收终端的宽带化。欧美国家强势推进高通量卫星的发展，其宽带卫星服务能力已达 Tbps（太比特每秒）。美国卫讯公司发射的第二代高通量卫星 ViaSat-2 的最大容量达 300Gbit/s（吉比特每秒），是目前在轨运行的单星数据容量最大的卫星系统。随着卫星通信系统向微小化趋势发展，卫星移动和宽带类业务将加速增长。

当然，卫星互联网也有无法阻断跨境传播、威胁信息和空天安全、缺乏有效监测技术、难以监管终端市场等缺点。“星链计划”一经推出，有观点认为这种更具前沿性的通信技术将颠覆并取代 5G，但实际上，两者在应用场景和目标人群上似有较大差别。从其现行技术架构来看，“星链计划”能够更好地满足勘探科考、探险之旅以及偏远地区用户的需求。

卫星互联网的发力点

需要强调的是，卫星互联网的发力点仍然在网络连接上。实际上，传统的卫星导航和新兴的卫星互联网都属于新型通信网络基础设施的范畴。商业航天并不需要“华山论剑”，而是要开展更符合市场需求的技术创新。卫星互联网有助于培养产业链上从卫星到网关、地面终端、天地一体化通信系统的新构架，推动卫星批量化制造、火箭可重复使用等新技术的拓展，带动车联网甚至船联网等新应用场景的出现。

➢ 北斗导航系统

相较于卫星互联网，北斗导航系统的首要功能当然在于导航，看上去似乎缺乏互联网的通信功能。但是，作为重要的通信基础设施，北斗导航系统已经广泛用于打车、导航、查地图等日常生活场景，尤其在智能终端领域，目前包括高通、联发科、麒麟等主流智能手机处理器，均已兼容“GPS（全球导航系统）+ 北斗 + 格洛纳斯”三个导航系统，大部分搭载安卓系统的智能手机（包括华为、小米、Oppo 和 vivo），也均采用上述处理器。在一般情况下，手机的定位、导航信号是由中、美、俄三国的卫星共同提供的，它们相互配合、补充。目前市场上的主导设计普遍采用兼容北斗、GPS 等多个导航系统的芯片，GPS 单功能芯片甚至可以忽略不计。除了在智能手机上的应用，北斗导航系统还在公安、交通、渔业、电力、林业、减灾等行业得到了广泛使用，融入了各自行业的业务系统。以车联网为例，目前全国已有超过 480 万辆营运车辆安装了北斗导航系统终端，建成了全球最大的车联网平台。北斗导航系统也是物联网、车联网、工业互联网建设的重要通信基础设施。

➢ “星链计划”

对广大低业务密度地区以及通信基础设施严重缺失的地区来说，通过搭建卫星互联网基础设施使其接入全球互联网是核心解决方案之一。尤其当卫星互联网的使用成本降低到一定水平时，其对智能终端的普及以及相关行业的拉动作用是非常明显的。到 2030 年，非洲和印度的绝大部分人口将用上智能手机。

Space X 可以通过一箭多星技术大幅降低每颗小卫星的平均发射成本，并且小卫星可以作为大卫星的附属物一起发射，也可以是几十个甚至上百个微小卫星搭载同一个火箭一起发射，发射地点可以为地面、大气层或太空平台等。火箭由一次性使用向重复使用发展，例如，中型可回收火箭——猎鹰 9 号的第一级可实现 3 次复用。从国内企业在这一领域的战略布局来看，吉利集团下属的时空道宇公司的业务集中在商业卫星制造领域，可以提供低成本、高可靠的卫星及其供应链产品，在卫星通信网络、卫星数据应用、天地一体化高精时空服务领域提供定制化解决方案。

近期全球兴起了卫星互联网热潮。Space X 于 2020 年 5 月 23 日将首批 60 颗“星链”卫星送入太空，并计划在 2019—2024 年，在太空搭建由约 1.2 万颗卫星组成的“星链”网络，从太空向地球提供高速互联网接入服务。此外，亚马逊、谷歌等企业也试图在未来几年部署类似的卫星网络。在静止轨道卫星互联网方面，主要由 InmarSat 卫星系统（唯一的全球海上、空中和陆地商用及遇险安全卫星移动通信服务提供者）、W3C（欧洲通信卫星系统）以及 ViaSat（美国的数字卫星公司）系统等开展卫星互联网业务。在非静止轨道卫星互联网方面，OneWeb 计划发射 648 颗低轨卫星，为全球提供高速互联网服务；Space X 计划发射 4 425 颗小型低成本低轨道卫星以及 7 500 颗甚低轨道卫星，打造全球卫星互联网；Outernet（外联网）计划发射上百颗卫星以提供单向广播服务；O3b[①] 则已运营多颗中低轨道卫星，为尚

① O3b 网络公司是由互联网巨头谷歌、媒体巨头马隆（John Malone）旗下的海外有线电视运营商 Liberty Global 和汇丰银行联合组建的一家互联网接入服务公司。

未接入互联网的欠发达地区提供互联网接入服务；韩国三星公司也设想发射 4 600 颗卫星来打造自己的卫星互联网。

除了 Space X，亚马逊在这一领域的优势也非常明显。2019 年，亚马逊发布“凯珀项目”，借助旗下太空技术企业蓝色起源公司，打算发射 3 236 颗卫星，提供覆盖全球绝大多数人口的高速互联网服务。亚马逊有强大的地面信息技术基础设施用于支撑卫星网络建设，自家的蓝色起源公司则可以确保卫星发射费用相对低廉。

随着“星链”、OneWeb 等大型小卫星星座开始建设，欧洲咨询公司（Euroconsult）估计，2019—2028 年全球将新增小卫星 8 500 颗。目前提出卫星互联网计划的既有波音、O3b、Telesat（加拿大通信卫星公司）、ViaSat 等老牌企业，也有 Space X、OneWeb、亚马逊等新兴科技公司，而这些公司的太空互联网计划如果都能付诸实施，加起来预计将发射卫星近 2 万颗。此外，虽然谷歌、脸书等企业的卫星互联网计划先后“流产”，但它们仍然通过投资或者租用其他卫星公司设备的方式谋划卫星互联网业务，例如，脸书与法国卫星运营商 Eutelsat 合作，计划为撒哈拉以南非洲的 14 个国家提供卫星宽带互联网服务。

中国的参与

中国卫星互联网刚刚起步。目前，中国开展卫星通信业务的企业主要包括中国电信、中国卫通、中信网络、亚太卫星和亚洲卫星等。在卫星互联网方面，除投入使用不久的中星 16 号等卫星可以提供宽带移动通信服务，国内尚未有其他卫星互联网系统实际投入使用。目前，中国航天科工、中国航天科技、中国电科等企业都开始积极规划、研发、推进卫星互联网相关工作，典型的有“福星计划”“鸿雁系统”“虹云工程”等。以前航天的思维是以对手为核心，现在商业航天是以用户为核心。火箭怎样能更可靠、更便宜地满足用户需求，这是中国商业航天产业真正需要解决的问题。目前来看，卫星互联网的发展势不可当，中国相关企业应积极进行应用创新、拓展业务范围，及早抢占卫星互联网应用市场空间，及早形成一定的产业规模。因此，需要加快中国卫星互联网建设，从关键技术、研制、运营、服务、应用等多个方面推动产业链各环节协同发展，构建完善的商业航天产业生态。此外，还要推进商业化进程，提升网络服务能力，创新商业模式，不断丰富应用场景。

搭上通往数字未来的快车

数字经济正在彻底改变世界经济版图。从行业发展看，现在的互联网企业或者数字原生企业的市值远比传统的能源、钢铁、化工企业的经营规模大得多。10 年前全球市值最高的 10 家企业与现在的已经完全不同。2020 年 6 月，市值排名前三的企业分别是苹果、微软和亚马逊。

大多数传统企业领袖发现，很难将亚马逊、苹果或网飞的经营模式与自己的未来发展结合起来。这是可以理解的，正如比尔·盖茨所言：“我们总是高估未来两年的变化，而低估未来十年的变化。”毋庸置疑，数字化技术提升了场景的联通性、数据的贯通性，以及价值的互通性。这些新基建的元素构成了一股新的力量，让原本井井有条的行业区隔变得模糊不清，行业边界开始分崩离析。因此，不论是企业界还是学术界，都需要新的、理解外部环境的逻辑框架。相信对于大多数传统企业来说，虽非数字原生，但只要充分利用新的通信网络基础设施，改善自己的商业模式，就能获得重生。

所有企业、产业和城市都不应错过新基建这趟快车。虽然未来的商业模式和产业业态还存在不确定性，但企业需要做的应该是积极推进数字化转型。新基建的快车已经到来，企业要主动“上车”而非等待确定性来临。可以肯定的是，数字技术的发展一定是指数级的速度，当企业明确了新技术带来的颠覆性影响时，这趟列车很可能已经扬长而去。如果将互联网比作高速公路网，那么企业就像汽车。企业必须要懂得高速公路网的规则，如果车况达不到上路的标准，那就只能“望路兴叹”了。修好了“路”，谁的车子好、技术高，谁就跑得更快，因为高速公路为汽车备好了发挥高速优势的条件。同样，新基建将为企业提供加速度，或者更确切地说，如果错过借力 5G 等新技术为企业赋能的重大机遇，未来企业的发展不仅将会面临失速的风险，而且必定会错过超越自我、颠覆世界和宇宙的无限可能。

第三章　新技术基础设施：决战新工业革命之巅

你阻止不了改变，就像你阻止不了太阳下山一样。

——施密·天行者，《星球大战》

在现代经济增长理论中，影响长期经济增长的最重要因素是通用技术的进步。蒸汽机、电动机、计算机和互联网等通用技术的发明对人类进入机械化、电气化和信息化时代起到了决定性作用。作为新一代通用技术的代表，人工智能、区块链等构成了新型基础设施中的新技术基础设施。与传统通用技术不同，人工智能、区块链等新一代信息技术集软硬件、技术标准于一体，为数字化、智能化生产和生活提供了颠覆性的公共服务。同时，人工智能和区块链还对传统基础设施进行了数字化、智能化升级改造，由此形成的转型基础设施也成为新基建中应用最广、辐射面最大的重要组成部分。可以说，“AI+BC”将会燃烧产业和企业的“卡路里”，为其塑造全新样态和面貌。

新基建中无处不在的人工智能

根据产业链上下游关系，可以将人工智能的覆盖范围划分为上游基础层、中游技术层和下游应用层。上游基础层和中游技术层共同构建了人工智能基础设施的载体，为其在下游不同场景的应用扫清了理论和技术障碍（见图 3–1）。基础层提供了人工智能的硬件和理论支撑，主要包括芯片、传感器以及算法模型。一方面，基础层通过人工智能芯片、传感器提供了算力，另一方面，基础层建立了深度学习算法，提供了人工智能的理论基础。技术层则是基于基础层的硬件和理论架构，以模拟人类智能特征为出发点，设计出对应于实践应用的通用方法，如计算机视觉技术、智能语音技术、自然语言处理等。基于深度学习算法，这些方法通过收集不同场景下的大数据，可以真实对应大脑的某类功能，形成特定的技术处理方案。应用层则是基于技术层的方案，将技术应用到具体行业，解决现实生活中面临的各类问题，如利用计算机视觉技术实现安防行业的人脸识别，利用自然语言处理技术实现智能客服，利用智能语音技术实现语言识别、语音操控、智能翻译等。在实际应用中，技术层和应用层相互融合，不同技术层的方法可以支撑同一场景下的实践，如当前金融业已同时使用计算机视觉技术、智能语音技术、自然语言处理等多项人工智能解决方案。

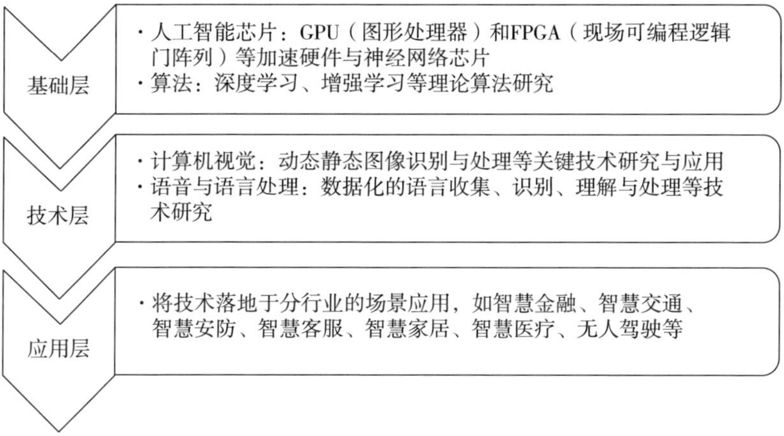

图 3–1　人工智能基础设施的主要构成

日益丰富的应用场景

由图 3–1 可见，人工智能的底层架构主要依托上游的基础层和中游的技术层。当底层架构逐步完善后，人工智能基础设施即可在下游的应用场景中发挥作用。人工智能基础设施的应用场景十分丰富，不仅几乎可以推动所有传统行业转型，使它们升级为智慧金融、智慧教育、智慧安防、智慧交通、智慧零售、智慧市政、智慧养老等业态，还可以创造出智能穿戴、无人驾驶等新行业。丰富的场景应用不仅体现出人工智能基础设施普适性的特征，还可以在未来逐步改变人类的生产和生活方式。目前，应用层已成为人工智能产业链中市场规模最大的层级。据中国电子学会统计，2019 年全球人工智能应用层的产业规模已达到 360 亿美元。

由于各类场景的模拟复杂度、技术成熟度和数据公开水平不同，人工智能基础设施在各类场景中的应用成熟度也存在差异。通过对技术的智能化程度和试错成本两个维度进行评估，可以对当前人工智能基础设施的主要应用领域进行分类。技术智能化程度越高、试错成本越低，则该领域的人工智能基础设施的普及速度越快，短期内可创造的市场价值也越大。如表 3–1 所示，当前人工智能基础设施较为成熟的应用集中在安防和金融领域。在海量数据和相关政策的支持下，安防、金融、零售等领域的人工智能应用已较为深入，得到了较大范围的普及推广。教育、交通、物流、无人驾驶等领域仅有单点式的人工智能服务或产品切入，并未形成完善的解决方案。医疗养老、制造业和农业等生产领域由于基础设施复杂、数据获取难度较大，人工智能的应用尚处于起步阶段，并未孕育出成熟的商业模式。

表 3–1　人工智能基础设施应用情况

主要应用领域	技术智能化程度	技术试错成本	基础设施主要功能	国内外代表企业	市场成熟度
安防	较高	较低	在国内主要服务于人脸布控和公安监控领域，在国外主要服务于灾害预警监测领域	海康威视 旷视科技 博世 爱立信	高 ↓
金融	较高	中等	基础设施普及较快，主要服务于智能投资顾问、智能信贷风险评估、智能反欺诈、身份识别等领域	平安科技 蚂蚁金服 摩根大通 高盛	↓
零售	较高	中等	互联网巨头纷纷布局，基础设施逐步普及，主要服务于智能商品识别、智能图像搜物、智能结算、智能物损监测等领域	盒马鲜生 华为 沃尔玛 亚马逊	↓ 低

续表

主要应用领域	技术智能化程度	技术试错成本	基础设施主要功能	国内外代表企业	市场成熟度
教育	较低	较低	欧美市场渗透程度较深，中国尚处于起步初期。基础设施主要服务于智能教学辅导、智能作业批改、智能课程评估等领域	好未来 猿辅导 Volley labs Newsela①	高 ↓ 低
交通	中等	中等	基础设施由领军型科技和人工智能企业提供，试错成本和行业壁垒较高，主要服务于智能调度、智能停车、信号灯管控、智能车流引导等领域	阿里云 滴滴出行 思科 高通	
物流	中等	中等	欧美发达国家基础设施较为领先，中国尚处于相对落后状态。基础设施主要服务于智能仓储管理、智能分拣、智能搬运等领域	京东 顺丰速运 Daifuku（大福） 胜斐迩	
无人驾驶	中等	较高	基础设施已初步成型，国内外均已开展无人驾驶汽车相关运营	百度 滴滴出行 谷歌的 Wamyo Uber（优步）	
医疗养老	中等	较高	基础设施尚处于发展初期，市场化程度较低，主要服务于智能医疗影像、智能制药研发、智能疾病预警、智能健康管理等领域	复星医药 平安科技 辉瑞 IBM	

① Volley labs 是美国一家人工智能教育机构，Newsela 是美国的非虚构分级阅读平台。

续表

主要应用领域	技术智能化程度	技术试错成本	基础设施主要功能	国内外代表企业	市场成熟度
制造业	较低	较高	全球智能制造发展缓慢，市场格局尚未形成。基础设施主要服务于工业互联网、智能品控、智能加工等领域	阿里云 华为云 GE 西门子	高
农业	较低	较高	欧美正在加速推广，中国尚未形成成熟方案，主要服务于智慧养殖、卫星种植指导等领域	京东 中化集团 富士通 Descartes Labs（卫星数据分析技术服务商）	↓ 低

参与“下沉”和多元化就业机会

值得注意的是，人工智能的应用场景并非都那么“高大上”。实际上，在现有技术路线下，AI 全产业链上仍有不少环节的劳动密集度比较高（见图 3–2）。其中，数据标注、图像审核等工作，现阶段需要投入大量人力。比如，要想让电脑像人一样识别一个物体、一类行为或一种表情，需要使用包括文本、图片、音频、视频在内的海量数据对其进行反复训练。采集和标注这些数据的工作并无太高技术含量，但重复操作却对劳动投入有持续的需求。

随着应用场景日益丰富，为降低成本，人工智能企业会将这类数据标准和图像识别业务转包给企业、团队或者个人。而相比制造部门的业务外包，人工智能领域的分包甚至可以更分散，数据标注公司则在很大程度上充当众包平台的角色。正是基于这种产业链分工结构，人工智能作为新基建的通用技术，具有更加多元化的投资价值。一方面，高端传感器、人工智能芯片等附加值高的智能硬件领域是中国亟待集中攻关、全力突破的短板；另一方面，数据标注等附加值较低环节的进入门槛越来越低。近年来，河南、山东、河北、山西等省相继涌现出一批“人工智能村”，不仅为个人和家庭增收，而且为偏远山村脱贫致富闯出了新路子。现如今，普通的中国农民在接受并不复杂的培训后即可成为千机、倍赛等数据标注公司的“数据标注员”，参与人工智能和机器学习这些颠覆性技术的推广应用，亲历波澜壮阔的新科技革命和产业变革。数据标注等业务在助力中国成为全球数据标注中心的同时，也将更多的就业群体接入新基建的巨大网络之中，从而为地方经济创造出更多发展新机遇。

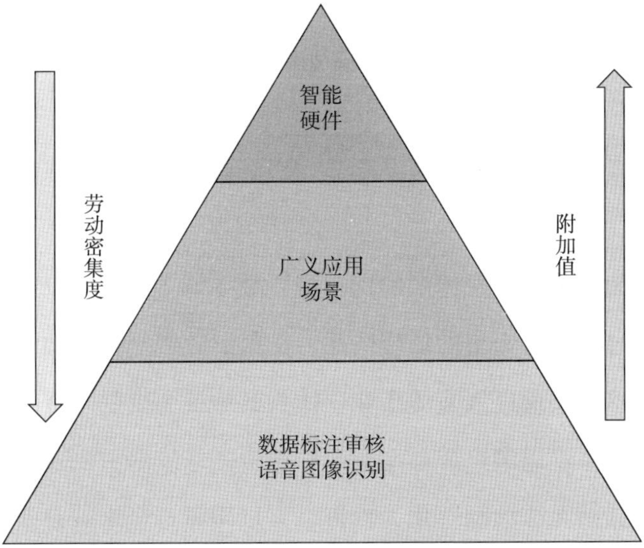

图 3-2　人工智能的增值环节及其劳动密集度

智慧金融：增量创新带动存量改革

金融业的本质是金融机构帮助社会进行资金融通，其关键在于金融中介的运行效率和有效渠道。综观历史，为了提高运行效率和拓展有效渠道，金融业先后经历了电报、互联网（移动互联网）、大数据等多次技术革新（见图 3–3）。2010 年后，随着新一轮技术革命的展开，人工智能创造出了一系列“新金融”模式。

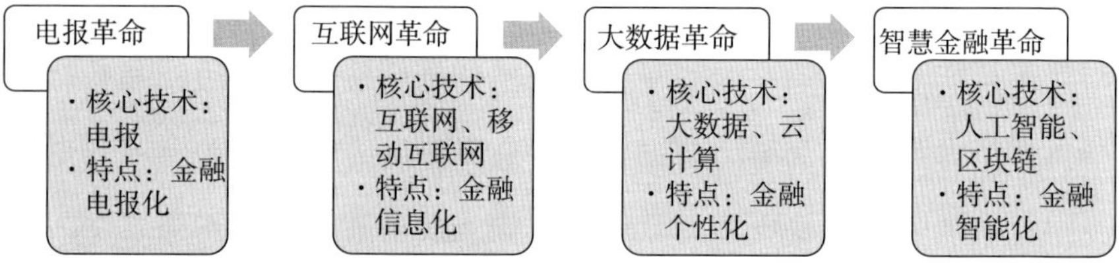

图 3–3　金融业的发展历程

➢ 金融业亟须新技术基础设施提供支撑

传统金融行业发展至今，逐步在资金融通渠道方面暴露出一系列问题。

一方面，传统金融体系的资金配置效率低下。长期以来，社会资金主要通过以银行为主的信贷体系、国家财政资金投入和资本市场直接融资这三种渠道进入实体企业。作为其中最主要的融资渠道，现有银行信贷体系难以满足成长型企业的融资需求。融资出现难、贵、慢等特点，储蓄无法顺利转化为投资，大量闲置资金未被有效转化为生产性资金，从而造成金融运行效率的下降和金融资源的浪费。与此同时，在资金融通过程中，中介费用过于高昂，企业端获得资金的成本普遍较高。企业在处理业务的过程中，中间数据传输环节较多，不仅有安全性风险，还要支付各个环节的手续费，效率低下。

另一方面，普惠金融发展不均。传统金融服务呈现出较明显的“二八”分布，即 20% 的大型企业、高净值人群是享受金融服务的主体，而 80% 的中小企业、中低收入人群，由于银行门槛过高、金融基础设施不完善等原因，难以得到享受同等金融服务的机会。普惠金融发展的不畅，使得金融业难以将资金投放到最需要的地方，提高资金使用效率，改善全社会生产效率。这些问题的存在迫切要求金融业自身进行技术革新。

➢ 人工智能基础设施助推“新金融革命”

人工智能的飞速发展，使得计算机在面对复杂重复的金融工作时，处理准确率更高、速度更快，并能为客户提供更多定制化的服务。目前，借助机器学习、深度学习、模式识别、知识图谱和自然语言处理等技术，人工智能已在金融产品、服务渠道、服务方式、风险管理、授信融资、投资决策等领域带来了革命性突破。人工智能技术在前端可以用于服务用户，在中台可以支持授信、各类金融交易和金融分析中的决策，在后台可以用于风险防控和监督。它将大幅改变金融业现有格局，推动金融服务更加个性化与智能化。“人工智能 + 金融”模式的应用包括智能量化交易、智能投资顾问服务、人工智能征信等。

1. 智能量化交易

传统的金融量化交易是分析师通过收集历史数据，分析其中的显著特征，并基于经济学理论与实践，利用回归分析等算法进行建模。

人工智能在此方面具备人工无可比拟的优势。首先，人工智能没有贪婪、恐惧和侥幸等弱点，同时克服了认知偏差，更具客观性。其次，人工智能可以通过挖掘处理海量数据，全方位测算各种交易策略的成功概率，从中选择成功率最高的策略加以实施，从而提高盈利概率。最后，人工智能可以实现全自动化交易。“数据管理—模型回测—决策执行—效果跟踪”这样的复杂过程通过人工智能可以轻松实现。同时，随着交易数据的不断更新，模型也可以自动进行升级。近年来，国外基于人工智能技术的量化基金均表现优异：高频交易公司 Virtu Financial（沃途金融）在 1 238 个交易日中只有一个交易日出现了亏损；使用了人工智能技术的对冲基金 Cerebellum 自 2009 年以来每月均实现了盈利。

2. 智能投资顾问服务

智能投资顾问服务是指用人工智能技术替代人类投资顾问，根据每一位投资者的财务状况、风险偏好等个人信息，智能化、自动化地为投资者推荐投资策略和资产配置方案。相对于针对高端人群而存在的人类投资顾问，这一模式可以向大量用户快速推荐专业理财方案，在任何时间为每位用户提供量身定做的个性化投资决策，且费用低廉。据科尔尼管理咨询公司估算，美国智能投资顾问行业的资产管理规模已从 2016 年的 3 000 亿美元增长至 2020 年的 2.2 万亿美元，年均复合增长率达到 68%。目前，国际金融巨头摩根大通、高盛、巴克莱银行、苏格兰皇家银行、花旗银行等均已宣布引入智能投资顾问服务。

3. 人工智能征信

与传统经济数据不同，征信数据大部分是非结构化数据，有赖于自然语言的分析和识别。借助人工智能技术的征信平台不仅可以高效完成过去消耗大量人力物力的工作，还可跨越时空界限，促进普惠金融发展，让个人小额信贷和小微企业获得更多机会。同时，在人工智能征信平台上，贷款审核速度更快，违约风险也更低。相比传统银行申请、预审、材料递交、录入、运营、终审这一长达数周的漫长流程，人工智能征信平台通过内嵌反欺诈模型、盈利模型、用户行为模型等，运用大数据风控技术，对用户进行分析和评分，5 分钟内即可完成审批，显著提高了征信效率。

智慧零售：零售业革命到来

近年来，随着互联网技术的飞速发展和消费金融市场的日益成熟，人工智能基础设施配合信息化、数字化、智能化和金融支付等软硬件技术应用，在提升零售商效率的同时，也为消费者带来了便捷、新奇的购物体验，将智慧零售的理念逐步付诸实践。生产端方面，3D 打印改变了商品的生产方式，使得定制化生产成为可能。消费端方面，VR/ AR 创造了虚实结合的全新消费体验，物联网通过个性化推荐、自动结账、布局优化，可以帮助顾客筛选繁杂的信息，节约排队时间。在此基础上，人工智能提供了模拟人类思维方式的算法，保证了个性化营销的精准性，并借助大数据、云计算、机器学习等技术，保障了生产端和消费端数据的高速传输和分析。

➤线上线下结合实现精准营销

传统线下门店缺乏相关数据和数据分析的能力，因此，线下店员只能凭借经验去识别客户、推测客户的喜好。这种模式过于依赖店员的个人素质，个性化推荐准确度较低，营销效率有待提高。而电商平台拥有更多的消费者数据，商家可以根据消费者以往的购买记录等数据进行个性化推荐。如当消费者打开淘宝时，电商平台的后台能根据其以往的消费、浏览记录推测出性别、年龄、职业、购物偏好等个人信息，在此基础上进行的个性化推荐准确度很高。但受制于用户体验、物流配送等因素，传统电商迟迟未能推进生鲜、日用品等高购买频次的业务，对高端消费者吸引力不足，完整的消费者画像未能形成。相比之下，人工智能支撑下的智慧零售打通了线上线下数据，呈现多维清晰的消费者画像，将线上的人和线下的人连为一体。以天猫无人超市为例，当顾客扫码进入实体店后，个人账户信息被将实时传输到数据库，系统根据已有数据可完成精准的个性化推荐，顾客反馈和新的购买行为也将被记录下来。在串联线上线下数据后，数据库里顾客的相关信息越多，线上、线下的个性化推荐就越精准。

➢ 柔性化供应链实现按需供货

传统线下零售供应链漫长呆板，生产端对消费端反应迟钝，无法迅速根据消费者的变化调整生产，生产、备货全靠经验，分区域、多层级的经销体制较为僵化。货物从生产出来到最终销售出去，需要经历层层分销，各级经销商也是凭经验备货，对于消费者的反馈无法做到快速反应。电商的出现大大缩短了供应链长度。消费者的购买反馈能更快地传递给品牌商，品牌商再根据消费者的反馈及时地调整生产计划。但因缺乏直接体验，线上退货率居高不下，尤其是支持七天无理由退货的电商平台，更是容易沦为“试衣间”。相比之下，智慧零售模式可以充分发挥大数据和人工智能算法的优势，实现用户的精准识别，在用户尚未下单时便可预测用户的购买概率、产品偏好，提前准备好生产线和生产原料，极大地节约交付时间。进行柔性供应链改造后，品牌商可以从消费端逆向牵引至生产端，对用户的个性化要求做出及时响应，根据用户者的需求直接决定产品的生产计划，大幅缩减生产周期。此外，对货物进行实时监控可以让库存管理效率得到实质性提升。条形码、二维码等物联网传感技术的成熟可以使货物实时监控得到广泛应用，借助数据链分析，可以实现库存最优，最大限度地减少中间环节耗时，改善存货周转率等经营指标。因此，智慧零售可以将传统零售中许多不可控因素变为可控，全面提升经营效益。以辛巴达会员店为例，作为服装柔性供应链平台的典型企业，通过模块化工厂方式，辛巴达能做到首单最快七天交货，最小批量仅为 50 件，产品合格率、及时交货率分别高达 99% 和 98%。

➢ 智慧零售叠加生活服务升级线下门店

在电商出现之前，线下门店是消费者购买实物商品的唯一途径，实物需求是商业流量的主要入口。随着电商的快速发展，大部分实物消费从线下转移到线上，消费者在线下的消费集中在餐饮、娱乐、影视等生活服务类项目，生活服务需求成为线下流量新入口。在此背景下，人工智能支撑零售叠加生鲜、餐饮等生活服务的新模式应运而生。“零售 + 生鲜”模式以盒马鲜生为典型，实质是传统生鲜超市向前端配送的延伸，通过人工智能分析，将仓储和配送前置化，满足消费者高频次的消费需求，解决传统电商因履约成本过高而迟迟难以推进的生鲜 O2O 项目痛点。盒马鲜生融合了“生鲜超市 + 便利店 + 餐饮店 + 网购 App”的主要功能，成为“四不像”零售店。盒马鲜生同时具备数据化、平台化和规模化三大优势，不仅在线下门店融入了餐饮场景，而且通过线下引流线上模式，突破了传统门店可容纳最大客流等物理限制（见图 3–4）。通过使用支付宝付费，消费者在盒马鲜生门店、App 的消费数据会被记录下来，从而串联起阿里巴巴体系内的线上线下数据，为后续精准营销、产品改进奠定了坚实基础。

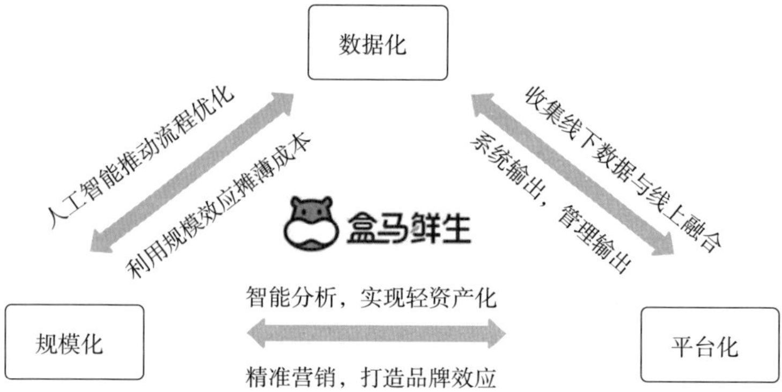

图 3–4　人工智能助力盒马鲜生

智慧养老：老龄化社会的福音

当前，中国已步入人口快速老龄化阶段。2010 年以来，我国年均增加 596 万老年人口，年均增长速度达 3.28%，大大超过了总人口年均 0.66% 的增速。老龄化不仅速度快、来势猛，还面临失能老人、高龄老人、空巢老人规模大、人群叠加性强等突出问题。截至 2018 年，我国 60 岁及以上的老年人口规模达 2.49 亿，占全国总人口的比例为 17.9%。65 岁及以上的老年人有 1.66 亿，占比 11.9%。其中，患有各种慢性疾病的老年人 1.5 亿，占老年人总数的 65%。失能、半失能的老年人高达 4 400 万。老年护理已成为中国社会的“刚需”。与爆发式需求相矛盾的是，我国老年护理和照看供给严重不足。国家卫生健康委员会数据显示，截至 2018 年年底，全国注册护士总数超过 400 万人，占卫生专业技术人员近 50%，每千人口护士数达到 3 人。同期，中国有护理院（站）近 800 余家，康复医院 800 余家。这种供给水平远远满足不了快速增长的养老需求。银发潮下关于老年人护理，谁照顾、照顾谁、在哪儿照顾、谁出钱来照顾等一系列难题成为摆在成千上万个中国家庭和整个社会面前的重大现实挑战，也是新时代中国社会主要矛盾的重要方面。

日益老龄化的社会结构正在改变我国劳动力的长期供求关系以及消费升级的方向，加剧了中国“未富先老”的总体风险。受传统文化、养老商业模式单一以及专业化养老基础设施建设投入不足等因素的影响，现阶段城乡老年人普遍不愿意离家养老。应该看到，高质量的老年生活是人民日益增长的美好生活需要的重要组成部分，而多样化的养老需求与养老产业发展不充分之间的矛盾，以及不同地区、不同收入水平人群之间养老服务供需严重不平衡之间的矛盾已经成为新时期我国主要矛盾的缩影。因此，应加快理念和模式创新，大力发展智慧养老产业，为老年人提供健康舒适的生活环境和优质高效的社会服务。

随着老龄化程度的提高和养老需求的变化，我国养老产业的发展重点由强调以床位数为主的机构养老逐步转向新型居家和社区养老。尽管多元化居家养老服务需求在一定程度上刺激了外资、民营资本加快进入这一领域，但小而散的居家养老行业格局并未发生根本性改变。现阶段，养老机构仍需依靠专业人员定时、定点服务。一旦老人遭遇突发情况，这种传统服务模式很难做出及时、精准的处置。为破解居家养老信息滞后、技术落后的瓶颈，融入人工智能基础设施的智慧养老方案将为居家养老和社会服务提供有力的技术支撑，推动养老模式创新发展。

智慧养老服务主要包括实时监测和远程医护、机构（政府）系统管理、接入资源的平台类应用分析等。其中，实时监测和远程医护主要借助位置追踪仪、可穿戴设备、防摔倒设备等感应装置，增强老人与医护人员的交互性。相关数据接入包含医生工作站等医疗相关管理系统，提供医嘱管理、处方管理、电子病历、健康病史档案等医疗配套机制，并根据老人的身体状况、既往病史等情况，给出智能化、定制化的养生意见；机构（政府）系统管理则利用人工智能分析系统，在物联网、云计算、大数据、移动互联网等软硬件的支持下，搭建智慧养老综合服务平台，通过平台有效整合养老的社会资源、政府资源、信息资源；接入资源的平台类应用方式并不提供直接服务，而是通过构建人工智能等第三方平台，对医疗器械提供方、医护人员、老年人等资源进行有效配置，以中间渠道的经营方式收取服务费、手续费和广告费。

近年来，移动医疗技术发展以及全民健康意识的增强从供给侧和需求侧共同推动了智慧养老发展潜力的快速释放。从技术方面看，云计算、物联网、大数据、人工智能等技术的突飞猛进为居家养老提供了技术支持，使得养老服务企业能够更精准地抓取老年人需求，推出更有针对性和个性化的产品和服务，增加用户黏性和满足感。从老年人的生活状态方面看，随着“空巢”老人逐年增多，“独居”成为生活常态。可以预见，“智能＋居家”的智慧养老模式具有广阔的发展前景，将成为实现“老有所养”和“智养质养”的重要载体。

与日本等康养产业发达、养老模式成熟的国家相比，中国在智慧养老领域起步较晚，但近年来各类投资主体高度关注并大力投入这一新兴领域，因而涌现了一批先行企业。例如，江苏三胞集团通过收购以色列的 Natali（纳塔力）公司，引进了以移动互联网、智能化终端、大数据分析为主要手段的智能化医养服务，面向家庭和单位用户提供涵盖视频医生问诊、远程健康管理、智能居家看护等服务的健康养老综合解决方案。而以东软和华为为代表的拥有 IC（集成电路）领域研发优势的企业也开始进入智慧养老行业。其中，东软生产的智能腕表被用于多家慢性病医院，华为则于 2016 年成立了智慧养老联合创新实验室，着力打造智慧养老云平台。这些领先企业的布局进一步丰富了我国智慧养老的实践，为养老产业政策的完善提供了经验支撑。

专栏 3–1

台湾地区大力发展智慧养老

台湾地区的智慧养老产业处于国际领先地位。受传统养老观念的影响，台湾地区的快速老龄化进程引发了一系列严重的社会矛盾。为应对老龄化挑战，台湾地区在着力建立全面、先进、多层级的长期照护体系的基础上，大力培育智慧养老市场。目前，台湾地区 80% 的养老机构都是企业化运营。台湾地区制定实施了“长期照顾十年计划”，利用云计算、物联网、大数据、人工智能等技术改进医疗养老模式，构建完整的长期照顾体系，增进老年人独立生活的能力，提升他们的生活质量。智慧养老模式的运营基础在于其对居家老人的高覆盖率，而养老机构覆盖全社区正是台湾地区养老产业的独到之处。为适应台湾当地的人口结构特点，企业将养老机构设立在老人的住所附近，便于老人每天可以回家活动以及家属随时到养老机构探望。场所设计本着最节省、最简便、最有效的原则，使养老企业在实现经济效益的同时，也能为老年人提供高质量、价格适中的养老服务。

同时，台湾地区十分注重以技术创新带动养老产业升级发展。早在2010年，台湾卫生行政管理机构便提出“智慧医疗照护计划”，充分发挥当地ICT软硬件的技术优势，积极推动电子病历、医疗影像数字化及传输、远距离健康照护等生物医疗创新技术的发展，并借此整合了养老服务资源，打造了覆盖设备客户端、营运端及居家端的智能化服务网络。凭借良好的电子产业基础，台湾地区智慧养老市场规模不断扩大。根据台湾工业技术研究院估计，2020年台湾智慧医疗行业的产值将达到5 000亿新台币的规模，成为台湾地区经济新的增长点。

区块链：包容性技术与数据要素载体

区块链是一种去中心化的、由各节点参与的分布式数据库系统。区块链可以理解为一种公共记账的机制（技术方案），它并不是一款具体的产品。其基本思想是：通过建立一组互联网上的公共账本，由网络中所有用户共同在账本上记账与核账，来保证信息的真实性和不可篡改性。名字叫“区块链”，是因为其是一串用密码学方法相关联产生的数据块，每一个数据块包含过去一段时间内所有的交易信息，用于验证其信息的有效性并产生下一个区块。完备可追溯、去中心化和去信用化是区块链技术的三大特点，这让其在实体经济中的应用潜力巨大。

除了区块链技术，云计算、自动化、ERP（Enterprise Resource Planning，企业资源计划）系统等传统技术同样可用于提高处理效率，在利益相关者之间建立透明的沟通机制。但与这些传统技术相比，区块链的优势在于，其特别适用于协调代表着不同利益的多方群体，以及保障信息和价值交易的安全性与不可篡改性。在纷繁复杂的全球体系中，要凭空建立一个全球性的信用共识体系是很难的，由于每个国家的政治、经济和文化情况不同，要实现两个国家的企业和政府完全互信几乎做不到——区块链技术就试图解决这一问题，打破中心化体系的信用枷锁，实现全球节点间的信用与货币互联。因此，从提高市场运行效率的角度看，区块链技术应用乃是大势所趋。基于这些特点，区块链可以改变传统产业中的商业模式，使之更趋向于以客户导向为中心，因此，区块链应用前景非常广阔。由于我国实体经济中的信用成本较高，社会信用环境较差，区块链技术恰恰提供了一个“低信用成本”的平台，这对于降低我国经济社会整体信用成本、促进信用经济发展具有十分重大的意义。近年来，除了主打的金融领域外，区块链已广泛应用于实体经济的主要部门，成为实体经济的数据要素载体、创新融资途径、契约管理平台。

更有效的数据要素载体

随着信息技术的深入发展及其在各行各业的广泛应用，数据正在作为相对独立但又具有巨大影响力的生产要素参与到生产经营活动当中。为了确保数据要素成为支持国家和地区经济增长的重要推动力，完善、高效的数据架构与存储方式不可或缺。然而，传统数据库与端对端数据服务平台之间普遍缺乏互联，互操作性较差，亟须进行改进。特别是对于环境、社会和政务数据而言，相较于被收集到缺乏协调性、难以统一的不同数据库中，通过标准化的统一界面获取数据将显著提高数据的使用效率。数据和流程的标准化是区块链应用的显著优势，区块链的去中心化记账体系可以统一数据规格，减少数据存储和事务处理过程中出现的失误和损耗，提高基础设施配套中的数据保障标准。无论是具体应用（如流水线式的数据收集），还是组织生态的建立（如应用所有者与节点维护者之间的共识协议），都可在区块链中实现标准化。与数据库、云计算等其他技术相比，区块链要求参与方之间互换和验证信息，这样能够建立合作模式的生态体系，提供更深层次的流程互动。尤其是涉及复杂的多方利益时，区块链这种高透明度和不可篡改的分布式记账系统的优势将会更明显。

➢ 区块链可提升数据储存的透明度

不透明的事务流程会导致市场参与主体之间的割裂，各自持有部分信息或片面信息进行投融资等业务判断，容易出现决策风险。区块链的分布式记账网络则可以成为监管、上报、数据采集等行为标准化和透明化的催化剂。例如，当政府部门计划进行某项基础设施建设时，基础设施建设合同、管道铺设计划、拆迁与公共援助方案等均可在区块链上进行登记、分析。凭借数据可追溯的优点，区块链可以识别并追踪有形与无形资产的流向。对于有形资产，其可以通过嵌入 NFC（近场通信）芯片等硬件手段进行跟踪；对于无形资产，其可以通过虚拟证书来进行识别。基于这种公开透明的系统进行的数据分析，能更好地支撑投资决策、规划资金流向。无论是对地方政府还是对企业而言，区块链均可在业务决策、功能管理和行政规范方面显著提效。

➢ 区块链可保障数据的可审查性与隐私保护

传统数据库的非标准化和分散化管理模式，使得数据之间的审查核对以及数据隐私问题难以得到保障。同时，不同机构数据库之间存在数据大量冗余与错配的问题，因此，跨机构、跨部门的数据交换难以把控，且对数据所有者而言不够透明，这使得数据所有者缺乏交换数据的动力。区块链则可在不侵犯数据隐私与主权的前提下，对数据进行维护、监控、分析与审查。凭借区块链所设计的共识协议，数据处理过程可以仅对利益相关方可视化。同时，各参与方可以匿名地在区块链网络上互动，不可篡改性和匿名性确保了数据的统一可追溯，且不用公开揭露各参与主体的身份，保障了用户隐私安全。

➢ 区块链可实现较高的跨境数据处理效率

受限于不同国家非标准化的用户界面和安全性问题，当前用于跨境商业项目数据处理、交易结算的网络系统的运转效率并不高。特别是对跨境货币结算与市场交易而言，现有 SWIFT（环球同业银行金融电讯协会）系统不仅交易成本较高，交易速度也较慢。区块链技术支撑的跨境数据处理将更加智能，可以自动处理标准商务流程和支付行为，显著提高交易效率；对类似跨境金融交易或资本注册等流程的处理将更加迅捷，且可以为所有交易或注册行为提供隐私保护和可追溯查询。2020 年 5 月，中国宝武钢铁集团与澳大利亚力拓集团完成了首单利用区块链技术实现的人民币跨境结算，总金额逾一亿元。这不仅将原先 SWIFT 系统所需至少 5~10 天的跨境交易周期减少到 24 小时内，还无须外汇支出，有效规避了汇率带来的风险，推进了人民币国际化进程。

专栏 3–2

SWIFT 系统的颠覆者

在当今全球跨境支付和结算系统中，占据主导地位的是 SWIFT 系统，全球绝大多数国家和地区的金融机构均通过这一系统完成跨境结算。SWIFT 名义上是一个银行间非营利性的国际合作组织，总部设在比利时，同时在荷兰和美国分别设立了交换中心。得益于美元优势，SWIFT 系统的结算支付以美元作为基础币种。同时，美国的 CHIPS（美元大额清算系统）是 SWIFT 系统的重要组成部分，这成为美国控制 SWIFT 系统的抓手。“9 · 11”事件后，时任美国总统小布什根据《国际紧急经济权利法案》，授权财政部海外资产控制办公室可以从 SWIFT 系统调取“与恐怖活动有关的”金融交易和资金流通信息。这也在很大程度上增强了美国对 SWIFT 系统的控制力，使得 SWIFT 系统日后成为美国对其他国家进行经济制裁的重要武器。以近年来美国对伊朗的制裁为例，美国禁止与伊朗进行重大金融交易的外国金融机构在美国开立或维持账户，切断外部与伊朗之间的支付结算通道，彻底隔绝了伊朗同他国的金融往来，致使伊朗经济遭受重创。

区块链则有机会成为 SWIFT 系统的颠覆者，从而打破美国对跨境结算的垄断。点对点、透明、安全、可信等特征使得区块链在跨境结算方面有着天然优势。随着近年来国际贸易形势动荡与区块链技术的强势挑战，SWIFT 系统稳步发展的势头开始受阻，已有一些国家和银行正在退出 SWIFT 系统。2018 年，阿根廷 Banco Masventas 银行宣布退出 SWIFT 系统，并开始利用区块链技术来解决国际支付问题。俄罗斯政府已开始开发名为 Masterchain 的区块链平台，试图建立起独立于 SWIFT 系统的支付渠道。日本和欧盟也正在就建立以区块链为支撑的国际加密货币支付网络展开研究。

当前，已较为成熟的区块链跨境结算网络是 Ripple（瑞波）支付协议，作为一个开源、分布式的支付协议，Ripple 让商家和用户之间的支付几乎免费，即时且不会拒付，它支持包括美元、日元、欧元甚至是比特币在内的任何货币。瑞波币是 Ripple 网络中的基础货币和唯一通用货币，可以在整个 Ripple 网络中流通。相较于 SWIFT 系统，Ripple 可以大幅降低跨境汇款成本。以中国银行跨境汇款为例，用户需要支付 0.1% 的汇款手续费（最低 50 元起），以及单笔 150 元的 SWIFT 电讯费。如果通过 Ripple 协议，用户只需要支付银行自身手续费和 0.00001 个瑞波币。银行也不需要为 SWIFT 清算系统投入高额的维护费用，节省下来的成本将有助于进一步降低手续费。目前已有数百家跨国公司和金融机构开始使用 Ripple，速汇金（MoneyGram）、西联汇款（Western Union）、美国运通公司（American Express）、桑坦德银行等金融巨头均是 Ripple 的用户。

创新性融资

一般而言，商业项目建设所需的资金需要通过金融平台来募集和分配，从而为能源电站、公路桥梁建设、食品采购及供应链等各类项目提供支撑。然而，当前传统金融体系的运营效率低下，交易成本较高。一方面，对机构投资者而言，当其想改变投资计划并增加投资时，受制于复杂的合同更改流程与冗长的内部协调过程，往往难以将新方案嵌入现有合同计划中。另一方面，对中小企业而言，其融资通常需要资产或合同担保，即便借助众筹等新手段，处理个体支付与合同所带来的成本也经常会高于众筹所带来的边际收益，因此，众筹的效果不尽如人意。区块链则较好地解决了这些问题，可以有效开辟新的融资渠道，支撑实体经济建设。

➢ 颠覆融资途径

区块链提供了一种颠覆性的技术路径，通过创新性地将有形与无形资产“通证化”（tokenised），给予企业新的融资选择。在区块链技术支持下，众筹模式的升级版——ICO（首次代币发行）这一新型融资手段应运而生。企业可以通过发行数字通证融资，并给予股东加密货币的回报。在诞生之初，ICO 就快速增长，并于 2017 年在绝对融资额方面超过了很多传统融资渠道。然而，在此过程中，借助 ICO 进行非法融资的活动层出不穷，各种参差不齐的虚拟货币大量涌现，导致投机炒作之风盛行，严重扰乱了经济金融秩序，从而引起了多国政府部门的高度警惕。2017 年 9 月，中国人民银行等七部委正式将 ICO 定性为未经批准的非法融资行为，任何组织和个人不得非法从事代币发行融资活动。尽管 ICO 模式存在缺陷，但区块链的"通证化"内涵非常广泛，仍然存在大量其他的合法应用领域。企业可以借助通证交易工具，实现创新的债务融资与股票发行。凭借高度开放、包容和自动化的投融资工具，区块链平台能够容纳更多的投资主体，而无须增添额外交易和管理费用。无论是大型的机构投资者还是小微的个体散户，均能通过购买通证来参与项目投资。资产可被去中心化地、通证化地处理，从而帮助投资者更有效地交易所有权或预期收益。

➢ 丰富商业项目融资手段

区块链的通证体系既包括投资型通证，即以通证来代表需要融资建设的基础设施或经营性资产的实际股权，也包括消费型或效用型通证（utility token），即持有人购买通证并非出于投资目的，而是为了在区块链生态体系内用作支付媒介，以此消费服务或产品。效用型通证不属于"投资契约"，所以购买者对此类加密货币的持有并非建立在盈利的预期上，其不具有投资属性。对于基础设施建设这种同时具备投资和效用的项目而言，通证能够最大化其价值。持有者不仅可以通过基建项目分红来获取股权的投资收益，还可以享受基建项目提供的基础服务（如发电、共享单车等）。例如，立陶宛的 WePower 项目是一个基于区块链技术的绿色能源交易平台。借助 WePower，可再生能源产商可以通过发行通证来筹集资金，每个通证都能代表一定数量的可再生能源，而能源购买者和投资者可以凭此通证以较低成本购买能源。通过预售通证，该平台为可再生能源产商筹集了 3 000 万美元资金，这显示出区块链平台作为金融基础设施的巨大潜力。

➢ 大幅度降低融资成本

尽管很难量化区块链相较于传统融资手段所节省的时间和资源成本，但区块链在提高融资效率和削减成本方面的成效已经得到了业界普遍认可。特别是在传统融资手段下，股息支付、股东大会投票等行为需要会计师、律师、银行家等大量中介人员参与，而这种从纸质凭证向区块链的数字化通证的转型可以减少大量中介需求，降低治理成本。已有一些研究测算表明，相较于传统 IPO 融资，通证融资能至少削减 10% 的总成本。

需要指出的是，不少区块链融资项目往往是在未经验证的市场中进行创意实践或是运用未经验证的手段，这导致市场需求和接受程度难以预测，项目风险较高，项目投资也与风险投资相似，存在较大失败概率。例如，使用区块链技术实现太阳能共享的澳大利亚公司 Power Ledger，推出了世界上首个支持 P2P（点对点）交易的区块链太阳能平台。只要用户拥有太阳能电池板，即可下载应用程序并进入对应市场，并将多余的能源直接卖给他人。用户可以随意设定价格，因此不必受制于电力公司的垄断干涉。然而，由于模式过于理想化，电力公司也可以提供相似服务，所以生产者必须提供并保留足够的电力供应，这就导致其运营成本上升，竞争压力加大，降低了生产者的参与热情。与此同时，太阳能电力的买入方式无法确保数字资产和物理资产的一一对应，即可能会造成消费者的损失。受这两方面影响，该项目最终以失败告终。

专栏 3–3

区块链的通证融资

G20 共同打造的全球基础设施中心项目（Global Infrastructure Hub）当前正利用区块链技术进行基础设施建设的债务融资，并面向全球社会资本发布各国基础设施项目信息，以此帮助各国政府部门开发和推进基础设施项目，加强政府和社会资本间的合作。通过在区块链上发行智能化的基础设施债券，债务偿还将通过智能合约自动关联债券持有者，实现更低的债券发行与交易成本，从而能够创造更多小面额债券，吸引更多投资主体。

世界银行也在加速推进区块链债券项目，其于 2018 年通过使用一条私有的以太坊区块链，将一批价值 7 900 万美元的债券卖给了七位投资者。与非中介、点对点的债券销售方式不同，世界银行设计的私有链仅有四个节点，这不仅能够享受到区块链较低的承保、结算与风险成本，同时可以避免公有链较高的运算成本，从而有效地帮助发展中国家或中小企业降低其股债发行项目或借款的总成本。然而，当前各国的通证分类缺乏统一的国际标准，同时在涉及消费者保护的法律、监管以及规章制度等方面仍存在疏漏与不足，这是今后进一步推广区块链通证应用时必须要解决的问题。

智能化的契约管理平台

大型商业项目通常包括较多参与方（如客户、主承包商、各个分包商等），这往往造成契约条款较为冗长烦琐。尤其是在长周期的商业项目中，契约的有效性与沟通存在不确定性，导致法律纠纷事件增多，项目风险上升。契约参与方越多，契约的制定成本与沟通协调的时间成本就越高。同时，在一些项目的开展过程中，参与方会经常根据实际情况修订契约合同，如将契约时间延长，或将其切割为一些更小、更具体的契约。当相关行业的法律法规发生变化时，原先的契约条款可能会存在一些违反现有法律法规的地方，也需进行相应修订。所有这些契约的改变均需要各参与方同意且达成共识。然而，商业项目的实际操作过程中往往存在大量不同版本的契约，各参与方就契约中的某一点达成共识的难度较大，涉及实操和法律方面的矛盾会不断显现，再加上往往缺乏透明度的协商过程，这就导致契约签订与修改成本较高。当前，传统契约管理方法已经越来越难满足现代商业不断更新和调整契约的需求，亟须采用新技术路径推动“契约管理革命”。

➢传统契约管理问题多

传统契约在各方之间的流转主要是借助纸质邮寄或电子邮件的形式。文件管理系统也时常被用来草拟、修改和接受契约。当商业项目涉及较多参与方时，往往是由最大的股东或被认为中立、可信任的公司来进行契约管理。契约管理方负责选择管理技术，以管理员的身份获取所有数据，并修改其中一些文件。当前，最流行的文件管理系统是微软公司开发的 Share Point（门户网站），其已被大量公司用来共享文件信息。然而，在这种模式下，由于各股东间的信息不对称，被认为中立的契约管理方有时会将自身利益置于其他参与方的利益之上，并未扮演好中立客观的角色，再加上缺乏可信赖的协调中介，导致契约法律纠纷问题层出不穷。尤其是在涉及基础设施建设项目时，因契约缺乏透明度而出现损失的案例不胜枚举。例如，在德国柏林勃兰登堡机场的建设过程中，治理的缺失与复杂的契约条款不仅导致机场建设成本从原先计划的 20 亿欧元上升至 73 亿欧元，还造成机场的开业时间推迟了数年之久，项目方被迫支付了延期的违约金。另一个典型案例是巴拿马运河的扩建，受制于各种关联契约与阴阳契约，项目成本不仅远超预算，还导致工程延期完成。为了解决此类问题，一些政府和项目开发部门不得不在基础设施建设的契约管理方面投入大量人力物力，确保项目推进效率以按时完成工程。

➢ 区块链破解契约难题

区块链可以就当前契约管理建立可靠的信任机制，显著提高契约沟通过程的透明度，从而大幅降低商业项目中的契约签署、沟通与管理成本。凭借区块链技术，参与方可以确认哪一种契约版本是有效的，并随时修改其中的条款。在区块链技术支持下，契约及其草稿均可在分布式记账系统上完成，包括客户、主承包商、分包商在内的所有项目参与方的责任均在最新版本的契约上明确，以此在多方契约谈判中建立信任。具体而言，区块链管理契约采用的技术路径是计算每个契约版本的哈希值，仅将该值上传到区块链上。对于像以太坊这样的公链而言，当出现纠纷时，位于节点上的每个参与方都能证明某一版本的契约文件已达成共识，并能提交该版本的哈希值与真实契约供比对，以此证实该契约协议的有效性，提高契约管理的透明度。一般而言，由于法律文件、涉及契约内容的元数据等通常不被建议或允许上传到区块链系统，较好的解决办法是只在区块链上存储部分文件或数据，并将公链和私链混合使用。对此，可以将契约文件的哈希值存储在公链上，而将其他必要的元数据（如版本号、提交用户名称、项目名称等）根据客户的偏好存储在私链或链下。严格将敏感数据同哈希值剥离，既保护了较低进入门槛下的安全性，同时又能在不将契约内容公开的前提下允许一定的可扩展性。此外，在这种设置下，整个系统的高度一体化对项目股东而言也是一大优点。

与仅记录“链下”契约的哈希值相比，基于区块链的契约管理系统规则由各参与方共同制定，整个沟通协议可以转换成代码并记录在区块链上，同时生成时间戳。这种模式对于处理基建工程项目极其有效，不仅可以提高管理透明度，还可以设计出能在区块链上自动执行的智能契约。例如，在规定时间范围内，只有当分包商的前期要求都达成时，基建工程项目的主承包商和分包商之间的契约关系才可以自动在区块链系统内延续。此外，区块链还可以借助金融手段提高违约成本。区块链可以创造出加密货币或通证用以结算支付各方之间的账务。一旦某一参与方违反了契约，其相应罚款也会由系统自动执行，以此保障契约的严肃性。

新技术提升重大突发事件的防范能力

区块链在重大突发公共卫生事件中的应用

作为新技术基础设施的重要支点，区块链可追溯、防篡改、去中心化的特征决定了这一技术与供应链金融、数字资产管理等部门“去信用化”的需求具有较高的匹配度。与在这些领域的进展相比，区块链技术在防范重大突发公共卫生事件中的应用尚处在探索阶段。2018 年，为应对埃博拉疫情，德国慕尼黑大学的学者开发出一套名为 SERIS 的区块链系统，用于标记埃博拉病毒感染的确诊和疑似病例，并将相关数据汇总至智能平台，进一步结合该系统采集的人口、交通和疫苗生产储备等数据，为监测疫情和疫苗开发提供了基础数据支撑，这些实践为区块链技术在重大风险事件中的应用积累了一定的经验。

新冠肺炎疫情传播速度快、波及面广、不确定因素多，给医疗系统和公共服务体系及时有效的应对带来了巨大压力，各项应急工作催生出区块链技术在重大突发事件中多样化的应用需求。

提升关键信息发布的透明度和公信力。应该看到，新冠肺炎疫情暴发的时代背景、技术条件与以往重大突发公共卫生事件有很大不同。随着公众对互联网作为信息主要来源的倚重持续增强，新兴媒体和社交软件在信息传播中日益固化为意见平台，各种舆情容易在网络上发酵并形成“广场效应”。面对这种挑战，区块链无法撤销、不可数据得以在各类医院、各级疾控部门以及决策层中第一时间实现可见、共享和保真，避免漏报瞒报，最大限度地早发现、早监测、早防治。对于国家储备体系建设管理，区块链技术同样大有用武之地。国家储备体系涵盖物资存储、采购、调拨、运输、配发、使用、回收、质量监督等诸多环节。国储物资调拨应急性、突发性强，时间紧、任务重、要求高，在调运过程中，各部门之间难保无缝衔接，严重制约了储运配发效率。作为储备物资台账管理的新模式，区块链通过对验收、入库、出库、盘点、报废、移库进行视频监管和质量检测，可以对不同品类的储备物资信息在全国范围内实时共享、实时监控，更好地保障应急条件下国储物资调拨使用。

存在的问题和障碍

从理论上讲，区块链是实现信息传递和协同效应的最优技术选择，也是将多主体之间复杂利益关系转为合作博弈的理想模式，但这一新兴技术在应对重大风险事件中的应用仍面临诸多困难和障碍，其中既有技术方案可行性的问题，也有来自制度环境的限制和阻力。

首先，在现行公共服务模式和个人信用体系下，上链数据和信息很难保证绝对真实。尽管区块链为数据保真提供了全新的技术载体，包括使用交易追溯、异常数据检测等手段，但必须认识到，现阶段开发的解决方案还无法做到对上链前的数据进行逐一识别。在应急状态下更难实现，特别是由多部门共建的区块链，参与主体的信用和能力参差不齐，加之集体审核功能不健全，不排除个别造假数据生成链上信息。一旦发生这种情况，区块链不可撤销和不能更改的特性反而有可能放大信息失真的危害。

其次，解决方案开发水平不高。旨在应对重大突发事件的一些区块链平台匆忙建链，针对性、适用性、可扩展性不足，可供政府和企业选择的方案不够丰富。其中部分平台并非真正意义上的区块链技术应用，而只是将大数据甚至是传统信息化电子化的手段和模式包装成区块链产品。实际上，仅仅在不同部门之间打通数据，并对各端口进行集成，同样不能被视为成熟规范的区块链应用。这种急功近利的做法误导了投资者、消费者和决策层，损害了技术发展的市场预期。

最后，应用成本偏高。区块链是一种建立在机器信任之上的高效率、低成本技术，对于这一点业内已有共识。然而，受制于上链数据来源和信息受众规模等因素，目前区块链在众多领域应用的技术经济性尚未充分显现。以对食品、药品等应急物资实施区块链溯源为例，这种应用需要生产者、消费者、物流企业、监管部门共同在链上记录特定商品生产流通使用的全过程，这固然可以打击制假售假，防范假冒伪劣产品在特殊时期引发舆情，但在国家质量标准及监督体系有效的情况下，用区块链技术对个别企业的质量问题等小概率事件进行纠偏，其实际效果往往与维护区块链的高投入不匹配，颇有“大材小用”之嫌，而成本高企、收效有限的窘境势必影响相关方长期参与的积极性。此外，区块链的去中心化价值取向与行政体制和治理体系的“中心化”架构存在一定的矛盾，在具体应用中难免出现理念分歧和利益冲突。

尤其值得注意的是，在重大突发事件的演进过程中，公众对信息来源及其属性的要求往往是复杂多变的。在一定时期内，绝大多数公众希望获得及时、准确的数据和客观的判断，对信息发布的公开性和工智能伦理规范、技术监管等方面发力，以此形成比较优势。日本于2017年推出了《超智能社会》战略，将借助其在汽车、机器人、医疗等产业领域的优势，开拓人工智能的应用空间，将日本全面建设成智能社会。与欧美国家相比，中国人工智能领域尽管起步较晚，但发展势头较快。在电商和社交平台的海量数据支撑下，中国在图像识别和语言识别等应用层领域已走在世界前列，但在基础层的算法和芯片领域还较为薄弱，与欧美发达国家存在一定差距，“头重脚轻”的特点较明显。2015年后，中央和地方政府不断出台人工智能相关政策，将人工智能多次写入政府工作报告和战略规划文件中，把人工智能列为新基建的重要内容，将进一步刺激这一未来科技和产业竞争重地的投资和发展。

与人工智能相比，区块链尽管目前产业成熟度较低，但却具有颠覆时代的力量。区块链不仅可以影响金融、科技和实体经济领域，还有望重塑世界商业模式与信息沟通媒介，推动人类从信息互联网时代步入价值互联网时代。鉴于区块链的广泛适用性，美国、德国、日本等发达国家的政府与金融机构正“热火朝天”地参与其中，力争通过占领区块链技术先机巩固其国际金融与科技中心的地位。2019年，美国参议院批准了《区块链促进法》，明确要求美国为区块链建立技术标准和法律框架，为未来新兴技术的应用提供指导和风险防范。德国也于同年推出了国家区块链战略，明确将支持区块链技术创新项目与应用实验，推动产业数字化转型。在商业领域，2019年6月18日，Facebook正式发布了虚拟加密货币项目Libra，将区块链的应用推向了新的高度。围绕着数字货币等关键领域，大国对区块链技术开发应用的竞争将进一步升级。

随着互联网和数字技术快速普及，中国已成为数字经济大国，不论在传统产业还是新兴领域，国内区块链技术的应用场景均日益成熟，跨行业、细分化的需求逐步扩大，已具备引领全球区块链技术发展和商业模式创新的良好基础和有利条件。为推动区块链技术在实体部门和国家治理体系中的高水平应用，2019 年 10 月 24 日，习近平总书记在中央政治局第十八次集体学习时强调，“关于区块链技术要强化基础研究，提升原始创新能力”。为了落实这一重要讲话精神，国内掀起了区块链技术研发和投资热潮，相继推出了一批具有较高应用价值的技术方案。国内不少企业表示，如果说 2018 年和 2019 年业内还在讨论什么是区块链，是否要应用区块链，那么 2020 年大家的关注点已经聚焦在如何应用区块链，哪家企业的区块链解决方案更有市场潜力。

鉴于区块链在新基础设施中既有底层架构的属性，又有极强的包容性、可塑性和不确定性等特点，面对未来这一领域的大国竞争，应坚持开放创新，引导区块链企业为实体部门和公共服务等更多领域开发优质、适用、高效、安全的综合解决方案，塑造区块链产业生态。政府可以通过购买服务等方式，提升政务服务质量，实现政务管理数字化、智能化，为推动构建人类命运共同体探索多元化、包容性的技术支撑和数字解决方案。

第四章　算力基础设施：新世界的核心竞争力

创新决定了你是领导者还是跟随者。

——史蒂夫·乔布斯

以数据中心为主要载体的算力基础设施是新基建中最具代表性的领域之一。这一“软硬通吃”的数字化基础设施，不仅正在发挥重要的应用价值，其背后的算力竞争还将主导大国数字未来的格局。

回顾人类社会算力及其基础设施升级的历程，随着信息技术的发展，数据中心的概念和内涵也在不断丰富。新基建中的数据中心不再是传统意义上存放设备的机房和在显示屏上滚动的数字，而是体现了创新、绿色等新发展理念的数据中枢和算力载体。5G、人工智能、工业互联网、物联网等新兴产业、设施、业态的发展，乃至整个经济社会的数字化转型，都需要数据中心提供底层算力支撑。可以说，在以数字化为主要特征的新基建中，数据中心是新基建的基础设施。

如同电力基础设施是生产电力、提供电力服务一样，算力基础设施是生产算力的场所和设施，可以提供数据服务、算力服务和智能服务等。算力主要是指数据处理能力，包括数据收集、存储、计算、分析和传输的能力。随着数字时代的到来，数据成为关键生产资料，算力将成为衡量一个国家或地区的数字经济发展水平的重要指标，算力即核心竞争力。

算力驱动数字未来

进入数字时代，算力成为推动中国经济数字化转型的重要驱动力。一方面，庞大的互联网用户数量和巨大的市场规模为数字经济发展提供了坚实的土壤，催生了对算力资源的大量需求；另一方面，大数据、云计算、人工智能等新一代信息技术不断涌现，对算力提出了更高的要求。建设以数据中心和智能计算中心为代表的算力基础设施，是经济社会数字化转型的需要，对我国巩固和提升数字经济领域的国际竞争力具有重大战略意义。

供给侧：技术推动

由于大数据、云计算、人工智能等技术的快速发展，过去用完即弃的日志数据以及大量非结构化、半结构化的数据都可以进行存储和分析，以提取有用价值信息，数据成为一种新的资源。未来随着 5G 网络、IPv6（Internet Protocol Version 6，互联网协议第 6 版）等技术的发展，以及物联网、车联网、工业互联网的推广应用，数据将迎来新一轮的爆发式增长。美国国际数据集团（IDG）的研究表明，2018

年全球数据总量达 33 ZB（1 ZB 约相当于 1 万亿 GB），其中，中国产生了约 7.6 ZB 数据，美国产生了约 6.9 ZB 数据。该研究还预测，中国每年将以超过全球平均值 3% 的速度继续产生数据。这些海量的异构数据都可以进入数据中心，被集中存储和处理，这对算力基础设施提出了更高、更新的要求。新一代信息技术的发展使数据呈指数级增长，数据规模对算力资源产生了巨大的需求，推动了算力基础设施的快速发展。

近年来，中国网络宽带和各种功能的超级计算机的发展为算力提升打下了坚实的基础。一方面，国家级互联网骨干直联点的不断增加，使中国互联网架构布局得到了明显优化，网间通信质量显著提升，流量疏通效率和安全性能大幅改善，为数据中心等各种互联网应用和服务的发展创造了有利条件，有效推动了算力资源的广泛分布。另一方面，中国的“神威·太湖之光”和“天河二号”等超级计算机的发展，促进了数据中心向算力更高、速度更快迈进。在 2020 年 6 月 22 日公布的第 55 届世界 500 强超级计算机名单中，中国有 226 台上榜，拥有世界上近一半最快的超级计算机。其中“神威·太湖之光”（93.0 petaflops，每秒浮点运算 93 千万亿次）“天河二号”（61.4 petaflops，每秒浮点运算 61.4 千万亿次）排在榜单的第四位和第五位。“神威·太湖之光”使用的全都是国产 CPU（中央处理器），这标志着我国是继美国、日本之后全球第三个采用自主 CPU 建设千万亿超级计算机的国家。目前，搭上新基建这趟“顺风车”，超算中心已经成了各城市竞相打造的新名片，上海、苏州、厦门等地均已宣布启动超算中心建设。

另外，受“摩尔定律”支配了几十年的半导体行业，随着芯片技术的不断进步，FPGA（Field Programmable Gate Array，一种半定制的电路）、GPU、TPU（张量处理器）等核心硬件的性能不断提升，且成本大大降低，为算力资源的普及提供了有利条件。目前，关于集成电路的发展是否仍然遵循“摩尔定律”，存在一定争议，甚至有观点认为，“摩尔定律”已死，因为从目前的趋势来看，虽然晶体管数量增加了一倍，但其成本并没有降到一半。相对乐观的观点认为，“摩尔定律”发生效应的节奏有放缓的趋势，今后要想在不断提升芯片性能的同时，以更低的价格投放市场，已经越来越难以实现，因此未来计算能力的提升是相对有限的。于是，有人提出了 More Moore，即“超越摩尔定律”的概念，认为当今世界已经进入了“后摩尔定律”时代。要想持续提升计算的效能，有两个可行的方向，即 SoC（System-on-Chip，系统级芯片）和 SiP（System-in-Package，系统级封装）。SoC 是指把各种不同的 IP（Internet Protocol，网际互联协议）集成到一个芯片中，目前最新的技术已经进化到了 10 纳米，短期内可以量产的工艺有望发展到 7 纳米，但该技术的时间和成本控制仍很困难。SiP 可以是苹果系统那样的全系统，也可以是实现部分功能的子系统，具有周期短、上市快的特点，是目前行业比较重视的方向。当然，两个方向各有优劣势。因此，无论是“摩尔定律”还是“超越摩尔定律”，仍将使信息技术产业保持强大的创新驱动力。随着 5G、物联网、云计算、大数据、人工智能、区块链等新一代信息技术加速创新突破，与经济社会各领域深度融合，从人人互联到万物互联，从生活消费到生产制造，它们都将对现有算力提出新的要求。

对中国而言，算力驱动数字经济发展仍然面临挑战。中国算力发展在材料、微电子、集成电路设计和分布式系统等方面取得了一定的进展，但面临着技术人才断层、服务器等基础设备不足、核心技术受

法对科技防疫起到有效支撑作用。例如，疫情初期，线上经济呈现井喷式增长，现有算力基础设施不堪重负，包括钉钉在内的多款热门应用数次出现了崩溃的现象。随着中国城镇化进程的加速和5G商用的落地，移动医疗、远程教育、在线办公等场景将会得到更加广泛的推广应用，都将需要大量算力支撑。因此，算力新基建迫在眉睫。

新基建需要新计算

新基建之“新”，很大程度上在于建立一个新世界——数字孪生世界，即物理世界数字化，通过数字世界的比特引导物理世界的原子。这个数字世界的底座就是“数据+算力+算法”，其中，算力就是运用云计算、边缘计算等方式计算、存储数据资源，需要建设数据中心、智能计算中心等“硬”基础设施来支撑。

从云计算到边缘计算

进入“后摩尔定律”时代，持续提升计算性能、全面支持多种新型应用场景都对现有算力提出了更高、更新的要求，包括满足“数据在哪里，计算就在哪里”的分布式算力，匹配多样化数据计算要求的多样性算力，以及更强更快的算力和具备分布式协同处理的能力等。新计算的“新”主要体现为异构、安全、开放和高性能等特点，让用户能够以更低的成本拥有更强大的算力。新计算将无处不在，而且算力更高、能耗更低、更加智能。

具体来说，支撑对海量数据进行处理和分析的是各种各样的计算方法，包括云计算、雾计算、霾计算、边缘计算，也包括电脑计算、手机计算、手表计算、泛在计算等。云计算的概念是谷歌前首席执行官埃里克·施密特在2006年首次提出的，后来业界衍生出来雾计算、霾计算、边缘计算等一系列的计算方式。

随着5G、AI和工业互联网的发展，一些业务场景需要超低的网络时延和海量、异构、多样性的数据接入。此时，传统意义上的云计算可能会面临带宽、时延、连接质量、资源分配、安全等多方面的挑战。为了破解这些难题，在端侧更加有效率、有针对性地采集、传输和处理数据，边缘计算的概念应运而生。与云计算相比，边缘计算具有低时延、高效率、安全性、智能化的优势。

随着物联网的快速发展，终端设备数量、数据量将大幅增加，预计未来更多的数据需要边缘计算来处理，对边缘数据中心的需求将迅猛增长。根据风险投资数据公司CB Insights的数据，截至2019年，美国上市企业财报会议中提到边缘计算的次数，首次超过了云计算被提及的次数，这从一定程度上反映出边缘计算的概念和技术越来越受重视。

不管是云计算还是边缘计算，都不存在一方完全取代另一方的情况，它们只是在各自擅长的领域各司其职。云计算与边缘计算的关系，很像银行与自动柜员机：本来存钱、取钱都要去银行人工柜台办理，但因为在路上交通堵塞、在营业厅大排长龙，非常浪费时间和精力，现在家门口就有自动柜员机，再也不用排队等叫号了，是不是更方便快捷呢？

专栏 4-1

云边协同：章鱼的大脑和吸盘

作为自然界中智商最高的无脊椎动物，章鱼拥有“概念思维”能力，这与它的两个强大的记忆系统分不开。一个是大脑记忆系统（它的大脑约有 5 亿个神经元），另一个是八条腕足上的吸盘。也就是说，章鱼的八条腕足可以思考并解决问题。

人类要想完成比较复杂的动作，需要靠大脑控制具体的操作与步骤。反观章鱼，它的八条腕足都有独立的神经单元，大脑只要对腕足下达一个抽象的命令，章鱼的八条腕足就能自己“思考”用哪些步骤才能完成任务。在这之后，腕足就可以实行多线程同时作业，独自感知环境，快速做出反应，根本不需要大脑给予具体的指令。

云计算就像天上的云，看得见，摸不着，像章鱼的大脑；边缘计算则类似章鱼的那些腕足，更靠近设备端，靠近具体的实物或用户。云计算是把握整体，边缘计算就更专注于局部。虽然今后会将越来越多的基础任务交给边缘计算来完成，但这只能代表边缘所在的终端设备会越来越灵敏，而不能直接说这些任务和云毫无关系。砍掉章鱼的大脑，直接用八条腕足难道能活着吗？

资料来源：根据全球物联网观察《太形象了！什么是边缘计算？最有趣的解释没有之一》相关资料整理。

新基建带动数据中心升级

数据中心通常是指在一个物理空间内实现数据的集中处理、存储、传输、交换以及管理的基础设施，包括计算机设备、服务器设备、网络设备、存储设备等关键设备。数据中心不是新鲜事物，早在20世纪60年代已经出现。传统数据中心建设的一般流程就是买服务器、建机房、找传统集成商，然后隔几年上一套应用系统。在构建数字经济的框架时，这种基于传统IT架构的数据中心建设逻辑，已然行不通。因此，在新基建的背景下，传统IT基础设施要加速向云化基础设施切换，数据中心也应当是云化的数据中心。

数据中心的发展经历了从以最初的机房托管形式提供数据存储和简单计算的计算中心，到以机房托管形式提供数据存储、处理及应用的信息中心，再到以“主机托管+网站托管”的形式提供数据服务和网络带宽服务的服务中心三个阶段的演变。第三代数据中心即互联网数据中心（IDC），是拥有完善的设备（包括高速互联网接入带宽、高性能局域网络、安全可靠的机房环境等），专业化的管理，完善的应用服务平台。在这个平台基础上，IDC服务商为客户提供互联网基础平台服务（服务器托管、虚拟主机、邮件缓存、虚拟邮件等）以及各种增值服务（场地的租用服务、域名系统服务、负载均衡系统、数据库系统、数据备份服务等）。

随着移动互联网、大数据、云计算、人工智能等新一代信息技术的发展，数据呈指数级增长。尤其是物联网的推广应用，极大地增加了终端设备的数量，由此产生和可以收集的数据持续增长，数据流量不断增加，数据管理本身变得越来越复杂。因此，IDC运营商需要建设大量本地部署的云计算数据中心、边缘计算数据中心等多种基础设施。这就推动数据中心进入第四个发展阶段，除了提供互联网数据中心的传统业务，还可以为各种新型网络应用场景提供算力支撑和智能服务。

智能云计算中心：互联网巨头的新赛道

随着算力的突飞猛进和深度学习算法的日益成熟，人工智能技术不断取得突破。人工智能与大数据、云计算、物联网等深度融合，衍生出大量新的应用场景，如智慧医疗、智慧城市、无人驾驶、智慧金融、工业互联网等，都需要强大的算力支撑。例如，像阿尔法元（AlphaGo Zero）这种大型的人工智能应用，如果想一天之内完成它的训练，所需要的算力已经超过 100 亿亿次 / 秒。可以说，人工智能对算力的需求几乎是“无止境”的。根据人工智能研究组织 Open AI 统计，2012—2019 年，随着人工智能深度学习“大深多”模型的演进，模型计算所需计算量已增长了 30 万倍。斯坦福大学发布的《人工智能指数 2019》报告也显示，2012 年以来，算力需求每三四个月就翻一番，现有算力面临捉襟见肘的局面。

为应对新的计算需求，很多国家都在积极推进算力基础设施升级。除对现有数据中心进行智能化改造，使其成为能提供智能计算服务的算力平台外，一些围绕人工智能产业需求而设计、为人工智能提供专门服务的智能计算中心（Artificial Intelligence Data Center，缩写为 AIDC）也在加速落地。通过新型人工智能芯片和新型计算方法强化计算中心这一“超级大脑”，使其算力更强、速度更快，赋予人工智能更强劲的“爬坡之力”。

“为人工智能而生”的智能云计算中心正在一些城市落地，其建设目标就是服务于区域人工智能产业和智能化社会建构。2020 年 3 月 9 日，科技部宣布支持重庆、成都、西安、济南建设国家新一代人工智能创新发展试验区，加上此前获批的北京、上海、合肥、杭州、深圳、天津和浙江德清县，国家新一代人工智能创新发展试验区目前已增至 11 个。中国发展改革委还将制定加快新型基础设施建设和发展的意见，并实施全国一体化的大数据中心建设工程，在全国布局 10 个左右区域级数据中心集群和智能计算中心。

此外，还可以运用超级计算机的超强算力，建设智能云超算中心。近年来，已有不少超算中心运用人工智能芯片和服务器来强化其算力，从而拓展了超级计算机的应用领域，让超级计算机更接地气，提升了超强算力对数字经济发展和产业数字化转型的支撑能力。例如，腾讯就在上海布局了人工智能超算中心。

2020 年 4 月，中国发展改革委明确将以数据中心、智能计算中心为代表的算力基础设施列入第一类信息基础设施范畴，由此开启了算力新基建的投资高潮。腾讯、阿里巴巴、百度、京东、快手等都宣布将投入大量资金建设云数据中心。互联网巨头都开始积极储备，智能云计算中心“军备竞赛”已然启动。

有资金、有能力、有需求、有客户、有辐射效应，这些都是互联网巨头愿意为智能云计算中心建设一掷千金的根本原因。可以肯定的是，未来市场对于数据中心的需求会越来越多，但从目前“烧钱”的情况来看，短期内市场需求有可能会滞后于数据中心的产能。其实，这并无大碍，因为就数据中心的发展规律和全球竞争态势而言，超前布局才能在新基建的赛道上取得领先，况且优胜劣汰仍是市场经济的不二法则。

专栏 4–2

互联网巨头的智能云计算中心

近期，在供求两侧的共同驱动下，国内互联网巨头纷纷加大了数据中心升级的投入力度，掀起了一波智能云计算中心投资建设热潮。

2020 年 4 月，阿里云宣布未来 3 年投入 2 000 亿元，建设面向未来的数据中心是其中重要一项内容。5 月，阿里巴巴与江苏南通开发区正式签约，用于建设阿里巴巴江苏云计算数据中心扩容项目。

2020 年 5 月，腾讯宣布未来 5 年投资 5 000 亿元布局新基建，其中包括在全国新建多个百万级服务器规模的大型数据中心。6 月 6 日，腾讯长三角人工智能超算中心在上海松江开工，该项目拟投资 450 亿元，占地 236 亩，包含 8 栋高标准数据中心。其中单栋数据中心可提供 10 万个 GPU（或同等人工智能处理芯片）的算力，在实际运行中，算力可达到 140 千万亿次 / 秒浮点运算，可同时支撑超过 100 个大型人工智能计算项目，整个中心计划建成 48 万台服务器、2.5 万个以上等效机柜（腾讯 R18 微模块模式）。如今计算性能排名世界第一的日本“富岳”超级计算机，最大算力为 415.5 千万亿次 / 秒，腾讯超算中心单栋的算力已与其基本相当，若进行叠加，腾讯超算中心 8 栋数据中心总算力可达 11 200 千万亿次 / 秒，是“富岳”的 27 倍。

2020 年 6 月，百度云计算（阳泉）中心项目二期顺利封顶，比原计划提前 20 多天。百度云计算（阳泉）中心项目二期总投资约 14 亿元，总建筑面积 8.6 万平方米，包括 4 个数据中心模组和 1 栋扩展厂房，全面投产后预计将新增超过 8 万台高性能人工智能服务器，将为百度搜索＋信息流、智能云、小度、百度地图、人工智能、智能驾驶等重要业务提供有力支持。在这之前，百度云计算（阳泉）中心项目一期已投入使用，可承载 16 万台服务器，拥有超过 300 万颗 CPU 核、6EB 级存储容量，存储信息量相当 30 多万个中国国家图书馆的藏书总量。

2020 年 6 月，“新生代”互联网企业快手的智能云乌兰察布数据中心项目签约仪式在快手总部举行。该项目是快手的第一个自建超大规模互联网数据中心，也是国内最大的专门为大数据、人工智能建设的数据中心。该数据中心的体量目前在业内仅次于腾讯、阿里巴巴，将由快手技术团队自主研发，独立完成整体的概念设计。项目将应用一系列领先技术，共计占地约 500 亩、容纳 30 万台服务器，第一批 IT 设备预计 2021 年年底上线。

另外，华为也计划在未来几年投入约 10 亿美元年度研发经费开发云数据中心产品。目前，华为贵安云数据中心项目建设正在稳步推进，一期建筑面积 48 万平方米，能容纳 60 万台存储服务器，可为全球 170 个国家提供大数据服务。

超级计算机：大国科技竞争的制高点

一直以来，超级计算机（以下简称超算）就被认为是计算机领域的“珠穆朗玛峰”，是一个国家综合实力与科技实力的主要体现。虽然近年来关于量子计算将碾轧传统超算的消息层出不穷，但至少在量子计算机商业化应用之前，超算都是目前地球上算力最强的电脑。对于几乎所有的计算任务，超算都比现有的其他任何设备快。

传统并行式超算大多用于天文、气象、生物、材料、国防等国家重大科研项目。随着计算科学领域从传统的计算模拟与数字仿真走向基于大数据相关性分析的科学发现和研究，超算越来越多地被用于解决经济社会发展过程中面临的重大问题。2020 年上半年，各国超算也都纷纷助力抗击新冠肺炎疫情。如中国“天河二号”超算协助搭建了“15 秒诊断”的新型冠状病毒 CT 影像智能诊断平台，并助力筛选能抑制病毒的小分子药物；美国“顶点”超算通过模拟新型冠状病毒与不同化合物的反应，参与到新药研制中；日本“富岳”超算也为探索新药启动了试验性利用。因此，超算在国防建设、经济社会发展中的作用越来越重要，超算的研制和开发已经成为各国尤其是科技大国必争的战略制高点。

轮流坐庄：白热化的大国超算竞争

超算的研究最早起源于美国。第二次世界大战后，美国大力发展战略核武器，涉及大量复杂计算，而当时的计算机发展水平难以提供算力支撑。为了满足计算需求，美国开始了超算早期系统的研发。第一台真正意义上的超算是 1976 年克雷公司研制推出的 Cray-1，其运算速度达到了每秒 1 亿次，轰动了全球计算机界和科学界。自此，超算成为高科技界的新贵，不少国家开始研制和生产超算。几十年来，美国的超算研制技术和产业一直处于世界前列。美国开发了超算的大量前沿技术，并制造了一批世界上规模最大、速度最快的超算。

除美国外，日本、欧洲等国家和地区也一直在开展超算研制工作。日本也是超算大国，多年来一直深耕高性能超算的研制。欧洲则采取“化零为整”的策略，多国联合、共同研制超算，以提升全欧洲的超级计算能力。

1993 年，德国曼海姆大学教授汉斯、埃里克等人创建了全球超算 500 强排行榜，对世界最强大的 500 台计算机进行排名，每年发布两次，该榜单成为评测各国超算水平的重要标准之一[①]。超算领域的竞争十分激烈，每过几年就有新的巨型机投入使用，因此榜单排名变化很快。

2010 年以前，美国和日本垄断了超算 500 强的榜首，基本上形成了美日两国“你争我赶”的局面。美国、日本等国在超算领域已有多年的技术积累，但中国的后发之势也不容忽视。2010 年 11 月，中国的“天河一号”摘下超算 500 强排行榜桂冠，浮点运算速度达 2.6 千万亿次 / 秒。这是中国研制成功的第一台亿次巨型计算机，中国成为继美、日之后世界上第三个能够自主研制巨型计算机的国家。

“天河一号”在一定程度上改变了全球算力的布局，加剧了各国在超算领域的竞争。2011 年 6 月，由日本理研所和富士通研制的“京”再次成为全球最快的计算机，时隔 7 年后，日本重返世界超算榜首。2012 年，美国相继推出了“红杉”和“泰坦”，夺回两次榜首。2017

---

① 司宏伟，冯立昇．世界超级计算机创新发展研究［J］．科学管理研究，2017（8）：117-120.

年，中国的“神威·太湖之光”和“天河二号”包揽了榜单的前两名，这是美国霸占榜单前三名 20 年来首次跌出榜单前三甲。

美国在失去“世界最快计算机拥有者”称号之后，开始加强了超算方面的研究，2018 年上半年，美国以 IBM 和美国橡树岭国家实验室研制推出的“顶点”重夺超算榜首，比中国的“神威·太湖之光”快约 60%。美国重返首位，主要归功于它在半导体产业的早期发展以及多年的技术积累。

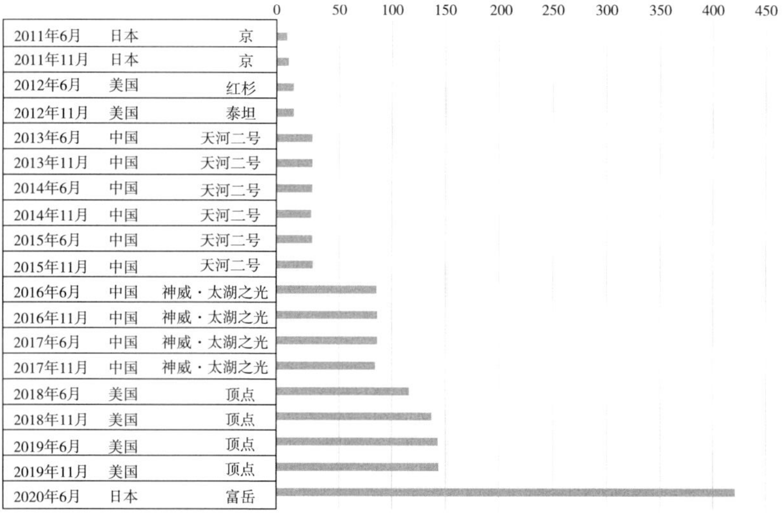

图 4–1　全球超算榜首之争（单位：千万亿次 / 秒）

根据 2020 年 6 月发布的超算 500 强最新榜单，日本理研所和富士通在“京”的基础上开发研制的超算“富岳”终结了美国“顶点”保持的四连冠。近几年，超算的头把交椅，一直是美国和中国“轮流坐”的竞争格局，同为超算大国的日本似乎有掉队之嫌。但应该看到，日本企业在超算领域的技术仍然相当过硬，此番“富岳”的翻盘便是日本超算实力的体现。排在第三位的是 IBM 和美国劳伦斯利弗莫尔国家实验室推出的“山脊”（Sierra，HPL 标记速度保持在 94.6 petaflops，每秒浮点运算 94.6 千万亿次）。中国的“神威·太湖之光”和“天河二号”跌出前三名。榜单前十位中，来自美国的超算占了四席，美国入围的大部分超算都靠近榜单前列。未来中国、美国、日本在超算领域的竞争仍将持续并且更加白热化。

E 级超算——下一顶超算皇冠

新一代百亿亿次超算即 E 级超算，被公认为“超算界的下一顶皇冠”。未来，E 级超算有望在气候科学、可再生能源、基因组学、天体物理学以及人工智能等领域大显身手，协助解决目前无法解决的各种难题。各国均早已开始 E 级超算的布局。

近年来，中国的超算加速发展，国际上，中美竞争的格局已经形成。自 2015 年起，美国商务部就将中国的四大超算中心列入了禁运清单。2019 年，美国又将江南计算技术研究所、中科曙光等列入所谓“实体清单”，既是对我国 E 级超算研发主要及相关单位的全面封锁，也为我国超算的后续研发设置了不小的障碍。

美国在建的百亿亿次超算有三台，分别是 Aurora（每秒运算 100 亿亿次）、Frontier（每秒运算 150 百亿亿次）、EI Capitan（每秒运算 150 百亿亿次），这三台机器加起来的处理能力达到 400 亿亿次 / 秒，将大于全球超算排行榜 Top500（2019 年 11 月）的总和，上线时间预计在 2021—2023 年。

中国在 E 级超算领域也早已发力。2018 年 7 月，中国自主研发的“天河三号”E 级原型机在天津中心完成研制部署，并通过验收，预计2021年左右完成研制。届时其算力将比“天河一号”高200倍以上，实现跨越式提升。此外，神威E级原型机也在国家超算济南中心完成部署，中科曙光牵头的曙光E级原型机系统也已完成。从披露的进度看，三台原型机系统已全部完成交付，中国有望先于美、日等国跨越百亿亿次量级台阶。

应用短板造成算力浪费

长期以来，在IT领域，庞大的用户数量、巨大的瞬时流量、海量的异构数据，带动了中国互联网行业相关软硬件技术的发展和商业应用模式创新。应用驱动技术发展，成为中国IT领域的普遍现象。

然而，在超算领域，情况恰恰相反，中国超算的应用水平远远落后于超算能力发展和相关领域的研发进展。超算一直是计算技术王冠上的明珠，其研制水平体现了一个国家的综合国力，其应用也是事关国防安全、经济社会发展的重大现实问题，具有重要的战略意义。虽然中国在超算的计算能力方面已经处于世界前列，但是应用发展相对滞后，导致超算利用效率较低。科技部通过设立一系列重大研发计划，在关键应用领域开展了几十万核乃至百万核并行算法和软件研制的重点突破，但目前运行的大部分作业，其并行规模仍停留在几千或几万个处理器甚至更低的量级，远未能充分发挥出在千万亿次超算上并行的能力。①

中国超算应用滞后的主要原因有三个：一是应用软件开发不足，大部分超算应用软件都被国外垄断，中国不仅支出巨额软件采购费

① 熊伟．高性能计算：应用落后于能力［J］．中国信息化，2018（5）：28-29.

用，软件升级还受制于人。二是“重硬轻软”，欧美国家一般根据实际应用需求，有针对性地研制超算和超算软件，中国则先重视发展超算的算力，后考虑实际应用。在研发投入方面，中国超算经费用于应用软件开发的还不到10%，约为美国的1/6。三是软件人才匮乏，主要是立足于行业的各种高性能应用软件的开发及应用的人才严重缺乏，而高校相关人才培养体系、培养计划和课程设置严重落后于超算应用领域的人才需求。

“一超多强”的全球新格局

目前，全球数据中心市场呈现“一超多强”的局面。美国在市场规模、超大型数据中心、技术力量、国际资本合作等层面依然占据头把交椅。欧盟、中国紧随其后。凭借庞大的市场规模和各大厂商的持续发力，依托技术实力的不断升级，中国在“弯道超车”的道路上形成了加速追赶之势。

中国陆续出台了数据中心、云计算、大数据等方面的政策法规、指导意见和战略规划等，全国各地纷纷响应，已经形成了由全国数据中心和地区数据中心等组成的网络体系。电信运营商、独立第三方、大型互联网企业等各方资本纷纷注入，数据中心发展呈现强劲的增长态势。在新基建浪潮的推动下，中国数据中心将迎来新的发展格局。

“大的更大”：大型、超大型数据中心兴起

根据标准机架[①]的数量，数据中心可以分为中小型数据中心、大型数据中心和超大型数据中心。从全球数据中心的发展情况来看，伴随着数据中心大型化、集约化的发展趋势，数据中心数量减少、体量增加，全球数据中心数量缩减的同时，机架数量继续增长。2018 年，美国超大型数据中心已占到全球总量的 40%，中国的超大型数据中心占全球的比重约为 8%，与美国仍有较大差距，中国大型、超大型数据中心仍有较大的发展空间。虽然美国连续 3 年保持全球第一，但其超大型数据中心的占比已经出现下降趋势（2016 年为 45%、2017 年为 43%）。云计算巨头是超大规模数据中心的主要拥有者。2018 年，亚马逊和谷歌在新数据中心开设方面排在行业前列，这两家公司的新设数据中心合计占全球总数的一半以上，亚马逊 /AWS（亚马逊网络服务）、微软、IBM 和谷歌每家企业至少拥有 5 座超大规模数字中心，阿里巴巴 / 阿里云和甲骨文拥有的数量也不少。

表 4–1　数据中心规模划分

规模	机架数量
中小型	n<3 000
大型	3 000 ≤ n ≤ 10 000
超大型	n ≥ 10 000

近年来，中国的数据中心也呈现出爆发式增长态势。中国电子信息产业发展研究院统计数据显示，2016—2019 年，中国的数据中心机架数

① 机架全称为机架式服务器，可简单理解为存放服务器的机柜，通常宽 19 英寸（约 0.5 米）、高 7 英尺（约 0.2 米），所以标准机架也称 19 英寸机架。

量逐年上升，由 2016 年的 124 万架增加至 2019 年的 227 万架。2019 年，中国的数据中心大约有 7.4 万个，约占全球数据中心总量的 23%。其中，大型、超大型数据中心占比约 12.7%（见图 4–2）。目前，中国规划在建数据中心 320 个，其中大型、超大型数据中心占比达 36.1%。

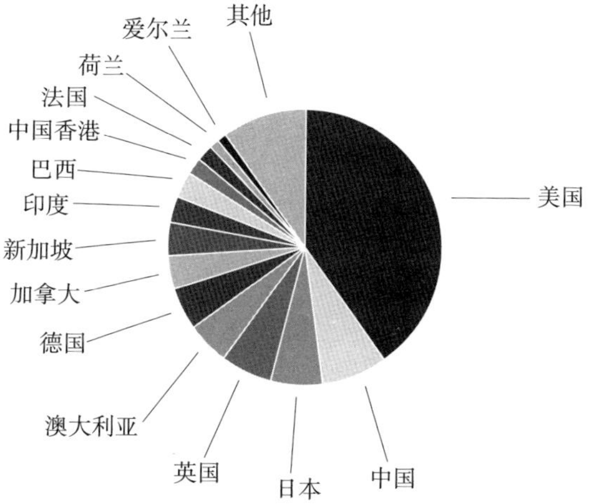

图 4–2　2018 年全球主要国家和地区的超大规模数据中心占比

资料来源：中国电子信息产业发展研究院。

为加快布局超大规模数据中心，采取并购整合等资本运作方式来扩大企业规模势在必行。国际领先企业通过投资并购等方式，将世界各地的数据中心收入囊中，以提供全球化服务。美国市场研究机构 Synergy 的调查显示，全球数据中心收购交易量在 2017 年创下历史新高，达 48 宗，并购交易规模达 200 亿美元。单笔交易规模逐步提高，2017 年有 31 宗交易价格超过 1 亿美元，其中有 12 宗交易的收购价格在 10 亿 ~ 100 亿美元。通过对 Verizon（威瑞森电信）、IO（美国数据公司）和 Itconic（西班牙和葡萄牙的数据中心及云基础设施提供商）的收购，2017 年美国 Equinix（世界领先的数据中心及主机代管提供商）的净市值达到 68.50 亿美元，总机柜数量达到 24.26 万个，牢牢占据托管市场第一的位置。2018 年，全球数据中心并购案也是接连不断。值得注意的是，在过去由欧美厂商主导的并购市场上，首次出现了中国企业和中国资本的身影。除了出海新建数据中心，中企、中资也开始深度参与全球 IDC 产业的资本游戏。2018 年年初，中国公司苏州卿峰全资子公司 Elegant Jubilee 耗资 1.38 亿美元控股了 Global Switch（欧洲最大的数据中心企业）。2018 年年底，沙钢股份又斥资 237 亿元人民币收购了苏州卿峰 100% 的股权。这也是传统行业的一次"数字化转型"示范。全球数据中心并购市场风涌云动的同时，国内数据行业的并购也在不断发生。例如，2017—2018 年，万国数据分别以 3.13 亿元、2.34 亿元和 2.62 亿元收购了耀德数据、维腾网络和维腾数据，2015—2018 年，光环新网分别以 24.14 亿元、11.475 亿元收购了中金云网和科信盛彩。①

远的更远、近的更近："云 + 边 + 端"架构

受市场需求驱动，以往数据中心倾向于布局在一线城市或某区域的中心城市。例如，欧洲传统的四大数据中心节点城市 FLAP（法兰克福、伦敦、阿姆斯特丹、巴黎）依然是"兵家必争之地"。美国 Equinix、亚马逊和 IBM 等行业巨头的数据中心同样集中在全球各区域的中心城市，如北美洲的亚特兰大、芝加哥、纽约、硅谷、华盛顿，欧洲地区的巴黎、都柏林、阿姆斯特丹、伦敦，亚太地区的东京等城

① 艾瑞咨询 .2020 年中国数据中心行业发展洞察报告［R］.2020 年 .

市。中国的情况大同小异，北京、上海、广州、深圳等一线城市数据中心的资源优势最突出，上架率达 60%~70%。

从中国数据中心布局的趋势来看，一方面，受土地、能耗等指标限制，一线城市对数据中心的建设要求更趋严格；另一方面，一线城市数据中心的建设和运维成本越来越高，数据中心企业开始将目光投向周边城市或者西部的贵州、宁夏等能源充足、电价低、气候条件适宜地区。新建数据中心，尤其是对时延不太敏感且具有海量数据处理能力的大型、超大型数据中心，逐渐向地理位置比较偏远的西部能源富集地区布局。例如，百度在山西省阳泉市建有中国第一个用太阳能作为能源的云端数据中心——百度阳泉数据中心，这也是百度目前规模最大的数据中心；华为也在贵州建有七星湖数据中心。应该说，在数据中心建设运营方面，贵州具有得天独厚的优势，生态环境好，气候凉爽、风冷散热可以节能，其地质结构稳定，地震威胁较小。

另一个颇为有趣的现象是，近年来，国内不少数据中心企业的选址表现出一定的企业创始人“家乡情结”，百度设在山西、华为设在贵州、阿里巴巴设在浙江千岛湖、京东设在江苏宿迁的“云华东”数据中心，都显现出这一布局特点，这既是数据中心选址成本导向增强的必然结果，也反映出地方政府在争取数据中心这类新基建项目落地本地方面有很强的动力。

从国外的情况来看，企业在新建数据中心时，也在逐渐向北极圈等高寒地区转移。例如，微软将数据中心沉入了苏格兰的海底，Facebook 将数据中心建在瑞典一个离北极圈大概 100 千米的森林中，谷歌将数据中心建在芬兰一处海湾的隧道中。这些数据中心都远离中心城市，最主要的原因都是为了节能。

专栏 4–3

另辟蹊径的选址

微软。早在 2015 年 8 月，微软就在加利福尼亚州部署了第一个水下服务器原型，代号为 Project Natick。2018 年 6 月，微软又将一个长约 12 米、直径接近 3 米的胶囊状数据中心沉入苏格兰奥克尼群岛海岸线附近的水域，部署了一个类似潜水艇的数据中心。微软的这个数据中心装载了 864 台服务器，可以存储约 500 万部电影，将为苏格兰群岛的沿海地区提供高速的云计算能力和互联网连接。这个水下数据中心包含 12 排电脑，总共有 864 台服务器，它将由一条连接欧洲海洋能源中心的水下电缆供电。该项目不只是利用海底的冰冷海水降温，而且期望利用涡轮机或是潮汐能来发电，从而达到节约能源的目的。

谷歌。谷歌斥资 2 亿欧元在芬兰建立数据中心，开创了科技公司在高寒地带建设数据中心的先河。这座数据中心坐落于哈米纳海湾，建造在一个 1/4 英里（约 402 米）长的隧道中。谷歌重建并改造了哈米纳的一处造纸厂，在造纸厂原有设备基础上将海水引流到隧道中。再使用抽水泵将海水打入设立在服务器房间内的海水交换器里，通过海水循环来为数据中心的服务器降温。谷歌芬兰数据中心的能耗比其他数据中心低 50% 左右。

脸书。脸书在瑞典建立了一个名为 Node Pole 的数据中心，该数据中心离北极圈仅 100 千米，位于吕勒奥镇边沿的森林中。Node Pole 由数以千计的矩形金属板组成，中心长 300 米、宽 100 米，差不多有

4 个足球场大，就像一个外表不规则的飞船。瑞典常年低温，冬天平均温度更是低至 –20 摄氏度。利用这一低温环境，将室外的冷空气泵进中心大楼内，可以形成自然冷却的过程，该数据中心由此可以节省很大一笔电费开支。此外，瑞典境内有数量众多的水电大坝，电费低廉且无断电的后顾之忧。

其他。美国和挪威的合资公司 Kolos 正在全力推动一个巨型项目，计划在北极圈以北 225 千米的挪威巴朗恩自治区建造世界上面积最大、性能最强的数据中心。该项目占地 60 公顷（相当于 84 个足球场），最大装机功率 1 000 兆瓦。该数据中心的能源将由一个水力发电厂提供，而设备的冷却则由水流和环境空气（平均温度 3.8 摄氏度）来实现。

资料来源：根据《海底还是北极，科技巨头的数据中心都建在哪里》和《巨型数据中心将入驻北极圈》等相关报道和资料整理。

与云计算数据中心“越走越远”的选址导向形成强烈对比的是，边缘数据中心的布局“越来越近”。边缘数据中心可以分为两种形态：机房形态和设备形态。[①] 前者类似小型的传统数据中心，具有供配电等系统；后者一般是指一体柜设备，这种一体柜可以放置在普通建筑物内部、路边公用设施附近、5G 基站、居民社区内。这种近端的边缘数据中心基本距离用户数千米甚至数米，直接下沉到用户“身边”。

值得注意的是，今后边缘计算与云计算之间的算力协同将成为新的技术难题，为了提高资源利用效率，实现云计算与边缘计算的应用价值最大化，应当在边缘计算、云计算以及网络之间实现云网协同、云边协同和边边协同。因此，未来数据中心的发展方向应将云数据中

① 吴美希，王少鹏，谢丽娜，王月 . 边缘数据中心规划发展研究［J］. 信息通信技术与政策，2020（6）：25-29.

心与边缘数据中心协同布局。在各区域的中心城市，对于一些对时延敏感、以实时应用为主的业务，可以在用户聚集地区，依据市场需求灵活部署大中型云数据中心；在中西部能源富集地区，可以利用能源和气候优势，建设和承接东部地区对时延敏感不高且具有海量数据处理能力的大型、超大型云数据中心。对于部分对时延极为敏感的业务，如 AR/ VR、车联网等，需要最大限度地贴近用户来部署边缘数据中心，以满足用户的极致体验需求[①]。

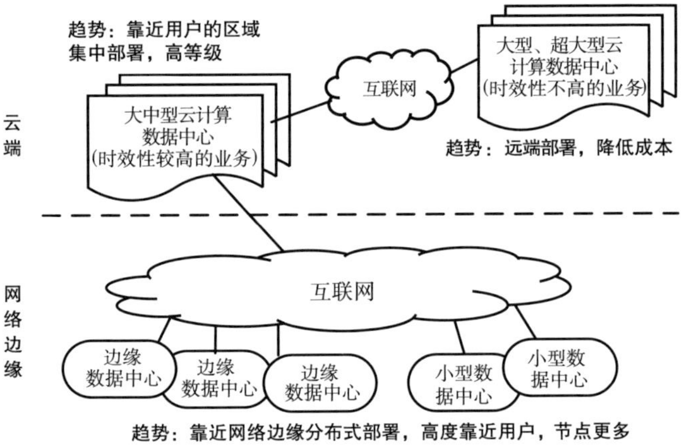

图 4-3　云数据中心与边缘数据中心布局示意图

资料来源：王青（2020）。

算力释放新红利

在当前大国科技竞争的背景下，加大对新基建的投入力度，有助

① 王青．"新基建" 浪潮下数据中心应该如何规划布局？[N]．人民邮电 2020 年 4 月 9 日，第 003 版。

于稳增长、稳就业，释放国内经济增长潜力。作为新基建的底层基础设施，数据中心的建设同样会催生新的技术，带动相关产业发展，促进区域协调发展。

协同优化算力空间布局

总体来看，中国东部与中西部地区算力资源分布存在不均衡的现象。东部地区虽然数字基础设施水平较高，数据量大、算力需求旺盛，但其算力基础设施资源紧张，出于降低能耗、产业结构升级等考虑，已经不适合大规模布局与数据资源相当的数据中心基础设施；而新疆、青海、宁夏、贵州、内蒙古等中西部地区自然环境优越、电力能源充足，能源、土地、劳动力等成本优势明显，大规模发展数据中心的条件成熟，但缺乏相应的产业配套，下游应用不足，导致计算资源大量闲置，或长期处于数字产业价值链低端。

新基建将带动新一轮数据中心建设，通过优化数据中心的空间布局，有助于形成数据自由流通、按需配置、有效共享的全国性要素市场，有助于在中西部地区打造新的数字经济增长极，形成以数据为纽带的区域协调发展新格局①。同时，新基建将加速推动数据中心产业由一线核心城市向周边城市布局。随着一线核心城市数据中心限建力度加大，以及建设和运维成本过高，数据中心企业逐渐将数据中心向周边城市转移，以缓解成本压力，满足北上广深等一线城市对于一些以实时应用为主、对时延较敏感业务的算力需求。例如，阿里巴巴在离

---

① 王建冬，于施洋，窦悦．东数西算：我国数据跨域流通的总体框架和实施路径研究［J］．电子政务，2020 年（3）：13–21.

北京 200 千米的张家口市张北县修建了一个世界级的数据中心，为京津冀地区提供算力服务；上海的数据中心也有向周边长三角地区转移的趋势；广州、深圳等地的数据中心向周边佛山、东莞等地转移。因此，未来数据中心的优化布局还将推动一线城市或中心城市与周边城市形成协同发展的格局。对于贵州贵阳等中西部新建数据中心的城市或地区而言，新的基础设施建设也许可以使其发展成新的都市区，促进新的城市群的形成与发展。

从“瓦特”到“比特”：算力赋能，后发赶超

为顺应中国产业转移的大趋势，中国数字经济产业也在向中西部地区转移，尤其是数据中心逐渐向中西部地区布局。当算力不再是问题时，距离和带宽便成为限制大规模计算的障碍。对用户而言，离数据中心越近越好，数据和流量也会不断向数据中心聚集。当东部沿海地区的互联网、大数据、人工智能等产业链开始全部或部分延伸到中西部地区时，产业总体布局将逐渐趋于合理。这既能有效利用东部地区的产能和技术优势，也可以帮助中西部地区就地发展劳动密集型的数据加工、数据清洗、数据内容等相关产业，将“瓦特”产业转化为“比特”产业，实现产业升级①。

算力相关产业在中西部地区的发展，将带动当地产业结构优化升级，提高社会资源配置的效率，推动中国经济高质量发展。2019 年，工业和信息化部在《全国数据中心应用发展指引（2018）》中指出，

① 王建冬，于施洋，窦悦．东数西算：我国数据跨域流通的总体框架和实施路径研究［J］．电子政务，2020 年（3）：13-21.

中国数据中心布局渐趋完善，新建数据中心，尤其是大型、超大型数据中心逐步向西部地区以及北上广深周边城市转移。在贵州、内蒙古等地区，数据中心的新建项目产生了明显的聚集效应，让当地的数据中心相关产业实现了跨越式发展[①]。

领跑能效：数据中心升级的绿色“副产品”

并非全部新科技、新产业都具有先天的绿色特质，实际上，不少新兴领域都在不同程度上表现出高能耗的特点，数据中心的高能耗问题便是其中较典型的实例。在现有技术条件和运营模式下，一个大型数据中心的电费约占运营成本的 70%。据统计，全球数据中心每年消耗的电力相当于 8 个三峡水电站的发电量。2018 年，中国数据中心总用电量为 1 608.89 亿千瓦 · 时，占中国全社会用电量的 2.35%，超过了上海市当年全社会用电量。

2013 年，工业和信息化部、国家发展改革委、原国土资源部、国家电监委、国家能源局联合发布了《关于数据中心建设布局的指导意见》，提出了对数据中心选址的建议，以及对数据中心用电的支持原则和对 PUE[②] 的要求。在政策实施过程中，各地也都将新建和升级改造后的数据中心 PUE 作为主要评价指标。北上广深等一线城市均对数据中心建设提出了更严格的限制措施，一般要求 PUE<1.4（北京 1.4，上海 1.3）。因此，政策实施几年来，国内数据中心的能效水平得到了显

① 工业和信息化部 . 全国数据中心应用发展指引［R］.2018.

② Power Usage Effectiveness 的简写，数据中心总设备能耗 /IT 设备能耗，是评价数据中心能源效率的指标。PUE 已经成为国际上比较通行的数据中心电力使用效率的衡量指标。PUE 越接近 1，表示一个数据中心的绿色化程度越高。

著提升。根据2019年工业和信息化部在《全国数据中心应用发展指引（2018）》中公布的数据，2018年，全国超大型数据中心平均PUE为1.63，大型数据中心平均PUE为1.54。2013年后投产的大型、超大型数据中心平均PUE低于1.50，最优水平达到1.2左右。全国规划在建数据中心平均设计PUE为1.50左右，超大型、大型数据中心平均设计PUE分别为1.41、1.48。2019年年初，工业和信息化部等三部门联合发布了《关于加强绿色数据中心建设的指导意见》，鼓励引导数据中心向节能绿色发展。北京、上海、深圳等城市相继出台了新政策，严控数据中心PUE数值。这既给数据中心设计、建设和运维带来了挑战，也倒逼数据中心采用更加绿色的设计方案和节能的运管技术。

然而，根据PUE的定义，PUE只能无限接近1。以现在的技术水平，PUE达到1.2～1.5已经是实际气候条件下能够达到的极限了[①]。而随着全国范围内数据中心整体布局的完成，除非中国的气候和能源供应结构发生重大变化，否则数据中心绿色化的提升空间将非常小。因此，在数据中心仍要加快发展的大背景下，技术创新是推进数据中心绿色化发展的原动力。在算力建设的推动下，数据中心绿色化将给数据中心相关产业和企业带来发展机遇，促进更多技术、商业模式上的突破式创新。

为了降低数据中心的制冷成本，中国数据中心企业正积极研发制冷新技术。目前，液冷是数据中心制冷技术的一个重要方向，国内外主要企业都在大力推进液冷技术研究，除了美国的IBM公司、日本

① 蒋京鑫．数据中心的绿色化发展方向探讨［J］．信息通信技术与政策，2020（6）：17–20.

的 3M 公司，国内以曙光为代表的服务器厂商也已经推出了一系列液冷产品[①]。尤其值得一提的是，由阿里巴巴、百度、腾讯、中国电信、中国移动、中国信息通信研究院、英特尔联合发起成立的数据中心领域知名行业组织——开放数据中心委员会（ODCC），也正在推动液冷技术的研究以及相关标准的制定[②]。

虽然液冷技术仍处于应用的初级阶段，一些概念还在普及中，相关技术仍不够成熟，但随着数据中心数量和规模的不断增长，尤其是计算密度的持续提升，数据中心的制冷方式必将迎来变革，液冷技术领域有望出现突破式创新。

实际上，先进制冷技术只是数据中心升级的副产品之一，它既是数据中心现实需要的产物，同时也预示着数字经济带动各个领域技术创新的巨大潜力。从这一意义上看，新基建在为大国数字未来赋能强基的过程中，必将释放更多的市场机会和技术红利，助推中国经济社会迈上高质量、可持续发展之路。

专栏 4-4

绿色数据中心提升中国企业的“冷”技术实力

华为 iCooling 技术：“制冷”向“智冷”转变。制冷系统在数据中心的运营过程中起着至关重要的作用。制冷系统是数据中心能耗

---

① 潘俊，王克勇，王晨平，等. 简述数据中心冷却技术发展趋势[J]. 电信快报，2019，(2)：43-44.

② 黄鱼. 数据中心“冷”潮来袭［N］. 人民邮电 2018 年 6 月 14 日，第 008 版。

的最大变数，也是降低数据中心 PUE 值的关键。在数据中心制冷方面，华为发明了基于 AI 技术的 iCooling 数据中心能效优化解决方案，使 PUE 降低了 8%。这一技术在华为廊坊数据中心进行了测试，实测环境为 1 500 柜，单柜密度 4kW/ 柜，IT 负载率 43%，2N 供电系统，N+1 冷冻水系统，采用 iCooling 智能温控技术后，冷冻站总能耗降低了 325.6 千瓦，冷冻站 COP（空调器的制热性能系数）提升了 8.2，全年 PUE 由 1.42 降为 1.304，每年可节省电费 372 万元，实现了从“制冷”向“智冷”转变，为未来降低数据中心能耗奠定了新方向。

曙光全浸没式冷却：高可靠、智能化、高性能。除了华为的“智冷”技术，中科曙光在液冷方面也有独到的建树。针对当前数据中心的能效问题，该公司进行了技术改进和创新，发明了浸没式冷却技术。曙光液冷分为间接冷却和直接冷却。间接冷却采用冷板式冷却的方法，直接冷却则采用全浸没式冷却的方法，将服务器完全浸没在装有液体的箱体内进行冷却。曙光浸没式冷却技术也在其他行业得到了广泛应用，其为地球系统数值模拟装置原型系统和国家电网仿真中心提供了微模块风冷模式 + 冷板式液冷服务器，使其 PUE 达到了理想效果。

联想温水冷：再创 PUE 新低。随着数据中心建设规模的不断扩大，机架功率密度持续增加，给机柜散热带来了巨大挑战，为了降低能耗，更好地解决数据中心散热问题，使 PUE 达到理想效果，联想发明了温水水冷的解决方案，使 PUE 达到了 1.1。

该技术运用在北京大学高性能计算校级公共平台中，该平台采用了联想深腾 X8800 超级计算机系统。深腾 X8800 基于联想全球首创的 45 摄氏度温水水冷技术，通过无泄漏快速连接系统，将冷却水流经水冷头来冷却核心处理器及其内存。相比传统的风冷散热技术，采用联想 45 摄氏度温水水冷技术的“未名一号”LINPACK（Linear system package，线性系统软件包）的效率达到了 92.6%，PUE 达到了 1.1。

资料来源：根据《数据中心，下一个 PUE 新指标将是多少？》相关资料整理。

第五章　智慧能源基础设施：引领大国能源转型

电给我疲乏衰弱的身躯注入了最宝贵的东西——生命的活力、精神的活力。

——特斯拉

可曾记得电影《钢铁侠》中能实现清洁能源自给自足的斯塔克大厦（Stark Tower）？它实际上是一种智慧能源基础设施。在现实生活中，我们已经有一些类似斯塔克大厦那样的建筑。例如，通过在大厦、住房屋顶上安装太阳能电池板，可以实现给建筑物自身供能的目的。但是，目前的智慧能源基础设施还存在覆盖面窄、数量不足、智慧化程度不高等问题，远远达不到智慧能源发展的要求。作为一种新型能源体系，智慧能源能够助推现代信息与通信技术，智能控制与优化技术，现代能源供应开发、储运、消费技术的深度融合，使能源供应的开发智能化、储运最优化、交易管理信息化、消费使用智慧化，进而使各种能源在经济社会中被协同开发利用，并提升能源综合效率。

智慧能源是智慧城市的核心，更是社会与经济发展的血脉。智慧能源可以有效推动现有能源体系向绿色、低碳、高效方向转型，以更好地应对人类发展遭遇的资源约束、环境污染与气候变化问题。未来，智慧能源将推动新一轮能源革命，在实现能源安全、稳定、清洁和永续利用的同时，从根本上解决困扰人类文明前行的能源问题。在此之前，能源基础设施需要利用大数据、人工智能、云计算、区块链、物联网、移动物联网等新技术完成信息化、数字化、智慧化升级。唯有如此，才能让能源真正拥有智慧，进而奏响能源革命的和弦。

智慧电厂：打造发电新方案

电厂的智慧

作为电力革命的标志性产物，发电厂是工业文明的重要象征。然而，随着全球气候变化，传统火力发电厂成为温室气体的主要排放源，而在现行技术路线下，风电、光伏发电等新能源发电的大规模市场化面临着成本、转换效率、可靠性等一系列挑战。进入数字时代，新科技开始加快赋能传统电力基础设施，发电厂同样开启了智能化转型之路。

智慧电厂是一种新型电厂，是在物理电厂、自动化电厂、信息化电厂、数字化电厂、智能化电厂基础之上，更聪明且具有自我感知和判断能力的电厂。智慧电厂可以通过运用互联网、新型传感器、物联网等技术，实现电厂内各控制设备、系统的互联互通与实时监测；采用三维建模、虚拟现实技术，实现电厂的虚拟可视化；利用云计算、大数据、人工智能与智能机器人，实现电厂的全天候、全方位的智慧管控。在实现绿色、安全、经济、高效、环保发电的同时，智慧电厂可以利用智慧生产、智慧决策，实现电厂资产最优分配、生产质量最优控制、经济效益与社会效益的最优平衡。

智慧电厂具有信息化、数字化、可视化、智能化、能感知、精计算、巧决策、勤执行、善学习等一系列特点，能够实现智慧燃料、智慧管控、智慧运行、智慧减排、智慧汽水、智慧维护、智慧安防、智慧经营与智慧决策（见图 5-1）。具体来看，智慧电厂的“智慧”主要体现在三方面：一是生产自动化。通过外置智能优化模块，可以实现电厂设备启动、运行与事故的智能控制，从而最大限度地降低工作强度、减少人员数量与避免人为操作带来的不确定性。二是信息数字化。通过应用智能硬件设备、智能数字传感器，可以实现设备的全生

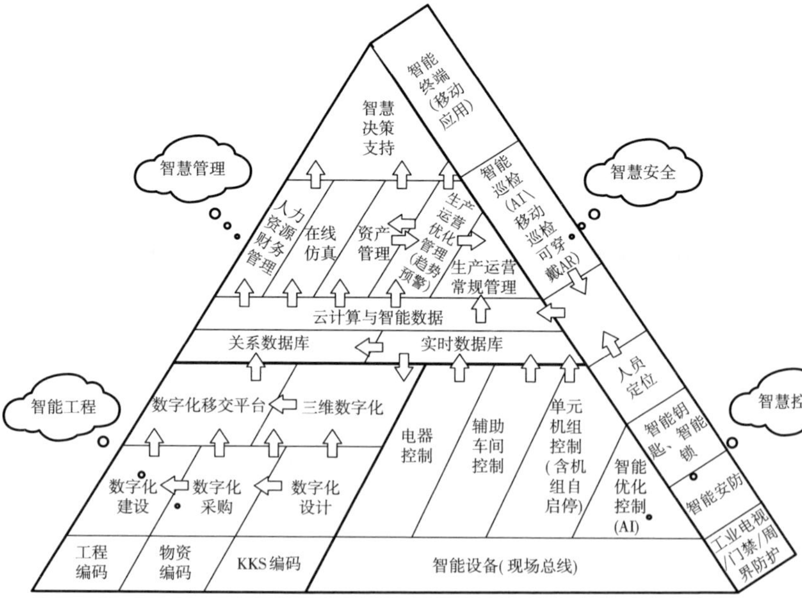

图 5-1　智慧电厂示意

命周期管理与生产经营信息的精细化管理，通过对电厂进行三维建模，增加定位、影像系统，可以实现电厂三维可视化管理，实时了解地下管网、地上建筑及生活区、厂区的地理三维信息、机组设备运行状况和运行参数，提高电厂管理质量和运行效率，降低运营成本，最终为电厂智慧决策提供数据分析与挖掘支持。三是决策智慧化。在电厂实现生产自动化及信息数字化的基础上，通过建立大型厂级数据库及利用专业的智慧云平台，可以实现设备的自我感知、自我诊断与自我救助。

抢滩登陆，率先布局

在智慧电厂的概念和前景在业界发酵的同时，以国能、大唐、华润为代表的发电集团早已提前布局，抢滩智慧电厂竞争的新高地。

➢ 大唐集团打造全国首家智慧电厂

大唐姜堰智慧电厂是智慧电厂建设的“开山之作”。该电厂利用物联网、三维可视化、虚拟现实、人工智能、大数据分析、云计算等新理念、新技术，打破了电厂传统的生产管理模式。具体来说，大唐姜堰智慧电厂通过将电厂全生命周期的信息、数据同三维模型相结合，利用重点监视画面、三维拆解等手段，强化了设备信息的规范管理和设备隐患的实时监管；通过应用一体化云平台覆盖全部业务管理，用信息化手段联通各项职能，共集成了多达 30 个业务系统，涵盖了电厂生产经营全部业务的一站式、一体化信息支撑，实现了电厂从数字化到智慧化、从人工决策到智慧决策的跨越，并成为引领行业的智慧电厂。

➢ 国家能源集团倾力打造智慧电厂

国家能源集团国电电力东胜热电公司联手科环集团成立了"物联网智能设备智慧电厂联合创新实验室"，共同推进物联网、智能产品与智慧电厂深度融合，联手推进物联网智能设备智慧电厂建设。该智慧电厂利用云计算、物联网、移动互联网、大数据、人工智能、边缘计算、应用终端、智能芯片、区块链、量子计算等先进现代化信息技术，集成了泛在物联网技术，打通了边缘物联感知、网络覆盖、一体化数据分析的企业中台和业务应用。具体来说，国电电力东胜热电公司打造的物联网智能设备智慧电厂，主要分为三个大的专业方向，即燃料运行智能化、主机发电运行智能化、热网运行智能化。工程充分运用以 5G 为基础的泛在物联网技术，大规模部署各类智能设备，实现了"十大无人工程"：无人采制化、无人斗轮机、无人盘煤、无人输煤运行、人工智能报警与预警、生产区域无人巡检、虚拟电厂与无人监盘、智能视频识别跑冒滴漏和人的不安全行为、热网在运期热力管道无人巡检、热网检修期热力管道内无人巡检。

➢ 华润提升电厂智慧化水平

华润电力控股有限公司通过运用大数据、工业互联网技术，并结合自身多年发电技术与经验，针对发电集团中存在的数据孤岛、电力市场、分析诊断和运营管理四大问题，推出了 CSASS（集中监测分析专家系统），以提升电厂智慧化水平。CSASS 是一套贯通生产、管理且具备自成长能力的系统，其通过构建海量数据的云平台，汇集了国内外专家经验和华润电力的技术沉淀，采用了人工智能、机器学习等先进算法进行大数据分析，多维度、多参数地实时监测机组运行数据，为机组安全经济运行提供了优化方案。现在，CSASS已经深度应用于8家电厂、19台大型火电机组①，大大提高了设备运行的经济性、可靠性、响应快速性与运营管理水平，建立了统一的知识库、案例库、策略库和故障模式库，实现了数据共享、知识共享，提高了分析诊断的准确性，相关功能与生产运营管理实现了深度融合，对行业技术进步具有示范和促进作用。

智慧电厂的未来

在新工业革命的大背景下，作为能源革命的重要组成部分，智慧电厂成为未来发电企业的转型方向。其不仅能够极大地提高能源利用效率，还可以更好地推动绿色发展。可以肯定的是，传统电厂智慧化改造将是必由之路，也是今后市场的重要投资领域。

目前，智慧电厂的建设刚刚起步，各相关企业都还在摸索阶段。电力企业的探索主要侧重于生产经营数字化管理和信息化的集成展示，是机械电气设备向数字化和互联网技术管理的纵向拓展，在智慧生产和优化控制方面的应用还较少。对某单一设备和局部系统进行智能化改造和升级的较多，但考虑系统之间的联系，并从整体上实现发电过程智慧化的实践还不够丰富。

尽管如此，中国从未停止电厂智慧化改造的探索之路。随着新一

① http：//www.cpnn.com.cn/dlxxh/rdgz/202001/t20200119_1184639.html

代信息技术的不断发展，数字化、信息化、智能化正在源源不断地为传统电厂的转型升级注入新动力。未来，当一座座智慧电厂落成后，依托大数据、云计算、人工智能等先进技术，这些新型的电力设施不仅可以弥补传统电厂存在的不足，推动能源领域供给侧结构性改革，进而推进能源革命，还将支撑智慧城市建设，推动我们昂首迈进智慧社会新时代。

能源互联网：打通多能互补互联的“任督二脉”

实现多能互补的“超级大脑”

➢信息、能量、能源的“三网合一”

能源互联网是能源系统与互联网技术深度融合形成的新一代能源系统，以大数据、云计算、物联网、移动互联网、人工智能等新一代信息技术为实现工具，可以将能源与能量的生产、转换、存储、输送、使用等环节的众多节点连接起来，实现信息流、能量流和能源流的自由接入、实时流动、即时交换与共享，完成信息网、能量网、能源网的“三网合一”。能源互联网将打破原先相对独立的不同类型能源之间的界限，形成以智能电网为基础，与热力管网、天然气管网等多种类型网络互联互通，多种能源形态协同转化，集中式与分布式能源协调运行的新型能源供给利用体系。在横向上，它能够实现热、气、水、电、风、油等不同类型能源之间的相互补充，满足用户多种需求的能源梯级利用；在纵向上，它能够实现能源开发、生产、运输、存储和消费全过程的“源—网—荷—储”综合协调。能源互联网上的每个主体都是平等和自治的信息、能量、能源中心，可以自由上传并获取信息、能量与能源，进而避免能源集中统一再分别配送等不必要的环节。能源互联网的普及不仅将有效解决优质能源短缺、能源开发利用的清洁化水平低和可再生能源供应不稳定、难以接入电力主干网络等问题，还会彻底改变传统的能源生产消费模式，实现能源清洁高效、安全便捷与可持续利用。

激活能源网的“神经末梢”

能源互联网将大量分布式产能、储能设施融入传统能源管网中，使得分布式微网与主干网络互为补充。借助物联网、大数据、人工智能、云计算等技术，能源互联网还能激活能源网的“神经末梢”，实时掌握能源供需动态。物联网技术大大增强了能源网络的信息抓取与设备控制能力，并让更精细化地配置能源成为可能，有助于改善能源消费现状，抑制能源浪费。云计算进一步加强了对能源供需的实时监控与可视化管理能力，实现了能源消耗的追溯、监控与自动化响应，从而降低了能源利用成本，提高了能源综合利用效率。大数据技术则为能源风险管理提供了助力，并使得把握能源消费者的行为方式成为可能，从而助力更加精准的配置能源。通过采用以巡检机器人和图像分析算法为代表的人工智能技术，可以集成智能传感、机器学习、计算机视觉以及自然语言处理能力，进而利用先进感知、边缘智能等技术为能源互联网的高效运行提供便捷技术支持。

通过激活能源网的“神经末梢”，不仅可以使能源互联网感测、分析、整合城市运行核心系统的各项关键信息，对包括公共安全、民生、城市服务、环保、工商业活动等在内的各种能源需求做出智能响应，充分保障智慧城市运行，为居民创造更美好的生活，还能使其以水、电、气、风、油等能源介质为监测对象，对企业、家庭、建筑用能信息进行实时采集、计算、分析和集中调度管理，大幅提高能源利用效率（见图 5–2）。

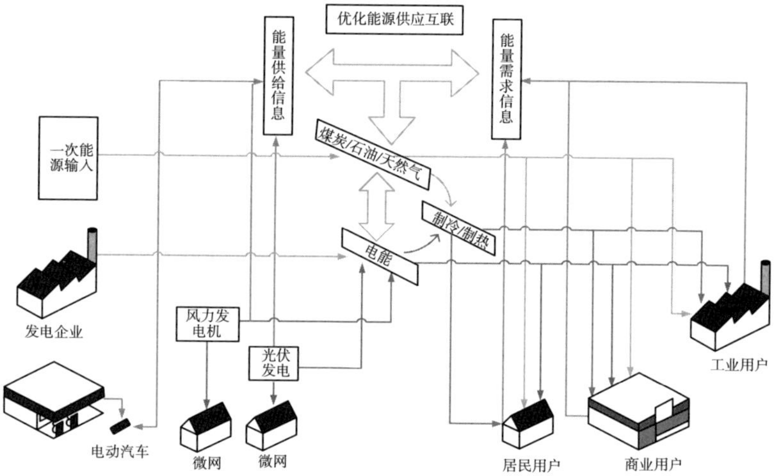

图 5–2　能源互联网典型应用模式

能源互联网之初体验

能源互联网犹如交响乐团指挥家，可以对数以亿计的发电设备、能源管网、储能设施与智能控制器等设备进行智慧调配与管理，利用能源互联网运行能源分配极大地提高能源利用效率。正因如此，德国、日本等发达国家纷纷在实践层面提出了能源互联网计划，以探索能源互联网的实践之路，中国也完成了首批示范项目的验收。

➢德国：E–Energy

2008 年，德国推出了 E–Energy 项目，该项目致力于能源的生产、输送、储能与消费等各环节间的智能化与智慧化，以实现打造新型能源网络的目标。E–Energy 项目通过综合地区经济发展特点、基础支撑平台、能源结构特点与能源消费模式等多维因素，选取了 6 个具体试点项目。综合这 6 个具体试点项目的基本特征可以看出，E–energy 是德国在能源互联网背景下进行的一次信息技术与能源融合发展的有益探索（见表 5–1）。

表 5–1 德国 E–Energy 项目

项目名称	主要研究内容
库斯科港 eTelligenc 项目	构建一个复杂的能源调节系统，引入动态电价、虚拟电厂等新元素，用先进的通信技术实现负荷调节，提高对新能源的消纳能力，形成区域性的一体化能源市场
莱茵 – 鲁尔地区 E–DeMa	探索在差异化电力负荷密度下的分布式能源社区中，能源交易如何帮助系统运行和平衡
斯图加特地区 Meregio 项目	通过用户侧大范围感知技术的应用，定位配电网中的薄弱环节，进而通过电价信号引导用户用能，降低电网阻塞率，提高配电网的运行效率
曼海姆地区 MOMA 项目	提出“细胞电网”概念，通过分层分级协调，实现复杂能源系统的运行控制和市场交易。
亚琛 Smart Watts 项目	运用信息通信技术，对电力从生产到消耗进行全环节追踪，帮助消费者通过智能电表来获知实时电价，并根据电价高低调整家庭用电方案
哈茨地区 RegModHarz 项目	通过整合电动汽车、储能设施、可再生能源和智能家用电器的虚拟电厂，实现区域内 100% 的可再生能源供应。

➢ 日本：数字电网路由器

2011 年，日本开始推广“数字电网”计划，该计划基于互联网的启发，提出了构建一种基于各种电网设备的 IP 来实现能量与信息传递的新型能源网。如图 5–3 所示，日本数字电网机制的特征是，将含有发电设备与需求侧的一定面积区域，由数字电网路由器（电子路由器）装置来统筹。电子路由器可以使现有电网接入互联网，通过相当于互联网上的“IP 地址”来识别发电设备、用电设备等装置，由此进行诸如“区域 A 的风力发电向区域 B 的电子路由器传输”等控制。发

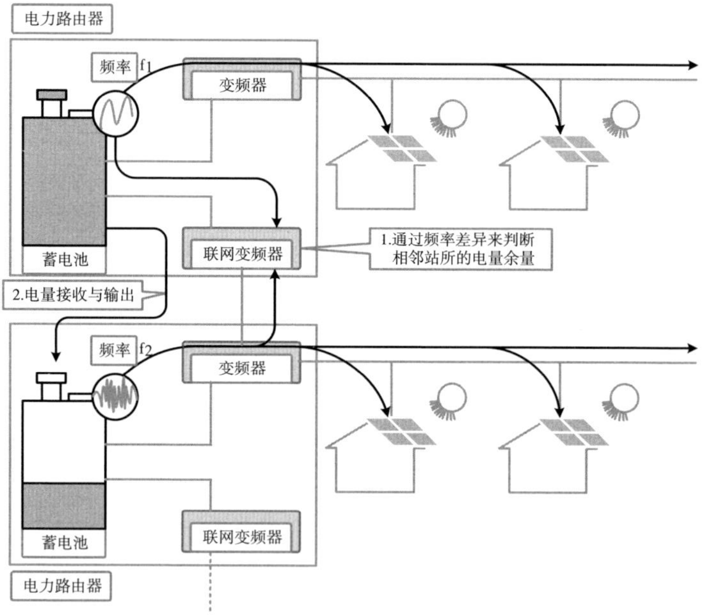

图 5–3　日本数字电网机制

资料来源：中国经济网 http：//intl.ce.cn/specials/zxgjzh/201307/23/t20130723_24598529_1. shtml

生灾害时，如果来自电力系统的电力供给中断，电子路由器之间就可以利用蓄电池储备的电力，在一定时间内防止区域停电。

➢中国：首批示范项目完成验收

2016年2月，中国出台了《关于推进“互联网+”智慧能源发展的指导意见》，明确了能源互联网两个阶段的发展目标。其中，在第一阶段（2016—2018年），中国将着力推进能源互联网试点示范工作，建成一批不同类型、不同规模的试点示范项目；在第二阶段（2019—2025年），中国将着力推进能源互联网多元化、规模化发展，初步建成能源互联网产业体系，并在2025年实现引领世界能源互联网发展的目标。在有关政策的推动下，无论是传统的能源巨头，还是互联网企业，都在加快能源互联网布局步伐。截至2018年12月，中国能源互联网行业相关注册企业共计24 651家。除了国家电网、电力、煤炭、石油、新能源等相关行业企业，阿里巴巴、百度等互联网巨头也参与其中。与此同时，中国首批能源互联网示范项目在2019年4月底之前，就已经完成了验收。

专栏5-1

浙江嘉兴打造城市级现代能源互联网

2019年8月，浙江嘉兴城市能源互联网综合试点示范项目通过验收，这标志着全国首个城市级能源互联网示范项目建成。该示范区实现了可再生能源的100%接入与消纳，建立了清洁能源、高效电网、低碳建筑、智慧用能、绿色交通的广泛开放互联，实现了电网侧与用电侧的绿色共享。在能源互联网的建设过程中，嘉兴还利用城市综合能源服务平台，打破了“信息孤岛”，实现了全业务数据共享融通，通过集成新能源规划、建设、运营等一站式清洁能源服务，有效支撑了全环节“互联网+建筑节能服务”“一次都不跑”的智慧用能服务和“车—桩—网”交互的绿色交通服务等。

嘉兴城市综合能源服务平台通过负荷感知功能的智能电能表，对各类用户的用电行为进行分析，可以提供定制化电费诊断和能效评估服务，引导用户绿色用电。在每天能源需求高峰时段，通过智能化能效管理系统协调各类用能设施，储能设备由储能状态转为供能状态，智能楼宇调节柔性负荷，冷热电三联供设施增加楼宇的供电和供冷量，提高工厂与建筑能效，使能源得到合理分配。位于城市角落的电动汽车充电站并不是普通的充电站，当大电网出现停运时，作为“大脑”的主动配电网源网荷储协调控制系统会立即根据事先设计好的协调控制策略，通过互联换流，自动灵活地调度储备电源并输送至充电桩。

资料来源：http：//www.xinhuanet.com/power/2020-05/08/c_1210608800.htm。

中国能否领跑世界

今后，智能手机、个人电脑、家用电器、电动汽车、光伏设备都将变成能源互联网的一环，每个人的能源需求都将变为数字化坐标，每种能源需求都能被积聚起来并被导向最有效的生产供给。届时，消费者在手机上轻轻滑动手指，自家屋顶多余的光伏发电就可以卖给附近准备给电动汽车充电的陌生人；用户可以根据能耗曲线给家里的每一个电器设置最佳的开关时间并随时远程遥控；办公楼的能耗可以随时根据人数和实时电价进行动态调整。

未来的能源互联网有可能成为“一张网”，也可能形成以多个能源企业为核心的新型生态系统。每个核心企业还可能进一步形成一个小生态，在小生态中，由核心企业主导的能源平台可以通过连接水、电、气、热等各分散主体，提供增值服务。从市场成熟度和发展潜力这两个角度来看，中国将在能源互联网领域领跑全球。根据埃森哲的预测，2020 年，中国能源互联网的市场规模将超过 9 400 亿美元，美国与欧洲则约为 1.1 万亿美元。由此可见，未来中国能在能源互联网市场规模方面与欧美并驾齐驱。

能源区块链：没有中间商赚差价

当能源遇见区块链

在当前气候变化加剧的背景下，对环境可持续发展的要求更加严格，能源行业的发展随之步入了瓶颈期。一方面，能源企业的传统业务模式和盈利模式越发难以适应经济社会对数字化与低碳化的需求；另一方面，随着以能源用户为主导的能源变革如火如荼地进行，能源企业现有系统不仅无法管理日益复杂的交易请求，还难以满足监管机构和能源用户对能源供应安全和分布式能源接入的旺盛需求。区块链去中心化、高透明性、可追溯性的特点可以帮助能源企业在安全的基础上创新性地解决以上问题并促进能源价值链重塑。

能源区块链是指区块链技术在能源领域的融合应用。在具体应用中，天然气、电力、石油、供热、供冷等各个能源子系统节点，可以利用有序链接的加密区块来验证并存储能源交易数据信息，使用共识机制进行分布决策以及维护全网数据一致性，利用智能合约自动完成有关数据信息的传递、相互验证（见图 5–4）。

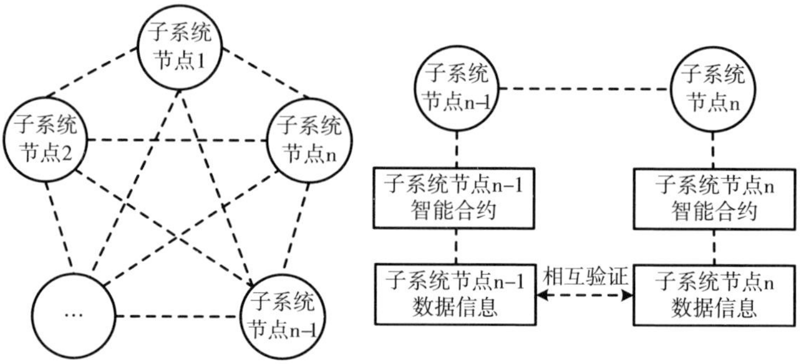

图 5–4　能源区块链示意

资料来源：中国信通院。

能源交易变得如此简单

能源区块链技术可以用于能源市场交易、电动汽车充电及结算、供应链金融、绿证资产数字化等场景。其中，推动能源交易模式的转型是能源区块链最具前景的应用方向。能源区块链将改变传统的能源交易模式，推动能源交易的分散化与自动化。在能源区块链交易模式中，能源交易将不再通过传统的某一个中介或交易中心达成，区块链技术去中心化、去信任化、高透明性、公平公开的特点将简化现有的多层能源供应系统，让生产者与消费者能通过区块链网络直接交易。如图 5–5 所示，能源区块链的应用将使所有能源交易数据分布式地储存在区块链 B 中，进而保持所有能量流和业务活动的分布式和安全记录，防止数据与记录被恶意篡改，提高交易的安全性。预先编写的智能合约则定义了交易数量、价格、质量等信息，算法根据智能合约定义的规则实时匹配买家和卖家，在能源输送时，智能合约就会生效，买方就可以向卖方付款。基于区块链技术的智能合约在实现能源自动交易的同时，还可以实现能源的实时供需平衡。例如，在产生比需求更多的能量时，智能合约可以确保这些多余的能量被自动地传送到储能装置中；相反，当能源的需求大于供给时，储能装置中储存的能量将会在智能合约的控制下去弥补供给缺口。

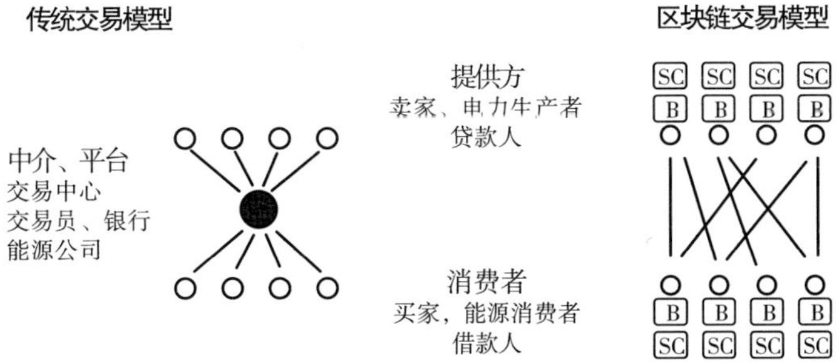

图 5–5　区块链如何改变传统能源交易

资料来源：交能网。

由此可见，能源区块链可以促使能源交易市场变得更加高效、公开、透明、安全。对能源消费者来说，能源区块链可以通过解决能源互联网中涉及的共识、安全和灵活性等问题，让用户深度参与能源交易。对石油、天然气等能源生产商来说，能源区块链可以帮助它们更好地应对能源系统中越来越复杂的交易请求，以满足用户对能源供应安全和分布式能源的庞大需求。对监管部门来说，能源区块链可以为执行和记录能源交易提供可靠和有效的平台，并存储海量的干净、防篡改数据，供监管部门访问和跟踪。对社会来说，能源区块链可以通过提高能源交易效率，助推社会的低碳转型和可持续发展。根据科技媒体平台 BBN Times 发布的报告，在能源领域利用区块链技术，每年可减少全球 13 亿吨的二氧化碳排放量、节约 8 亿加仑的水资源[①]。

加快落地应用

能源区块链的广阔前景，吸引了能源企业、区块链公司积极探索其具体应用场景。虽然现阶段全球能源区块链应用仍处于摸索起步阶段，但随着一批项目的落地，能源区块链已经在能源的点对点交易、批发交易、交易代币化与电动汽车的充电交易等场景中发挥着作用。

➢能源 P2P 交易平台 Transactive Grid

2016 年 4 月，全球首个能源区块链应用项目诞生。LO3 Energy（能源公司）、SiemensDigital Grid（西门子数字电网）、Consensus Systems（比特币开发公司）合作建立了纽约布鲁克林微电网——基于区块链系统的可交互电网平台（Transactive Grid），成功实现了能源的点对点交易。该项目允许用户通过智能电表实时获得发、用电量等相关数

① https：//www.jinse.com/blockchain/566962.html。1 加仑 ≈0.03 立方米。

据，并通过区块链向他人购买或销售电力能源（见图 5-6）。用户不需要通过公共电力公司或中央电网，就能将屋顶太阳能生产的余电以P2P形式卖给邻居。此外，拥有太阳能电池板等能源生产资源的公司，也可以通过该微网将未使用的能源出售给社区。

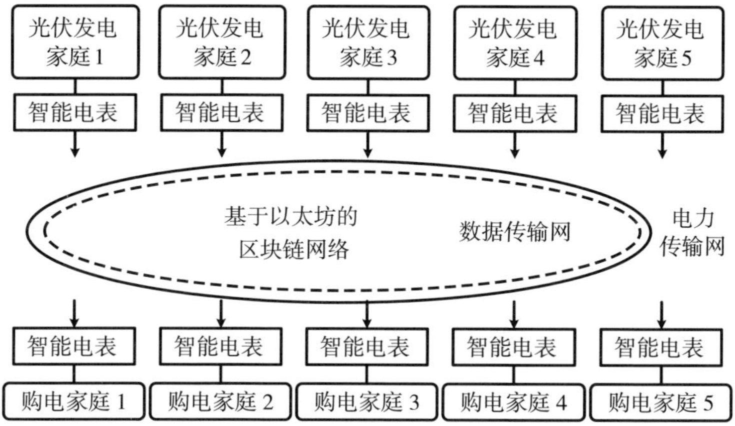

图 5-6 P2P 能源交易模式

资料来源：中国信通院。

➢能源交易代币化系统 Scanergy

欧盟推出的 Scanergy 项目是投入较早的能源虚拟货币与虚拟交易体系（见图 5-7）。电能生产者向配电网输入、售出绿色电能时，配网运营商会先进行确认，确认成功后，智能合约将会生成相应的 NRGcoin（虚拟代币），并将代币提供给绿色电能生产方。当购电方期望购买绿色清洁能源时，需使用 NRGcoin 支付。NRGcoin 可用美元与欧元等货币在外部交易市场购买，1kW · h（千瓦 · 时）的绿色电力永久等价于 1 个 NRGcoin。因此，无论外部电价如何上涨，原先低价购买的 NRGcoin 仍然可以购买 1kW · h 的能源。不可更改的区块链智能合约则消除了绿色能源生产者对市场政策变更的担心，从而使其聚焦于为消费者提供更加优惠的绿色能源。

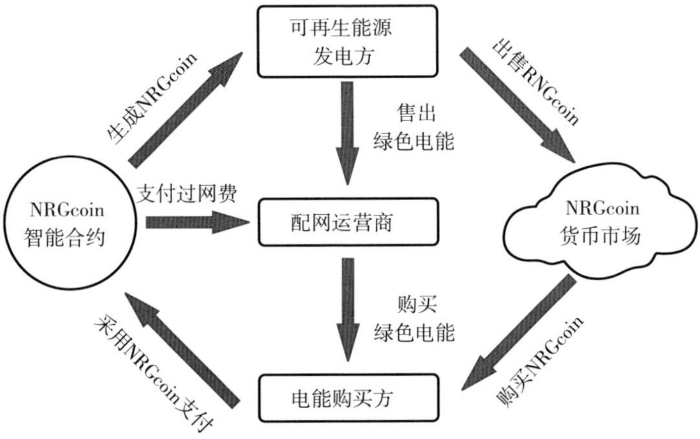

图 5–7　欧盟 Scanergy 项目整体架构

资料来源：中国信通院。

➢ 共享充电桩平台 Share&Charge

2018 年 5 月，德国能源集团（RWE）的子公司 Innogy SE 推出了其开发的 Share&Charge 区块链平台。该平台将区块链技术应用于电动汽车充电桩，并提倡以付费方式共享家庭充电站，从而提高清洁能源利用率。如图 5–8 所示，无论是商业充电站还是私人充电桩，均可以在 Share&Charge 平台上将充电桩进行出租共享，并可以设置充电价格、费率等信息。当电动汽车需要充电时，车主可以通过手机软件搜索附近的共享充电桩并查看相关电价信息。充电时，车主可以将智能插座与共享充电桩进行连接并用手机进行确认，同时可以查看充电数据、交易记录等信息。通过区块链技术的分布式记账实现交易双方的计费透明化，增进交易双方信任。该项目可以激励个人将充电桩进行共享，增加充电桩的使用率，解决电动汽车充电难的问题，促进电动汽车的发展。

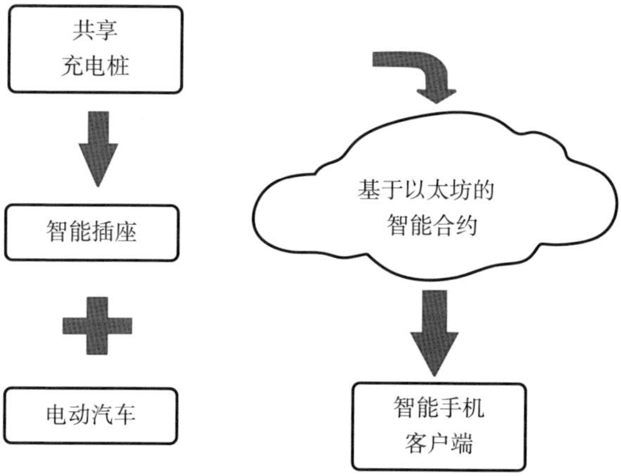

图 5–8　德国 Share&Charge 项目整体示意图

资料来源：中国信通院。

➤能源大宗商品交易平台 Vakt

2017 年年底，英国石油公司和壳牌提出打造一个基于商品贸易的区块链数字平台计划。2018 年，全球首个基于区块链的能源大宗商品交易平台 Vakt 诞生，随后该平台成功进行了北海原油交易。Vakt 通过有效利用区块链技术优势，简化了传统对账业务流程，消除了纸质文件，使主要行业参与者的工作从烦琐的文书工作转变为智能合约，并加速推动能源交易转向了更便捷、更便宜、更透明的电子模式，帮助交易公司与石油巨头大幅降低了成本、提高了交易效率。Vakt 在全面投入运营后，会在贸易解决方案中削减高达 40% 的成本。

➢碳资产开发管理平台

2016 年 5 月，中国首个能源区块链实验室在北京成立。2016 年年底，该团队通过区块链技术与碳市场应用场景的深度融合，打造了一款低成本、高可靠性的碳资产开发和管理的区块链平台。通过发行以核证碳减排量为基础资产的数字资产——碳票，平台将碳资产开发各环节的参与方纳入了基于区块链的共享协作分布式可信账本，实现了基于区块链的文件和数据传递，以及评审和开发过程中的参与方互动，通过过程重塑，打造了碳资产开发高效协作网络。

迎接高增长时代

随着互联互通和数字化程度的提高，能源网络安全问题日益突出，这将推动区块链在能源市场的应用。据美国调研公司 Navigant Research 预测，未来 10 年，全球能源区块链应用将创造 190 亿美元的累计收入，在此期间的复合年均增长率约为 67%。市场调查机构 Alexa Reports 则做出了更大胆的预判：2018—2025 年，能源区块链的复合年均增长率将超过 82%，到 2025 年，区块链（应用于能源领域）的市场价值将达到 34.7 亿美元，而 2016 年时，这一数字仅为 1.57 亿美元。这与 Global Market Insights（全球市场洞察）的数据几乎一致，其预计到 2025 年，应用于能源领域的区块链的市场价值将超过 30 亿美元。

不管是公用事业公司，还是私营企业，都将加速布局区块链技术在能源领域的投资和应用。Fortune Business Insights（财富商业观察）

指出，到 2026 年，区块链在能源公用事业领域的复合年均增长率将达到 37.6%，当年年底应用于能源公用事业的区块链市场规模将达到 15.6 亿美元。

值得一提的是，虽然西方发达国家较早将区块链引入了能源领域，但从 2020 年开始，亚太地区将成为全球能源区块链的主导势力。美国调研公司 Navigant Research 预计，到 2027 年，亚太地区能源区块链应用规模将增长 83.3%。爱尔兰市场研究机构 Research and Markets 则表示，可再生能源的快速发展以及分散式发电需求的不断增长，将使区块链在能源行业的应用率大大提升，亚太地区将是未来 6 年全球增速最快的区域。

智慧储能：需求痛点与技术燃点

解决新能源发展的“最后一公里”

新能源一般是指在新技术基础上加以开发利用的可再生能源，包括太阳能、风能、地热能、波浪能、洋流能和潮汐能等。目前，中国能源结构中太阳能、风能、潮汐能等可再生能源的利用比例正在逐年稳步上升。不过，一直以来，两大问题限制了可再生能源的进一步开发利用。一是在现行技术路线下，太阳能、风能等可再生能源供给具有不连续、不稳定的特点；二是中国电网峰谷差正在不断拉大。因为能源的转换利用和输送具有波动性和即时性，所以会存在能源供求在空间与时间上不匹配的矛盾。可再生能源不稳定、不连续的特性，决定了大规模开发利用可再生能源离不开储能技术的支撑。特别是，随着技术的进步，智慧储能正在成为突破可再生能源利用不连续、不稳定瓶颈以及平衡电网峰谷差的最佳解决方案（见图 5–9）。

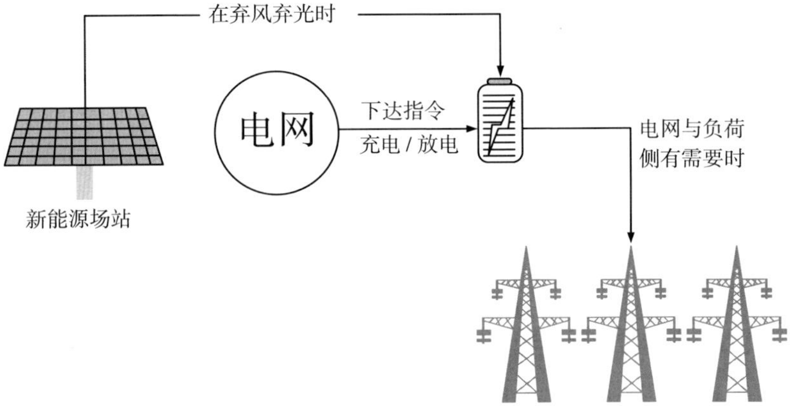

图 5–9　智慧储能的应用模式

资料来源：中国储能网。

智慧储能通过解决何时储能、储多少能、如何利用储存的能量等问题，不仅能够解决能量供求在时间和空间上不匹配的矛盾，提高能源利用率，还可以通过“峰谷电价”杠杆降低能源利用成本。随着储能技术发展，未来的储能设备将从低性能、低密度、高成本、短寿命变为高性能、高密度、低成本、长寿命。当储能设备在用户侧、生产侧普及后，在储能设备上安装能源路由器，就可以将实时数据传输到智慧能源服务系统，进而引导用户尽可能消纳风、光资源，形成储能产业生态圈的同时，共同推动智慧储能产业的技术进步和健康发展。

智慧储能项目遍地开花

智慧储能可以促进能源集约高效开发与电力大规模输送，在提高终端能源消费中电能占比的同时，可以推动社会节能减排，这对促进能源可持续发展有着重要意义。根据中关村储能产业技术联盟（CNESA）发布的2020年一季度全球储能市场跟踪报告，截至2020年3月，全球已投运电力储能项目的累计装机规模达184.7GW（吉瓦），同比增长1.9%，其中，中国的累计装机规模达到32.5GW，同比增长3.8%。在储能市场和技术日渐成熟的背景下，国内外企业纷纷布局储能市场，中国也涌现出一批颇具竞争力的储能企业（见表5–2）。

表5–2　2019年中国储能厂商排名

排名	储能技术提供商	储能逆变器提供商	储能系统集成商
1	宁德时代	阳光电源	阳光电源
2	海基新能源	科华恒盛	科陆电子
3	国轩高科	南瑞继保	海博思创
4	亿纬锂能	盛弘股份	库博能源
5	猛狮科技	科陆电子	猛狮科技
6	南都电源	秀英电气	南都电源
7	中天科技	昆兰新能源	上海电气国轩
8	力神	上能电器	睿能世纪
9	圣阳电源	许继	智光储能
10	比克	智光储能	南瑞继保

资料来源：前瞻产业研究院。

➢ 南都电源智慧储能走出国门

作为全球智慧储能领域的先行者，南都电源在行业经验、运营服务与技术储备方面均拥有多年深厚积累，累计投运和在建的储能项目容量超过 1 000MW · h（兆瓦 · 时）。根据彭博新能源财经及中关村储能产业技术联盟统计，2017 年，南都电源在储能项目投运规模上分别位列全球第二、全国第一，占领了全球储能产业制高点。目前，南都电源智慧储能项目已经走进德国。南都电源德国调频储能项目一期已经正式并网投运，该项目一期装机容量为 16.4MW（兆瓦），储能峰值容量可达 25MW · h，一次充电可为 80 户家庭提供一个月以上的电力。此外，该项目还顺利通过了德国电网的审核与认证，并已正式参与欧盟电网调频辅助服务。

➢ 同达热电公司智慧储能项目半年回收三成成本

2018 年，大同煤矿集团同达热电有限公司智慧储能调频项目开始投运，标志着国内储能调频技术再上一个新台阶。这项新技术的应用有效改善了电网供电能力，大幅提高了电网对太阳能、风能等可再生能源的接纳能力。该项目采用当时国内最先进的电力调频技术，建设规模为 9MW/4.478MW · h，总投资达 3 400 万元，并于 2017 年 7 月投入试运行。在短短的半年试运行期间，该项目就产生了 1 000 多万元的经济效益，回收约 32% 的成本，从而为国内电力企业推广此技术提供了良好的示范。

➢淮南中科智慧储能项目为3 000平方米公寓供暖

该项目建设的10MW·h中试储热实验平台，可以连续稳定产生过热蒸汽。该实验平台曾试运行达40多天，利用夜间谷电，成功实现了为3 000平方米的学生公寓冬季供暖。试运行期间，系统整体保温效率达到了98%，工作区间内介质始终保持液体状态，流经的管道系统气体压力为常压，这就使得“智慧储能”技术在电能替代工程的应用上具备了技术保证。

➢全球最大商用储能电站在江苏并网运行

2018年2月，无锡新区星洲工业园储能系统项目与无锡供电公司签订并网协议，标志着当时全国最大容量商业运行客户侧储能系统正式并网运行。该项目总功率20MW，电池容量160MW·h，是当时国内最大容量投入商业运行的客户侧储能系统项目。

➢特斯拉推出高能量密度Megapack储能系统

2019年7月，作为埃隆·马斯克的四大梦想之一，家庭电池系统的产业化开始发力。特斯拉公司推出了名为Megapack的储能设备，每个Megapack一次可以储存3MW·h的能量，并且如果将足够多的Megapack串联起来，可以形成储能量超过1GW·h的超级储能设备。这将足以为美国旧金山的每个家庭提供6个小时的电力。Megapack电池储能系统可以直接连接到太阳能发电设施上，并使用特斯拉公司的 Power hub 监控平台进行控制和操作。特斯拉公司强调，使用 Megapack 电池储能系统，可以在不到三个月的时间内部署一个 250MW · h/1GW · h 清洁能源发电厂，建设速度比同等规模的传统化石燃料发电厂要快 4 倍。

专栏 5–2

特斯拉储能设施助力电厂一秒内恢复供电

发电厂发生故障后往往会导致相关地区长时间停电。但最近，澳大利亚一座发电厂发生故障后，竟在 140 毫秒内就恢复了供电。这背后的“头功”要归于特斯拉储能容量为 100 MW 的超大锂电池组。澳大利亚电厂由于安装了特斯拉的这款超大锂离子电池储能系统，不仅在第一年就节约了 5 000 万澳元（约合 3 500 万美元）的费用，还成功在不到 1 秒的时间内响应由电力中断导致电网的突然变化。据悉，在特斯拉电池快速做出反应的同时，原本作为后援发电厂、会在 6 秒内做出响应的格莱斯顿燃煤发电厂还没来得及做出反应。

前景可期

解决消纳问题是未来提高能源利用水平、实现智慧用能、减少化石能源消耗的核心，而储能是能源消纳链条上的关键一环。实际上，在电力行业中，智慧储能同样具有巨大的应用前景。电网规模储能系统具有比化石燃料发电厂响应更快、更具成本效益的优势。固定式储能系统通过与可再生能源结合，在接入电网后，不仅可以经济高效地使老旧的电力基础设施实现现代化，还可以提高电网的弹性，甚至可以利用太阳能和风能，在峰值电力需求期间向电网供应电力，进而取代天然气峰值发电厂。

未来，智慧储能相关设备既可以与遍布国内城乡的电网并网后储能、供热、发电，也可以为有智慧储术需求的工商业企业研制并研发成套储能系统产品。智慧储能的实质是对现有能源的合理利用，可以应用于电能替代、风电供暖、电网调峰等领域。例如，智慧储能可以在不增加电网负担的情况下对夜间的谷电及弃风电进行消纳，通过技术手段将其转化为热能存储下来，再根据用户的不同需求，通过与水的换热，产出热水进行供暖，或者产出蒸汽进行工业供热。

新基建下的智能充电桩

充电桩越来越有智慧

充电桩通过与互联网、云计算、大数据、移动支付、5G、车联网等技术有机融合后可以变得更加智慧，进而更好地为用户提供高效、便捷、安全、智能的充电服务。新能源汽车用户可以在车辆电量过低时，随时打开电子地图，查找附近的充电站，查看每个充电站的服务费用，并选择价格低、距离近的充电点。然后，用户利用导航软件，就能又快又准地找到目标充电桩，到达之后，使用手机扫码即可为汽车充电，充电结束后，线上支付相关费用即可。

充电桩是连接能源网络与新能源汽车的重要接口，能够弥补新能源汽车发展中的短板。与此同时，作为数据桩、信息桩、网联桩，充电桩还将推进能源行业、出行领域乃至整个社会实现数字化转型。眼下，充电桩的信息化、智能化、数字化、自动化特征将越发明显，通过运用物联网技术，可以对资源进行优化配置，提高充电桩的使用效率；通过收集新能源汽车电池信息、用户用车习惯、车辆分布等数据，并利用大数据技术深度挖掘数据价值，充电桩可以对外提供二手车评估、用户画像、商圈规划等增值数据服务。

充电桩的应用场景主要分为公共充电与私人充电两类。其中，公共充电包含特定区域充电设施和通用性充电设施，主要覆盖酒店商超、高速公路、城市主要路段等主要场景。随着充电容量越来越高、电动车辆越来越多，可以设置不同类型的充电桩以更好地满足不同应用场景的需要。例如，可以在高速公路、交通枢纽、城市干道、公共设施等区域设置充换电站，以满足电动汽车的应急充电需求；可以在公共设施、公共停车场、城市干道处建立直流充电桩（群），以满足电动汽车的中快速充电需求；可以在停车场、集体用户、住宅小区建设交流充电桩（群），以满足电动汽车的常规充电需求。

充电桩建设如火如荼

中国是目前世界上充电基础设施政策支持最全面、政策力度最大的国家之一，政策涵盖充电桩建设、充电桩运营、电力接入等多个方面。国际能源署（IEA）发布的《全球电动汽车展望》显示，2019 年电动车的公共充电桩数量跃升 60%，创过去 3 年来最大增幅，并超过了电动车本身的销量增幅。2019 年，全球慢充和快充充电桩数量达到了 86.2 万个，中国占 60%。中国充电联盟的数据显示，截至 2020 年 5 月，联盟内成员单位总计上报公共类充电桩 55.1 万个。从各省市分布来看，公共充电基础设施建设区域较为集中，北京、上海、浙江、广东、福建、江苏、山东、安徽、湖北、河北的公共充电基础设施占比就达到 73.5%。从充电桩运营企业来看，全国性规模化运营已显出头部集中效应，国家电网、特来电、星星充电桩保有量约占全国保有量的 69%。由于直流快充桩具有充电速度快、利用率高、新能源汽车车主认可度高的优势，正逐步成为各大充电运营商优先选择建设的类型（见表 5–3）。

表 5–3　主流充电运营商及其充电桩类型占比

运营商	充电桩类型	占比
国家电网	慢充	25%
	快充	75%
特来电	慢充	55%
	快充	45%
星星充电	慢充	75%
	快充	25%

资料来源：赛迪顾问。

在新基建风口下，充电桩行业入局者不断增加。2019 年 6 月，宝马、戴姆勒、大众等 7 家德系巨头联合成立了充电基础设施平台 Hubject，加强了与 4 家中国本土充电运营商的合作。2020 年 5 月，宝马与国网达成战略合作，发力公共充电网络布局。根据合作计划，截至 2020 年年底，宝马将为车主提供超过 27 万个充电桩。与此同时，中国汽车企业也纷纷开始抱团取暖，增强在充电桩领域的竞争力。2019 年 7 月，中国一汽、大众中国、江淮汽车与星星充电合作，联手成立了充电桩运营公司开迈斯，为车企提供充电服务。

专栏 5–3

首个“5G+ 智慧路灯”充电桩在浙江舟山投运

2020 年 3 月 5 日，国内首个“5G+ 智慧路灯充电桩”在舟山亮相。这款由国网舟山供电公司启明集团与 5G 营运商共同打造的创新产品，集智慧照明、5G 通信、汽车充电、视频监控、信息交互于一体，实现了资源的“共享、集约、统筹”，灯杆旁配有专属充电车位与地锁装置，能够智能识别新能源充电车辆入位充电。

实际上，在山西省忻州市，智慧路灯充电桩建设已经按下了加速键。2019 年 11 月，当地政府制定出台了《忻州城区智慧路灯充电桩建设实施方案》，通过充分利用路侧停车位和城市基础设施（路灯）电力资源，在忻州城区主要街道和居民小区周边街道建设了 200 ~ 300 个智慧路灯充电桩（7kw、220V），一方面，可以解决城市新能源汽车充电问题；另一方面，充电桩联网管理可以让更多的智慧城市应用接入，使原来孤立的系统实现数据共享和联通互动。

智能充电桩，不仅是简单的充电设备，更是忻州市建设国家标识解析体系、建设智慧城市和工业互联网的基础设施。一个个充电桩，是基于全市标识解析的市级节点，为物联网实现更大更多的联系打下扎实基础。有了它，忻州就有了实现万物互联的基础，就有了城市及早形成物联网的可能。

充电桩迎来发展的春天

近年来，随着充电桩行业持续高速增长，政策扶持力度也不断加大，再加上新能源车协同发展带来的强劲需求以及新基建浪潮下充电桩建设节奏的加快，未来充电桩行业将迎来巨大的增长空间。根据《电动汽车充电基础设施发展指南（2015—2020 年）》，2020 年，中国要建设超过 480 万个分散式充电桩，以满足“一车一桩”的需求。工业和信息化部发布的《新能源汽车产业发展规划（2021—2035）》征求意见稿提出，预计到 2030 年，中国新能源汽车保有量将达 6 420 万辆。根据车桩比 1∶1 的建设目标，未来 10 年，中国充电桩建设存在 6 300 万的缺口，预计将形成 1.02 万亿元的充电桩基础设施建设市场。

从技术角度来看，目前，无线充电技术已完成初期探索阶段，正逐步进入应用阶段。超级快充技术则是未来充电桩发展的重点技术路线。可以预见的是，随着无线充电技术与超级快充技术的成熟与广泛应用，充电桩的使用将越发方便与高效，充电桩行业也将迎来发展的春天。

新一轮能源革命的到来

综观人类发展的历史，能源供应是经济社会发展的重要保障。尤其是人类历史上的前两次工业革命，全部是能源与当时最先进的技术相结合后兴起的。“煤炭＋蒸汽机”取代“柴薪＋人力”后引发了波澜壮阔的第一次工业革命，“石油＋内燃机”取代“煤炭＋蒸汽机”后开启了绚烂多彩的第二次工业革命。历次工业革命都清晰记录了先进技术对能源革命，进而对工业革命产生的巨大推动力，同时也反映出能源革命和工业革命对经济发展转型、社会生产力提升及生活方式转变的关键作用。

时至今日，新一代信息技术与能源体系的结合越来越紧密，新工业革命与新能源革命相互配合、相互加持。随着能源基础设施与“云大物智移”等数字技术的加速融合，未来的智慧能源将展现出与现有能源体系截然不同的崭新面貌。智慧能源系统将成为能源革命取得实质进展的重要标志，能源革命与信息技术的深度融合正在走向成熟。在智慧能源形成与发展过程中，人类可使用的能源也将逐步从大规模、集中式的化石能源向微型化、分布式、智能化的可再生能源过渡。

考虑到能源是经济社会发展的动力之源，如果能充分借助智慧能源基础设施，利用地表上光能、风能、水能、生物质能、核能，以及地表下的地热、天然气、石油、煤炭等能源资源，同时多管齐下大力发展智慧节能并提高能效，那么中国不仅可以解决自身能源安全问题，还能推动全球能源生产消费新范式的诞生，引领新一轮大国能源转型。

第六章　智能交通基础设施：产业和城市共同的数字明天

只有知道了通往今天的路，我们才能清楚而明智地规划未来。

——斯蒂文生

智能交通系统（Intelligent Traffic System，缩写为ITS）或智能运输系统（Intelligent Transportation System），是指将先进的信息技术、计算机技术、数据通信技术、传感器技术、电子控制技术、自动控制技术、人工智能等综合运用于整个交通管理体系，通过加强车辆、道路、使用者三者之间的联系，形成的一种安全、高效、节能、环保的综合运输系统。智能交通系统就是管理各种自动驾驶汽车，使各个交通参与者相互连接，涵盖整个城市乃至国家和涉外交通的、自主运行的“指挥家”。

智能交通系统的应用和功能多样，其中最重要也是与我们日常生活息息相关的有如下几个：一是交通管理。通过收集更有效、更全面的交通信息，智能交通系统可以使交通管理者更高效地处理事故、减少交通系统压力。二是交通信息服务。基于即时的交通信息网络，智能交通系统可以根据使用者的身份提供乘客出行、驾驶导航、物流计划乃至交通运营管理等个性化的交通信息服务。三是车辆控制。利用交通工具与其他交通基础设施的联网作用，智能交通系统可以通过交通信息网，对交通工具的自主运作发出安全有效的指令。

智能交通系统的“能量来源”

智能交通系统改变出行模式

在智能交通系统为人们的出行提供便利之前，其更为人所关注的是如何更高效、智能地保障交通系统的有效运行。在海运与空运系统中，交通运输工具大多按既定航线执行运输任务，相对较少的交通参与者使得整个系统运行的可预期性较强。由于近年来车辆数量激增与公路运输自由度高的特点，如何实现道路交通的安全高效通行越来越成为交通管理的重心，而在此之前，实现交通信息的实时收集和分析是关键的一步，可以说，交通信息的收集和分析是智能交通系统能够顺利运作的“能量来源”。

交通信息获取的一个重要来源为道路信息，即最直观的道路状况。在交通管理的发展史上，科技进步不断增强了交通管理者识别道路状况的能力，降低了识别的成本。最开始，交通管理者除了通过现场执勤获取信息外，主要通过目击者或者当事人的描述还原现场的交通状况；后来，装在红绿灯旁以及立在道路边的各种交通摄像头构筑了道路的视角信息网络；用于测速和检测交通流量的传感器的出现则为交通管理者把握路况提供了新的采信点。这些设备相互补充，共同组成了全球大多数城市的交通信息收集系统，其主要功能包括对过往车辆进行计数、测速、车型分类，并分析计算占道信息、单位时间内车流量、车流平均速度等，以此判断道路拥挤状况，然后通过通信接口，把采集到的数据按预定的时间处理周期发送到管理监控中心，可靠准确地检测交通系统中的各种信息并呈现给智能交通系统，为交通调度和交通事件告警提供决策参考（见图 6–1）。

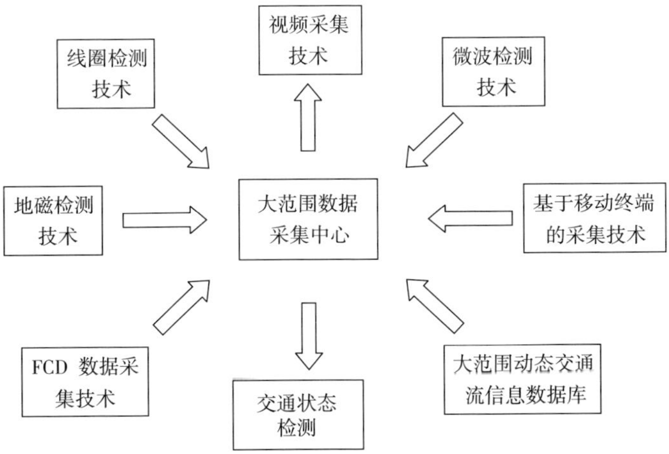

图 6–1　交通信息收集系统

传统的交通信息采集方式主要以固定的交通基础设施为落脚点，包括以下几种。

环形感应线圈。该设备通常由环形线圈、传输馈线、检测处理单元三部分组成。环形线圈通常铺设在道路上或埋进地里，通过在其位置形成磁场，用以监控进入磁场的车辆。当车辆进入磁场时，检测处理单元就会检测到车辆，并输出信号。它不仅可以计数、检测交通流量，还可以测速。

微波检测器。该设备是一种雷达探测器，利用多普勒效应检测车辆，不仅可以检测交通量，还可以测速，从而达到检测道路交通信息的目的。

视频监控系统。该设备主要由前端、传输和终端三大部分组成。前端部分主要包括摄像机、镜头、云台、解码器等；传输部分常用的有光缆、视频电缆、电话线等；终端部分指监视器，它可以显示前端传来的图像，还可以对前端设备进行控制。某些电视监控系统有图像监视和交通数据采集双重功能。

地磁传感器。该设备是根据车辆本身含有的铁磁物质对车辆存在区域的地磁信号产生影响，使车辆存在区域的地球磁力线发生弯曲，从而对车辆进行检测。当车辆经过地磁传感器设备附近时，地磁传感器可以非常灵敏地感知到信号的变化，经信号分析就可以得到检测目标的相关信息。与环形感应线圈相比，地磁传感器对道路的影响较小，维护和更换也更为方便。

近年来，除了对道路信息的直接采集监控，交通信息收集系统也发展出了浮动车交通信息采集、移动终端交通信息采集等从车辆信息入手的新方式。浮动车交通信息采集是指安装了全球卫星定位系统和无线通信装置的车辆（如出租车、公交车等）与交通数据中心进行实时信息交换，特点是采集范围广、投资少，能够反映路网运行状态的变化，为疏堵提供参考。移动终端交通信息采集则是指利用司机携带的移动终端替代车载终端的形式进行车辆信息的采集，特点是成本低，操作简便，可覆盖范围广。

从国内的进展情况看，杭州市 2016 年发布的“城市数据大脑”是较为先进的、涵盖了交通信息收集系统的城市治理系统。《杭州城市数据大脑规划（2018—2022）》强调交通数据在各部门间互通互连，加强与外部互联网数据的对接，改良算法，优化对全区域交通实时数据的分析，并以此促进交通管理方式的改良以及交通基础设施的建设和升级。阿里巴巴的城市大脑、海康威视的道路智能终端、浙江大华的各类交通识别系统、银江股份的城市级智慧交通平台等为杭州的城市数据大脑提供了有力援助。数据显示，目前杭州高架道路匝道上50%的匝道路口信号灯已经由城市大脑智能调控，整体通行效率比项目实施前提升了15.3%，城市大脑提高了相关部门对整个城市交通的管控能力和试点道路的通行效率。

专栏 6-1

道路摄像头有哪些

在中国的道路交通中，摄像头无疑扮演着重要的角色。无论哪个城市，似乎都能在任何一条道路上看到它们的身影。除了数量繁多，我们平时在路上见到的摄像头也五花八门，通常道路上的摄像头主要可以分为以下几种：

◎ 电子警察。一般安装在路口的枪式摄像头，主要用于监控道路交通状态，并抓拍闯红灯、压线、违规变道、逆行等违章行为。其抓拍清晰度较高，在夜间还会有LED灯补光。

◎ 卡口监控。一般安装于有速度限制的道路，通常是横跨马路的一大排摄像头，通常与测速传感器配合抓拍超速车辆，抓拍清晰度非常高。

◎ 违停抓拍球。通常安装于市区禁停路段以及违规上下客高发处，多为可变焦旋转的半球型摄像头，主要抓拍违规停车、逆行以及驾驶员危险驾驶行为。

◎ 移动式测速仪。多安装在道路绿化隔离带中，配合雷达测速进行超速抓拍，和其他类型摄像头相比，其更灵活且隐蔽。

◎ 天网监控。主要安装在市区内主要路段及小区，是公安系统用于监控城市状况、打击违法犯罪的重要辅助工具，通常只有录像功能，不会对交通违章行为进行抓拍。

◎ 流量监控。通常安装于电子警察附近或信号灯杆上，主要用于车流量统计，为信号控制提供数据支持，一般不具备抓拍违章行为的功能。

“会说话”的道路：智能道钉

尽管交通管理者可以通过上述各种方式对道路交通状况即时掌控，但通过雷达、承重、视频等传统方式获得的道路信息是片面的。一方面，由于传感器等信息感知设备的设置仍较为分散，尚未也不可能覆盖整个路网；另一方面，目前的信息收集系统主要服务于交通管理者，单向为其对路网交通进行干涉提供支援，而对于其他交通参与者来说没有起到帮助，即交通管理处于相对被动的地位，这与互联网汽车和自动驾驶技术的发展形成了矛盾。①

交通管理的发展方向应该是找到一条新的路线，使道路基础设施

① Hua Wang，Wei Quan，Washington Yotto Ochieng. “Smart road stud based two-lane traffic surveillance”, Journal of Intelligent Transport Systems, 2019（1992）：1-14.

尽可能覆盖整个路网，并通过无线信息等方式与交通参与者进行交互活动。“智能道钉”可能在未来成为具备上述感知、交互功能的路内基础设施。覆盖面广的智能道钉使道路网能够感知、通信，而不仅仅是车辆与道路信息的接收器。在此基础上，交通信息检测功能、行车路线诱导功能、行车安全距离提示功能、道路前方异常提示功能，交叉路口行驶辅助功能、停车场停车诱导功能、高精度位置导航功能，都是在此基础上能够衍生发展的方向。比如，行车路线诱导功能可以通过感应车辆位置，对进入匝道的车辆提供帮助，帮助其判断应该继续行驶还是该驶出匝道。这种应用可以通过两种方式实现：一种方式是通过灯光对驾驶人进行相应的引导，另一种方式是通过无线通信的方式给车辆以提示。又如行车安全距离提示，针对车辆在行驶中与前车距离过近，从而无法及时反应、产生事故隐患的现象，“智能道钉”可以感知每辆车在道路上的具体位置和速度，当后车与前车距离过近时，“智能道钉”可以通过道灯提醒驾驶员，或者通过无线通信方式提示驾驶员，这样就可以降低因为车辆碰撞信息传递不及时导致的连环碰撞事故发生的概率。

当道路上遍布传感器并能够进行无线通信时，高精度定位导航也将成为可能。目前的导航系统基本基于卫星系统，导航的精度不足，城市道路的遮挡、信号衰减、多路径等进一步降低了卫星导航的精确性，在一些特殊路段，给了使用者不太好的体验。而“智能道钉”系统则通过多个道钉和车辆直接进行数据交互，帮助车辆得到更准确的定位，当卫星信号弱或者出现道路重合时，“智能道钉”能够找到位置，并与卫星导航系统共同组成一个更精准的导航系统，提供更加人性化的服务。

目前，国内外已有部分城市启动了道路信息反馈的应用示范。如浙江省于 2019 年启动了智慧高速建设，并由浙江省交通集团沪杭甬公司具体承担高速公路智慧化提升改造工作。在杭甬高速柯桥—绍兴的智慧高速试验路段，每隔 250 米布设毫米波雷达和视频数据设备，用于监控感知路况和分析整理数据，通过统一更换的车道电子标志牌向车辆传递到目的地的距离和预估时间等信息。在这套系统的帮助下，试验路段的道路平均车速提升了 8%，通行能力提升了 20%，道路拥堵时间降低了 10%，出行时间预测准确率达到 90%，道路行车事故下降了 10%，救援时间缩短了 10%，道路运营环境更趋安全交，通秩序明显好转。

专栏 6–2

车联网：车辆的“社交网络”

作为公路交通的主要参与者，汽车是交通管理中重要的信息来源，也与智能交通系统息息相关。在日常生活中，比起“智能交通系统”，听上去和汽车更有血缘关系的“车联网”概念似乎更为风靡。车联网是指装载在车辆上的电子设备，通过无线技术对信息网络平台上所有车辆的静、动态信息进行提取和有效利用。车联网是物联网的一种，是后者在城市道路交通网络中的具体运用，实际上，在某些道路交通领域，智能交通系统和车联网可以视为同一事物。

车联网最大的作用在于道路上车辆信息的接收和发出。在车联网出现之前，司机往往通过电台的汽车频道来了解路况等信息。在车联网得到发展之后，车辆作为道路交通的主体，构建出了新型的信息交互模式。车载设备成为信息的采集与传播者，随着智能基础设施的发展，车辆与基础设施、车辆与行人、基础设施与交通网络的信息交互也加入上述模式中，交通网络不再是线性的传递模式，而是呈现出多个交通系统参与者相互进行信息交流的网状信息传递模式。

除了直接与城市路网进行数据互通，也有部分车辆信息仅在内网流通，用于私人管理使用，比如，物流业的货物监控管理。为了减少成本，一些公司将车辆信息采集的职能由车载设备转移至司机手机上，当有运输任务时，可以用手机把卫星定位等相关数据传输到服务器上，从而实现对货物位置的实时监控与预计到达时间的预测。

交通信息服务：出行、物流、交管的智能化

如果说交通管理涉及的系统结构和信息来源是支撑智能交通系统的“智慧和能量提供者”，那么交通信息服务就是直接展现在使用者面前的“活地图”。交通信息服务是指交通信息系统为交通参与者提供的各种信息服务，从乘客到司机，从物流业从业者到交通运营管理者……新基建显然是要为每个人更好地处理“路上的事”，但交通信息服务能处理的绝不仅仅是“路上的事”。

赋能个性化出行

想象一次只靠手机的出行：你打算到隔壁城市度过一个悠闲的周

末，为此，你查询了城际轻轨的时刻表及票价，并订好了车票。为了及时到达轻轨站，你通过手机叫了一辆网约车。在车上，你注意到，司机根据车载导航的交通信息实时播报绕开了前方一个事故点，避免了堵塞。顺利乘坐轻轨到达目的地后，你用手机地图导航规划好了到达下榻酒店的最优路线，并在途中查阅了这个城市的景点信息。

上面的描述在我们日常生活中并不少见，这些行为实际上都有交通信息服务系统的参与。可以发现，交通信息服务系统能够为我们的个性化出行提供不少便利，其主要内容有：

◎ 针对普通出行者的交通计划服务。为将要出行的人们提供交通信息和票务服务，帮助其选择合适的交通工具和路线，使其经济快捷地到达目的地。

◎ 针对驾驶员的交通信息服务。包括行车导航、路途交通状况播报、目的地停车场和天气等信息。

◎ 针对旅行者的交通信息服务。除了上述出行计划服务外，还包括旅游地的衣、食、住、行与娱乐活动信息和预约服务，给旅行者提供地址、电话等查询服务，给自驾者提供停车场和汽车修理场的地点和服务状况等。

目前，尽管交通信息服务已经为个性化出行提供了多样化的帮助，但这些功能往往分散于手机里的多个应用程序上。在未来，聚合各类出行服务的城市交通生态平台应用可能被搭建，以使出行者能够更便捷、高效地制订个性化出行方案，同时，利用由平台用户生成和经过应用聚合的数据，城市公共管理者和其他利益相关者可以改进需求预测，从而将创新技术与当前交通系统相结合，在获取更高的社会效益和企业利润之余，改善用户无缝移动的出行体验。这一平台不仅可以提供个性化出行计划、多式联运票务系统、即时交通信息共享等服务也可能会提供个性化定制的服务。

到那时，由于多项出行服务的整合简化，“三分钟制订一份完整的旅行计划”将不再是什么新闻；个性化服务也会根据用户的历史选择自动生成合适的出行计划；基于平台与旅行服务提供者的联动，空手出行也将成为可能，“来一场说走就走的旅行”会成为很多人的日常。

货物什么时候能到

除了为日常出行提供信息参考与服务，交通信息服务也被广泛用于物流业，在日常生活中，我们也时常受其惠泽。比如，外卖的预计到达时间可以帮助我们判断是否需要再处理一份文件，快件的包裹状态信息则可以让我们提前计划好取件的相关安排。对于公司货物管理负责人和物流业从业者来说，用于预测货物到达时间（Estimated Time of Arrival，缩写为 ETA）的交通信息服务发挥着更重要的作用。准确把握货物到达的时机，无疑对减少人员和仓库闲置、提高转运效率，从而降低成本、浪费和风险，最终提高利润率和客户满意度大有裨益。

现有的运用较为广泛的 ETA 大多基于车载卫星定位终端，或司机手机安装的汽车状态记录应用程序来判断车速和剩余路程等信息，从而推断出可能的到达时间。在可以联网的情况下，其他样本的时间、道路的堵塞情况以及行车的平均速度也将是纳入算法考量的变量。但是，这些 ETA 往往会因为司机在实际中遇到的情况而发生改变，比如，途经施工地点或是台风来袭导致车速明显下降，这样的 ETA 对于物流经理来说可能并没有很大的参考价值，因为他们无法将这样变动幅度较大、过于依赖当前车速的 ETA 作为安排人事等相关工作的可靠依据。

此时，整合多源信息的智能交通系统可以为更精确的 ETA 提供有力支撑。施工地点的信息往往是可得的，台风的移动路径也可以预判，它们对货物交付的影响是可以预测的。如果这些来自路网和外源性天气的信息可以和货车的车辆信息（如车速等）相结合，那么利用相应的算法进行评估，不仅可以基于现在发生的事情，还可以基于将要发生的事情进行更准确的预测，这将有助于更有效地安排人力和机器资源，减少浪费和风险程度。为了做到这一点，监控多个实时数据流并据此及时采取行动无疑是重要的，除了交通信息收集系统中的道路相关信息，比如车辆堵塞情况、道路施工或其他影响通行的情况，其他可能影响货物运输的信息也需要纳入分析之中，比如天气变化情况，以及货车 / 货船上发生的各种事件。这样的综合实时信息预测系统通过对多源信息进行整合分析，除了能在预计到达时间上做出更可靠的估计，也可以帮助推演物流过程中在何时何地可能会发生什么问题，使物流经理提前准备相应方案，从而减少风险。①

① Software AG, Smart Logistics for Third-Party Logistics Providers, https：//resources.softwareag.com/products-analytics-decisions/2017-1-sb-dbp-smart-logistics-en-smart-logistics-for-third-party-logistics-providers-solution-brief.

乘客会往哪里走

一名乘客正在机场的候机大厅踌躇，按照计划，他应该在一个小时后搭乘飞机，可是目前天气情况似乎不太适合飞行，他希望可以查询一下航班的飞行信息，不过这个第一次来的机场比他想象的要大得多，他一时半会儿找不到客服中心，只好站在原地茫然四顾。这时，他注意到附近有位工作人员，于是他立即上前询问，问题很快得到了解决。

这个场景在机场、车站等交通枢纽并不少见，在乘客需要帮助时及时出现的工作人员无疑会大大提高乘客的好感。在以往，工作人员的部署大多要靠丰富的经验或者基于历史数据分析，以及工作人员的实际服务反馈来决定，恰到好处地出现在有需要的顾客面前可能需要大量不成功的经验来支撑。除了人员部署，在合适的位置放置合适的设施、商品以及推销材料也是运营管理者需要考虑的。现如今，一些公司利用智能交通系统给出了更高效的解决方案。

一个常用的辅助工具是客流量统计，传统的乘客计数技术通常只能计算某个时间段内经过某地的人数，不能区别乘客和员工，也无法判断乘客的去向、在那里停留的时间以及他们行进至航站楼或站台的路径。为此，需要建立可以分辨乘客与工作人员的监测系统，判断乘客的停留时间与移动路径以安排宣传材料放置和服务台设置的最佳位置；同时，可以要求工作人员主动使用实时数据来了解乘客情况，以便动态进行员工跨区域部署，使乘客获得良好的出行体验；利用重复乘客数量和访问频率以及乘客反馈，及时对上述安排做出调整，不断提升运营管理水平，打造品牌效应。

专栏 6–3

北京大兴机场："刷脸"出行

只凭一张脸，就可以在机场畅通无阻？2019 年年底，北京大兴国际机场开始运营，航空公司联合电信运营商、数字技术企业共同打造的"智慧出行集成服务系统"也正式投入使用。在这里，乘客可以通过"刷脸"快速查询自己的登机口信息，安排行李托运、安检等流程；在登机口，系统会通过脸部识别判断乘客是否可以直接登机；在贵宾室，工作人员佩戴着 AR 眼镜，可以自动识别乘客身份，为其安排座位……

在相关数据平台的帮助下，这套基于"5G+AI"新技术的服务系统无疑显著提高了乘客的出行体验与机场的运营效率。除了"刷脸"出行，航空公司还与数字技术企业合作，通过智能芯片行李牌、信息服务 App 为乘客提供航班、行李信息的查询和提醒服务。交通运营者通过已采集的乘客信息来掌握乘客动向，从而提供更好的服务；乘客则能享受到交通信息的个性化精准推送带来的便捷性。在大兴机场，融合了多种新科技和各类信息系统的交通信息服务给各方交通参与者均提供了更好的体验。

除了大兴机场与航空公司合作提供了针对乘客的交通信息服务，数字技术企业与深圳机场还合作尝试提供基于空管、机场和航司等数据的安全监控、航空器智能协调分配等针对机场运营的交通信息服务。

无人驾驶汽车：飞驰的智慧

基于智能交通系统的交通信息网络使智能出行不再是科幻小说里的名词。除了出行信息获取和出行方式的智能化，交通工具本身的智能化也越来越成为智能交通发展的一大趋势。在车联网的协助下，智能交通系统可以为交通工具提供外部信息，以帮助其安全高效行驶。其中，最具代表性的莫过于无人驾驶汽车了。

无人驾驶汽车在不同国家、不同企业有不同的提法，它大多时候被称为自动驾驶汽车，在英国被称为机器人汽车。麦肯锡将自动驾驶车辆定义为在减少甚至没有人类干预的情况下运行的车辆。这一定义与美国高速公路安全管理局（National Highway Traffic Safety Administration，缩写为 NHTSA）的分类基本一致，该分类系统将自动驾驶汽车分为五个层级（见图 6–2）①。

0 级：非自动化（No-Automation）。驾驶员在任何时间都完全和独立地操控刹车、方向盘、油门和动力等汽车的主要控制功能。

1 级：特定功能自动化（Function-specific Automation）。这一级别的自动化具备一个或多个特定的自动控制功能。包括电子稳定控制或预充电刹车，也就是车辆在刹车时自动提供协助，让驾驶员重新获得对车辆的控制或者让车辆更快地停下来。

2 级：组合功能自动化（Combined Function Automation）。这一

① National Highway Traffic Safety Administration. “U.S. Department of Transportation Releases Policy on Automated Vehicle Development”. May 30, 2013.

级别的自动化包括至少两种可共同工作的主要控制功能，以让驾驶员从这些功能中解放出来。比如，自适应巡航控制（adaptive cruise control）与车道中间保持（lane-centering）的组合。

3 级：有限的自动驾驶（Limited Self-Driving Automation）。这一级别的自动化车辆使驾驶员能够在特定路况或环境状况下完全交出所有安全关键功能，依据监控环境的变化，车辆在需要的时候可以将控制权交回驾驶员。驾驶员在有充分、舒适交接时间的情况下，可以进行偶尔的控制。

4 级：完全自动驾驶（Full Self–Driving Automation）。车辆被设计为可以在整个行程中执行所有安全关键功能、监控路况。这样的设计需要驾驶员提供目的地和导航输入，但在行程中的任何时间不需要驾驶员的控制。

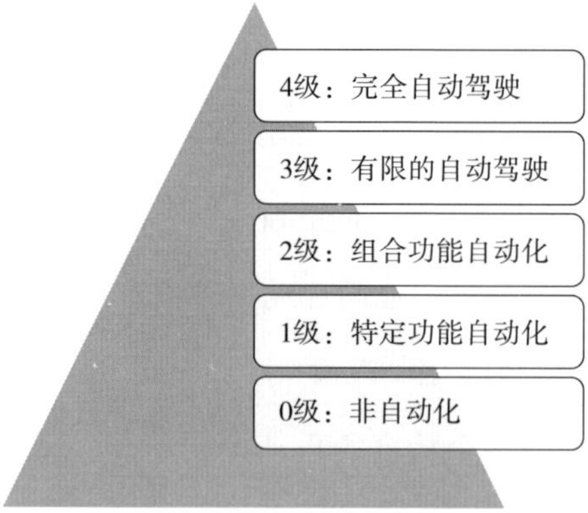

图 6–2　自动驾驶汽车的五个层级

根据自动化程度，也可以将驾驶分为无自动化驾驶、辅助驾驶（如车道偏离警告）、半自动或部分自动驾驶（如紧急自动刹车、自动泊车）、高度自动驾驶（驾驶员监控下的自动控制行使）和完全无人驾驶五个层级。通常所说的无人驾驶，一般是指高度自动驾驶水平之上的无人驾驶。

专栏 6–4

会自动驾驶的只有汽车吗

自动驾驶的概念似乎是由汽车带入大众视野的，但实际上，自动驾驶技术早已融入了交通运输系统之中，比如，飞机和列车由于航线相对稳定，交通状况复杂度相对较低，在自动驾驶领域的发展比汽车要早。其中列车（轨道交通）的自动驾驶技术比飞机更成熟。与车辆自动驾驶的分类相近，国际标准按照轨道交通线路自动化程度定义了 4 层 GoA（自动化等级），其中自动化等级最高的 GoA4 指列车在所有情况下运行时，全部为自动驾驶，不需要任何工作人员参与。

现在，世界各地已经纷纷开始将自动驾驶应用到其城市轨道交通系统中，主要为运营环境较简单的地铁线路。早在 1983 年，法国就于里尔市建成了世界上第一条无人驾驶的全自动地铁，2016 年 12 月，中国第一条正式运营的 GoA4 级全自动驾驶地铁正式在香港南港岛启用。截至 2018 年 12 月，全球已有 64 条无人驾驶地铁线路投入运营，为全球 42 个城市提供了 1 026 千米的公共交通服务。

亚洲在无人驾驶地铁领域保持着世界领先地位，其中 50% 的无人驾驶地铁线路已投入运营，特别是在 2016—2018 年开通了五条新线路（韩国、马来西亚和中国）。欧洲排名第二，为 30%，北美和中东紧随其后，分别为 11% 和 8%。新加坡拥有最大的无人驾驶地铁网络（126 千米）。

资料来源：根据 UITP,“World Report on Metro Automation 2018”等资料整理。

无人驾驶汽车怎么动起来

无人驾驶汽车的工作原理是：通过车载设备（各种传感器）收集实时路况、交通信号、汽车工作状况等数据，辅之以高精度地图和卫星定位数据，通过车载电脑进行高速运算和决策并快速做出反应，实现车辆的自动行驶。除了传统汽车的车体部分，无人驾驶汽车还包括环境探测、自动决策、控制响应等技术。环境探测技术是无人驾驶汽车行驶的前提，由激光发射扫描器、毫米波雷达、超声波雷达、车道保持系统、激光测距系统、红外摄像头、立体视觉、卫星定位 / 惯性导航系统、车轮角度编码器等一系列传感器组成，高精度地图、卫星定位数据以及其他智能交通基础设施是其重要支撑，智能决策和控制技术集成了人工智能、车联网等先进技术，是无人驾驶汽车的核心。

无人驾驶汽车利用车载电脑先前存储的高精度地图、卫星定位系统、传感器来确定自身所处的位置。不同于导航系统，无人驾驶需要至少精确到一个车道宽度的定位信息。在确定位置后，无人驾驶汽车使用前置摄像头和激光测距仪雷达等传感器来获取其周围道路情况，并将图像和传感器探测到的各类物体进行识别分类，根据车载电脑探测到的物体进行路况预测，比如行人可能的行走路径，并据此对车辆的速度和运行路线做出决策。

目前，全球已有多个国家的公司研制出了各种无人驾驶汽车的驾驶系统，并开始在公路上试行。截至 2020 年 4 月，美国 Waymo 公司旗下的无人驾驶汽车仿真测试里程数已达 150 亿英里（约 240 亿千米），累计在实际道路上的测试里程也已经超过了 2 000 万英里（约 3 220 万千米）[①]，领跑全球无人驾驶领域。中国的百度公司也在 2019 年年底达成自动驾驶在美国测试里程 10.33 万英里（约 16.6 万千米）的记录。同时，百度还获得了中国唯一的最高级 T4 牌照，以及 120 张载人测试牌照，测试里程超过了 300 万千米，在服务规模、测试牌照及测试里程等方面均居全国首位。在自动驾驶出租车领域，百度旗下的 Robotaxi 已经在北京、长沙、广州、沧州等城市进行了应用示范。[②]

2019 年在加州进行测试的各公司自动驾驶脱离数据报告显示，在加州开展自动驾驶测试企业的所有测试里程数大约为 288 万英里（约 463.5 万千米），其中百度、Waymo 和 Cruise（通用汽车旗下的自动驾驶汽车公司）分别以 0.055%、0.076% 和 0.082% 的脱离率居于排行榜前列。[③] 所谓“脱离”，是指自动驾驶汽车因技术故障或安全运行需要脱开自动驾驶模式，转而由人工介入。脱离数据报告在某种程度上被用作衡量自动驾驶技术的成熟度。与 2018 年的数据相比，2019 年时大多数无人驾驶汽车公司的测试脱离率均有所下降，获得加州自动驾驶路测资格的公司数量也由 48 家增至 64 家。

---

① Waymo.“Waymo Safety Report：On the road to Fully Self-Driving”.2020. https：//waymo.com/safety.

② 百度.《Apollo 智能交通白皮书：车路智行 新基建，新交通》，2020. https：//apollo.auto/docment/Autonomous_Driving_Connected_Road_Efficient_Mobility.pdf.

③ State of California, Department of Motor Vehicles.“2019 Autonomous Vehicle Disengagement Report”. https：//www.dmv.ca.gov/portal/vehicle-industry-services/autonomous-vehicles/disengagement-reports.

未来会是哪一个

想象一种可能的未来：无人驾驶汽车成为道路交通的主体，无人驾驶的公交车和出租车为绝大多数人提供了出行服务，私家车持有率不高，道路因车辆较少而运行顺畅，人们的点到点移动需求被多种公共交通分解解决，人行道更宽敞了，空气更清新了。

接下来考虑另一种可能的未来：无人驾驶汽车成为道路交通中的重要组成部分，道路上划分出了无人驾驶专用车道，也还有部分人坚持非无人驾驶的出行方式。私家车持有率较高，包括无人和非无人驾驶汽车。由于车辆较多，停车位资源紧张，道路也更加拥挤。

在这两种未来中，无人驾驶汽车都得到了一定程度的发展，但给城市带来的影响似乎又不尽相同。为什么同是发展无人驾驶，却可能会产生相距甚远的效果？这与无人驾驶汽车的优点和不足息息相关。

据波士顿咨询公司的调查，对消费者来说，无人驾驶有如下优点：一是在到达目的地后，无人驾驶汽车可以自行寻找停车位，免去泊车时间与额外的行走路程；二是能够帮助乘客在车上进行其他工作；三是在旅途中可以切换为自动驾驶模式。对整个社会来说，无人驾驶有利于降低交通事故发生率和提高交通运行效率，这是因为无人驾驶汽车对周围环境的监控和反应优于人类驾驶员，且不会出现疲劳驾驶、酒后驾驶等问题，可以长时间工作。此外，无人驾驶汽车的轻型化可以降低能耗，而且无人驾驶汽车并不经常需要停泊，因此，也可以减少对停车场的需求，同时降低寻找停车场时的燃油消耗。

但与此同时，无人驾驶汽车也带来了一些负面影响。一方面，无人驾驶技术的成熟与推广可能会颠覆现有交通运输产业，对保险业也可能带来巨大的冲击；另一方面，在对城市交通的影响上，如果人们对无人驾驶汽车不够信任，或是无人驾驶的普及率不足，道路上的车辆可能会比现在更多，无人驾驶在安全、节能方面的优势无法得到充分体现，反而会加剧对交通公共资源的争夺。比如，尽管无人驾驶汽车可以自行驾驶，有利于减轻停车场压力，但由于在路上盘旋的无人驾驶汽车更多，城市街道反而更加拥挤了。此外，也有可能会出现无人驾驶技术已经基本替代人工驾驶，但由于公共交通不够便捷，私家车的持有率更高（以往持有私人车辆的用户会继续持有，同时也会新增一批缺乏驾驶技术的无人驾驶车辆的新用户）的情况，这同样会增加道路交通的压力。

新基建为无人驾驶汽车“定速巡航”

无论无人驾驶汽车会给人们的生活和城市的发展造成怎样的冲击，其前提依旧是使无人驾驶真正融入日常生活中的道路交通系统。为了使那个光明的未来能够到来，现有的交通基础设施需要进行合理的改造升级，使无人驾驶车辆能够真正在道路上满足人们的出行需求，而这恰恰是新基建所要承担的角色。[①]

➢ 对道路基础设施进行维护

道路上的坑洞、模糊的标识和其他道路问题不仅会造成安全问题，还会给无人驾驶的推广带来挑战。为了使无人驾驶汽车能够更

① McKinsey Center for Future Mobility. “A new look at autonomous-vehicle infrastructure”. May 22, 2019.

顺利地在路上奔驰，除了要解决道路的平整性和车辆磨损等相关问题，还要用高反光率的标识线来修复标识模糊的街道，使无人驾驶汽车可以更快地识别关于道路的准确信息。在对道路基础设施进行维修之余，也可以与数字地图公司建立合作关系，确保及时更新高清地图。政府也可以通过联合公用事业部门、运输部门以及电缆公司等各种利益相关者，监控并及时发现需要维护的道路基础设施，并协调安排各类维修和新公用基础设施安装工作的进行，使得重复封闭道路的现象减少。

➢ 建设足够的无人驾驶支持设施

一方面，针对道路上的无人驾驶汽车和新能源汽车，需要有分布合理的、一定数量的维修服务点和充电桩，以保证这些汽车能够在需要调整运行状态时及时得到帮助；另一方面，为了避免拥堵，无人驾驶汽车需要在接客和下客时有不影响其他车辆运行的临时停车位。

➢ 潮汐基础设施

与潮汐车道类似，为了满足不同种类无人驾驶汽车不同时段的需求，一些基础设施，比如停车位可以随时段改变具体用途。如在上下班高峰期用于公交系统中无人驾驶班车的上下客点，在午餐时间为流动餐车提供停车位，在物流交货时段成为货运站点。

➢ 更多的交通枢纽

这一措施主要是为了用无人驾驶满足乘客无缝移动的需要。比如，如果乘客从家里到单位上班途中的交通枢纽离家或单位过于遥远，那么其更可能会选择点对点的私人出行服务，而这种趋势会增加延误和不可靠性，因此，可以建设更多的交通枢纽。这些交通枢纽不一定需要全部与公共交通挂钩，可以设置在重要交通枢纽站（如地铁站）附近的微型出行点。

当无人驾驶彻底成为城市道路交通的主流时，整个交通基础设施将会发生较大改变，以更适用于无人驾驶汽车的运行。比如，目前适用于人类驾驶员的交通信号灯与路牌可能会被数字交通管理系统所代替，因为这些系统可以直接为自动驾驶车辆提供道路通行的关键信息（如限速和转向限制）；道路本身可能会被设计成更适合自动驾驶车辆运行的模样，比如，为了安全性而设置的更高的护栏与更明晰的指示信号，也可能会出现专门用于共享无人驾驶的车道以保证共享出行的速率。

此外，在成本、法律和道德方面，无人驾驶汽车也面临着重重挑战，比如，无人驾驶汽车的车祸责任认定、危险应急程序的保护优先级应该体现怎样的价值观等。这些都是推动无人驾驶汽车上路需要解决的问题。

专栏 6–5

中国无人驾驶汽车的机遇和挑战

2009 年中国超越美国成为世界上最大的汽车市场后，10 多年来，中国的汽车需求持续增长，给城市交通带来了巨大的压力。拥有更高的预期利用率（接近 24 小时 /7 天运行）和较低人工成本（无驾驶员）的自动驾驶服务有望成为解决城市交通拥堵问题的可行方案。

据麦肯锡未来智能交通中心 2019 年 1 月的研究，从长远来看，中国有可能成为全球最大的自动驾驶汽车市场。这是因为目前中国汽车市场的部分需求已经由购买汽车转变为出行服务付费。例如，目前用于提供出行服务的汽车销量约占中国汽车总销量的 10%，而中国的出行服务市场在过去几年中以两位数的速度增长。从长远来看，这种需求很可能将转化为对自动驾驶汽车的强烈需求。

根据麦肯锡的预测，随着技术的成熟，整个自动驾驶系统（包括传感器、计算平台和软件）的成本在 2023 年以后将会迅速降低，到 2025 年将降至 8 000 美元左右。约到 2026 年，自动驾驶汽车每千米的总成本将大致与传统的带驾驶员汽车的成本相同。在此拐点之后，对自动驾驶汽车的需求将会随着市场的发展稳定增长。

中国政府和一些企业已经着手部署自动驾驶汽车在中国的发展，例如，划分自动驾驶汽车试行区，以及与国外公司进行融资与合作等。但自动驾驶汽车在中国的发展还面临着其他挑战：一方面，自动驾驶汽车必须适应路况和司机相对激进的驾驶行为，这对城市交通基础设施和自动驾驶汽车算法都提出了要求；另一方面，如何将人们对汽车的需求真正由拥有车辆转变为使用出行服务，使自动驾驶服务能真正缓解城市交通拥堵问题，也是需要考虑的问题。

资料来源：根据麦肯锡智能交通中心的研究等资料整理。

不只交通：推动智慧城市的高质量发展

在人们畅想的未来图景中，高效运转的交通系统总少不了高速有序的飞车，不影响地表道路的空中交通通道，或是能够点对点进行空间跳跃的传送系统……人们对交通的追求似乎总是更快、更省力、更安全。在现实生活中，智能交通系统也许并不能立刻使科幻小说的场景映入现实，但新基建将成为实现更理想的交通目标的有利契机。在这个过程中，智能交通系统也将带动城市其他方面的发展。

智能交通系统可以通过交通信息的整理和分析，助力政府智能化决策，推动智慧城市的高质量发展。通过统计的车辆信息、道路信息与行人信息，除了可以对城市道路网络进行优化，释放更多公共空间，也可以帮助政府寻找最佳的公共设施的设置点，同时减少重复施工对道路和居民生活产生的影响，提高各类基础设施的利用效率。将信息库与其他智慧城市基础设施共享，一方面可以减少城市各种信息收集系统的重复收集工作，降低信息收集成本与信息处理压力；另一方面可以提纲挈领，帮助政府从城市整体方向探求长期困扰中国和世界的“城市病”的解决方案。其中，如何对收集到的信息进行高效提炼和分析，避免因信息爆炸而降低效率，则是整个智慧城市建设需要考虑的问题。

更完善的交通信息收集系统与基于蜂窝流量通信的车联网可以成为打击犯罪、维护城市治安的有力帮手。车联网和道路基础设施信息的相互传递，使对目标进行识别和跟踪成为可能。也许在不远的将来，连接天网监控的智能交通系统可以对潜逃的罪犯进行持续追踪监控，罪犯混入茫茫车海逃走的情况会大幅减少。但与此同时，交通信息网络中的各类隐私数据的所有权和使用权问题也需要得到解决，如何保障网络信息安全，防止智能交通系统沦为不法分子攫取个人隐私的工具，也是未来智能交通系统发展必须解决的问题。

另外，一旦共享自动驾驶成为未来人们出行的主要方式，城市交通堵塞和汽车尾气排放问题也将在很大程度上得以缓解，私家车持有率的下降会使城市出现更多的公共空间与绿色空间。智能交通基础设施的建设将会引导城市出行方式的发展方向。合理的布局和引导不仅可以使城市交通系统更加安全高效，满足人们更多的出行需要，也能够提高城市绿化率、减少碳排放，提高人们的生活水平。

10 年前，无人驾驶汽车还像是科幻小说中的设定，但预计到 2035 年，无人驾驶汽车的销售规模将达到 500 亿美元左右，未来出生的孩子可能不再需要申请驾照。

未来不可期，但智能交通系统的发展已然是重要趋势，更是新基建中最富想象力、最具需求弹性和市场空间、能够产生众多副产品和辐射效应的领域之一，它的触角将上天、入地、下海，伸向产业和城市共同的数字明天，“条条大路”都将因此被赋予强大的颠覆性力量，而这些都将成为改革人类生产生活方式的正能量。

第七章　创新基础设施：面向科技强国的第一生产力

伟大的科学者在实验室里的生活，是对物体和对周围一切的执着地斗争。

——玛丽·居里

超常规的中国工业化

中国快速工业化的过程，也是对领先国家实现超常规和超高速技术赶超的过程。所谓“超常规”指的是，与日本、韩国等成功实现技术追赶的后发国家相比，中国技术赶超过程中技术路线选择的过程不同、技术创新的体制机制不同、与主要技术强国的关系不同，中国的创新之路是全球绝无仅有的；而“超高速”则是指，中国在改革开放特别是2000年以后，以前所未有的速度缩短了与领先国家的技术差距。目前，中国很多技术创新指标都在全球排名靠前，甚至是第一、第二。例如，高水平论文发表数量全球第一、专利申请数量全球第一、高科技产品出口额全球第一、技术研发总投入全球第二。中国在很多领域的自主创新成果和技术赶超速度都大大超过了发达国家的预期。

很多研究认为中国的高速经济增长依靠的是廉价的劳动力，这其实忽略了新中国成立以来就坚持不懈的独立自主的创新活动，中国即便是在经济最困难、发展最不稳定的阶段也从未停止过自主创新。改革开放以来，在技术大引进的背景下，中国的技术创新路线得到了调整，基础科学研究、前沿技术跟踪、基础教育和高等教育等影响深远的科教工程也从未放松。诚然，中国经济的高速发展确实借助了人口红利等带来的要素成本优势，但能够利用这一优势发展本国经济的并非只有中国，也并非只有中国在经济起步阶段选择了发展和承接劳动密集型产业为主的道路，但最终，大多数国家停留在一个中低水平的发展阶段（如菲律宾、印度尼西亚等东南亚国家），甚至在经历一段时间增长后陷入经济倒退（如巴西、阿根廷等拉美国家）。中国长期保持强劲的增长动力，在国际金融危机后全球贸易环境持续恶化的情况下，没有出现“衰退”迹象，是因为独立自主的技术创新支撑了中国产业的不断转型升级，从而带动了中国的工业化不断进入下一阶段，使中国经济长期保持着高速增长。

近几年中国高科技企业发展、高新技术研发活动腹背受敌，虽疲于应战但并未被击溃，这足以反映出中国科学技术的创新体系、创新链的完整性已经达到相当高的水平。虽然与世界技术领先国家相比，中国还存在差距，但很多方面的差距都不再是“有”和“无”的绝对差距，而是质量、成本、稳定性、可靠性的相对差距，中国必定是全球技术研发活动中的一支重要力量。

在中国发展改革委提出的新基建的三个重要建设方向中，创新基础设施是一个较新的概念。在当前提出加强创新基础设施的建设，是满足新发展阶段中国创新能力进一步提升的要求，适应国际技术环境的变化，应对新工业革命挑战，抢占全球技术研发高地和超前布局新兴产业，迈向科技强国的重大举措。新基建是中国在新的发展阶段增强科技竞争力的重要基础，不仅包括传统意义上的科学装置，还包括新型的创新机构、超级科学工程和各种类型的产业应用平台。相较于传统基础设施，创新基础设施的“新”体现在能够实现“中国式创新”这一新的使命，在新工业革命中拓展新的领域、拥有新的载体和形成新的投资和运行模式。

无论是从技术创新对中国经济长期增长的支撑，还是从中国目前技术创新整体能力在全球的地位来看，“中国式创新”无疑是 20 世纪 80 年代以后，全球诸多赶超国家各种技术发展道路中最成功的一条。而各种创新基础设施的建设是“中国式创新”在过去取得巨大成功的重要基础，同时也是“中国式创新”在未来再创辉煌的重要保障。

“中国式创新”的新引擎

第一生产力的“第一生产力”

1975 年，邓小平在听取中国科学院工作汇报后，针对当时的实际情况，提出了影响深远的“科学技术是第一生产力”。那么，什么才是第一生产力的第一生产力呢？正如机床被称为工业“母机”，在技术创新活动中，除了人才的投入，最重要的是创新基础设施。在新工业革命中，发达国家和发展中国家都在加快建设和完善创新基础设施，在具有引领性的重大创新基础设施方面的竞争越发激烈。

创新基础设施的建设是“中国式创新”在过去取得成功的重要保障，同样也是“中国式创新”在未来再创新高的必要条件。一方面，具有革命性的技术研发活动必须借助世界领先的创新基础设施来完成。技术发展的科学化、专业化和复杂化趋势不断增强，与 20 世纪的技术研发活动相比，当前技术研发成果多出于专业化的实验室而非生产车间，具有革命意义的技术研发成果则必须依靠重大创新基础设施，特别是一些交叉学科领域的技术研发活动，更需要借助大型创新基础设施群才能够进行。另一方面，中国技术创新和高新产业发展的诸多短板，也需要特别的创新基础设施来弥补。例如，在基础研发领域的短板需要建设基础性的科学装置，在创新体制上的短板需要发展多种形式的创新机构，在技术转化上的短板需要完善产业应用平台等。

科技竞争首先是基础设施的竞争

国家竞争力最直接的决定因素是经济规模和发展水平，但竞争力最终还是由科学技术的水平决定的。一些研究将技术研发和创新活动看作“前竞争阶段”，认为科学技术具有公共产品的特性，能够通过外部性的发挥惠及大多数处在“后端”的产业部门。但事实上，通过标准、专利、品牌、商业秘密等手段，技术会丧失其公共品属性，成为一个国家或一个企业的私有资产。一些经济规模、人口规模偏小的发达国家，如果具有全球领先的技术研发能力和科学技术水平，仍然可以形成很强的国际竞争力。反之，即便是人口大国和经济大国，也只能在国际竞争中处于被支配的地位，很难立足于世界强国之林。

相对于标准、专利、品牌、商业秘密等“软手段”，创新基础设施是形成国家间技术差距的“硬条件”，只有先具备世界领先的“硬条件”，形成领先全球的技术水平，才能够通过“软手段”保护和巩固领先地位。正因如此，全球经济强国无疑都是科技大国和科技强国，同时也是创新基础设施强国。无论是老牌资本主义国家、新兴市场国家，还是经济高速增长的发展中国家，在事关国家核心利益的技术创新领域的竞争日益激烈，是否拥有全球领先的创新基础设施，成为国家能否参与国际科技竞争与合作，并在新工业革命的产业竞争中立于不败之地的前提条件和必要保障。在物理、天文、生命科学等最基础、最前沿的科学研究领域进行创新基础设施的布局，可以充分反映出科技强国的全球分布，以及后发国家在各个创新领域的技术赶超趋势。

总体上看，中国具有国际领先地位的重大创新基础设施的建设比美国、欧洲、日本等领先国家晚了约 20 年，但建设速度更快。2000 年后，随着经济实力的迅速提高以及加强自主创新、建设创新型国家等战略的提出，重大创新基础设施建设步伐明显加快。2013 年，中国政府颁布并开始实施了《国家重大科技基础设施建设中长期规划（2012—2030 年）》，部署了能源科学、生命科学、地球系统与环境科学、材料科学、粒子物理和核物理科学、空间和天文科学、工程技术科学这七大科技基础设施建设重要领域。到 2020 年 4 月，中国发展改革委已布局建设55个国家重大科技基础设施，在科技创新和经济发展中发挥了引领作用。目前，中国已经在主要的基础学科、前沿学科领域布局建设了国际领先的创新基础设施，为中国自主的创新活动和对领先国家的技术赶超奠定了坚实的基础。但创新基础设施规模偏小、数量偏少，学科布局系统性、前瞻性不够等问题还是比较突出，更重要的是，创新基础设施建设和运行的体制机制还比较陈旧，对技术创新活动的支撑作用还没有得到完全发挥。创新基础设施建设还需要满足更基础和更前沿技术研发的需求、服务新的使命、拓展新的领域、依托新的载体、探索新的模式。

专栏 7-1

全球四大基因数据库

基因是万物生存发展之源，生物体的生、长、衰、病、老、死等一切生命现象都与基因息息相关。同时，基因资源也是国家的重要战略资源，保存、保护和合理利用基因资源将成为未来维护国家安全、打造核心竞争力的坚实基础和有效保障。因此，基因库是生命科学研究最核心的基础设施之一，也是主要国家代表性的创新基础设施。目前，全球数据规模最大的四个基因数据库分别位于美国、英国、日本和中国。其中，中国深圳国家基因库建成时间最晚，但基因库样品保存的规模、存储量和可访问的数据量皆是全球最大，在中国乃至全世界生命科学研究中发挥着举足轻重的作用。

表 7–1　全球四大基因库分布及成立时间

基因库	所处地区和所属国家	建成时间
NCBI，美国国立生物技术信息中心	美国，马里兰州贝塞斯达	1988 年
EMBL-EBI，欧洲生物信息研究所	欧盟，英国剑桥	1994 年
DDBJ，日本 DNA 数据库	日本，静冈县三岛市	1984 年
CNGB，中国国家基因库	中国，广东省深圳市	2016 年

关乎大国未来的基础设施

创新基础设施为整个创新链上的所有活动提供了必要的硬件和软件条件，以及各种有形和无形的设施。创新基础设施种类繁多，具体形式可以分为四大类：重大科学装置、新型创新组织、超级科学工程、稀缺应用平台（见图 7–1）。

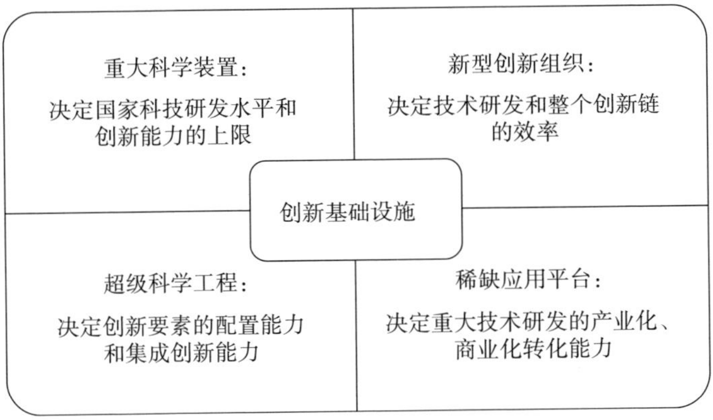

图 7–1　关键性创新基础设施的分类和意义

每一种类型的创新基础设施都有大有小，中小型设施可以由市场化的主体提供，但大型设施由于投资太大、公共属性较强，以及面临巨大的不确定性，需要依托国家力量协调资源要素。大型创新基础设施也是造成各个国家和地区间创新能力差异的主要原因，包括重大科学装置、世界领先的新型创新组织、超级科学工程和稀缺的产业应用平台。

对于赶超型国家而言，要实现经济发展由传统规模化增长向创新驱动发展的转变，在科技领域抢占有利位置，重大科学装置必不可少。正因如此，改革开放以来，特别是2000年以后，中国瞄准了世界科技竞争的最前沿，以远远超出当前中国发展水平的姿态，建设了若干个世界第一的重大科学装置，从而使中国逐步成为全球创新投入大国、论文发表大国、专利申请大国，夯实了中国自主创新的基石，为建设创新国家和实现对发达国家的技术赶超提供了保障。

重大科学装置：加速加速再加速，遥远遥远更遥远

重大科学装置是指需要巨大资金投入和复杂工程建设完成的，能够在较长时期内稳定运行、为持续的科学技术研发活动提供支撑、实现重要科学技术研发目标的大型装备。与一般的中小型科学装置相比，重大科学装置具有战略性、基础性和前瞻性的特点，能满足最基础和最前沿科技研发活动的要求，是一个国家科技发展战略的重要组成部分，不仅是国家创新体系的“补短”，也是强化优势领域的“扬长”。

重大科学装置是科技大国和科技强国不可缺少的基础条件，具有重要的战略意义，是各国创新能力存在差距的重要原因。一方面，重大科学装置是在基础领域和前沿领域获得重大科学发现和取得重大技术进步的重要条件。人类科学技术水平已经发展到必须依靠重大科技装备才能够实现突破性进展的阶段，从这个角度看，重大科技装备的建设水平决定了各个国家科技研发水平和创新能力的上限。另一方面，重大科学装置是国家经济、产业安全的重要保障，只有拥有重大科技装置的国家，才能在国际技术竞争与产业分工中有不可替代的话语权。

在一些重大基础科研和前沿领域，重大科技装置的竞争异常激烈，世界科技强国不惜斥巨资打造领先他国的科学装置，通过装置的建设和运行，聚集全球顶尖人才资源，并在最基础和最前沿领域遥遥领先他国。从全球顶尖的重大科学装置的分布来看，现阶段科技大国重点投入的领域仍集中在物理、天文、太空、极地、深海等基础中的基础。其中，物理学和天文学是重要的基础学科，高能物理和空间探索一直是各国争夺科技强国地位最火热的战场，从各个国家在这两个领域布局的重大科技装置可见一斑。

➢ 粒子物理和核物理科学领域

除了早先已经被科学家发现了的上、下、奇夸克，以及电子中微子、μ子中微子和光子，基础物理学研究中发现的其他粒子全都是依托拥有对撞机的高能物理研究中心发现的。例如，最著名的三位华裔物理学家李政道、杨振宁和丁肇中都是在美国布鲁克海文国家实验室（BNL）工作期间，利用加速器实验获得了重大突破，分别在1957年、1957年和1976年获得了诺贝尔物理学奖。基础物理实验装备投资巨大，美国曾计划在得克萨斯州地下修建的超级环形粒子加速器（SSC）最终因为投资巨大、民众反对而取消；在日本建设的国际直线对撞机项目（ILC）也因为经费问题不断延期。此外，世界上还有一些高能物理实验，比如，在太空中的AMS（国际空间站阿尔法磁谱仪实验）的暗物质实验；在南极洲冰盖下面的IceCube（IceCube Neutrino Observatory，世界上最大的中微子探测器）的中微子实验；在日本一个深达1 000米的废弃矿坑中的神岗/超级神岗中微子实验；在中国锦屏山雅砻江水电站隧道内、深达2 400米的PandaX（中国锦屏极深地下实验室）和CDEX（中国暗物质实验）等。

北京正负电子对撞机于1990年建成，2009年完成升级，是发展中国家唯一具有世界领先水平的高能物理实验装备，同时也是当时世界上唯一在τ轻子和粲粒子产生阈附近研究τ–粲物理的大型正负电子对撞实验装置，也是该能区迄今为止亮度最高的对撞机。

表7–2　全球主要高能物理实验室/实验中心

高能实验室/实验中心	主要实验设施	代表成果	建成时间
FNAL，美国费米国家加速器实验室	质子–反质子对撞机Tevatron以及相关实验，一度是世界上能量最高的对撞机，也是目前人类历史上能量第二高的对撞机	第五种夸克 底夸克和第六种夸克顶夸克的发现	1967年

续表

高能实验室 / 实验中心	主要实验设施	代表成果	建成时间
CERN，欧洲核子研究中心	大型强子对撞机（LHC），曾是世界上最大、能量最高的正负电子对撞机。以对撞机为基础，CERN 的实验设施包括：ATLAS（超环面仪器）、CMS（紧凑渺子线圈）、LHCb（LHC 底夸克侦测器）、ALICE（大型离子对撞器）	W 及 Z 玻色子，希格斯粒子，反物质氢原子，粲介子的电荷 – 宇称不守恒，五夸克态等	1954 年
IHEP，中国科学院高能物理研究所	北京正负电子对撞机以及北京谱仪对撞机实验；大亚湾中微子实验平台	四夸克态，τ 轻子与粲介子精确测量，中微子振荡 theta13 相角	1973 年
KEK，日本高能加速器研究机构	KEK–B 加速器以及上面的 B 介子工厂 Belle 对撞机实验	B 介子的电荷 – 宇称不守恒等	1997 年
BNL，美国布鲁克海文国家实验室	相对论重离子对撞机 RHIC	第四种夸克，粲夸克的发现，高能核物理的相关发现	1947 年
SLAC，美国国家加速器实验室	斯坦福线性对撞机 SLAC	τ 子的发现，第四种夸克粲夸克的发现，质子及中子内部的夸克结构，B 介子的电荷 – 宇称不守恒等。	1962 年
DESY，德国电子同步加速器研究所	质子 – 电子环形加速器 HERA 以及上面的对撞机	胶子的发现	1959 年
BINP，俄罗斯科学院布德克尔核物理研究所	若干较低能区的对撞机，以及等离子体设施	等离子体物理	—

➢空间和天文科学

探索太空有两个主要途径，一是通过射电望远镜观测太空，二是通过人造航天器直接探索太空，这两种探索方式相辅相成，但都需要借助大型创新基础设施。中国射电望远镜的建设时间明显落后于美国、欧洲和俄罗斯，但起点高、建设速度快。2016 年，位于贵州省黔南州的 FAST（口径 500 米的球面射电望远镜）建成投入使用，成为全球口径最大的球面射电望远镜，一举将中国天文观测科研推向了世界最领先水平。

表 7–3　全球主要射电望远镜分布及使用时间

射电望远镜（名称及形式）	所属国家和地点	建成时间
天眼，500 米球面	中国，贵州省	2016 年
天马，65 米抛物面	中国，上海市	2012 年
洛弗尔，76 米抛物面	英国，曼彻斯特市	1957 年
埃菲尔斯伯格，100 米抛物面	德国，波恩市	1972 年
绿岸，110 米抛物面	美国，西弗吉尼亚州	2000 年
阿雷西博，350 米球面	美国，美属波多黎各岛	1963 年
RATAN-600，576 米带形	俄罗斯，北高加索地区	1974 年
VLA，27 台 25 米列阵	美国，新墨西哥州	1981 年

在火箭发射上，美国、俄罗斯和中国拥有更加完善的发射基地（由于历史原因，俄罗斯所属发射基地在哈萨克斯坦和白俄罗斯境内）。中国建设火箭发射基地的时间并不落后于美国和俄罗斯。海南省的文昌卫星发射中心是 2000 年以后全球唯一新建成的综合性火箭发射中心，这是中国空间探索能力的一次巨大飞跃。

表 7–4　全球主要火箭发射基地分布及建成时间

火箭发射中心	所属国家和地区	建成时间
肯尼迪航天中心	美国，佛罗里达州梅里特岛	1962 年
西部航天和导弹实验中心	美国，加利福尼亚州	1964 年
迈科努尔航天发射场	俄罗斯，哈萨克斯坦丘拉塔姆地区	1967 年
普列谢茨克基地	俄罗斯，白俄罗斯阿尔汉格尔斯克	1957 年
酒泉卫星发射中心	中国，甘肃省酒泉市	1958 年
西昌卫星发射中心	中国，四川省凉山州	1970 年
种子岛航天中心	日本，九州鹿儿岛	1974 年
库鲁发射场	欧洲航天局，法属圭亚那	1971 年
圣马科（海上）发射场	意大利，肯尼亚恩格瓦纳海湾	1967 年
斯里哈里科塔发射场	印度，斯里哈里科塔岛	1977 年
文昌卫星发射中心	中国，海南省	2015 年

➢ 极地与深海

除了高能物理和空间探索领域的科学装置，中国其他领域的重大科学装置的发展也取得诸多重大突破。在南极，中国陆续建成了长城科考站、中山科考站、昆仑科考站、泰山科考站、罗斯海新站，在数量上仅次于俄罗斯、阿根廷和美国。2000 年以后，南极新建的 11 个科考站中，中国占了 3 个。

在深海，2002 年中国建造了“蛟龙号”载人深潜器，并在 2012 年下潜到 7 020 米，这是全球第二个下潜达到 7 000 米以下的载人潜水器，这大大提升了中国海洋相关的技术研发能力。

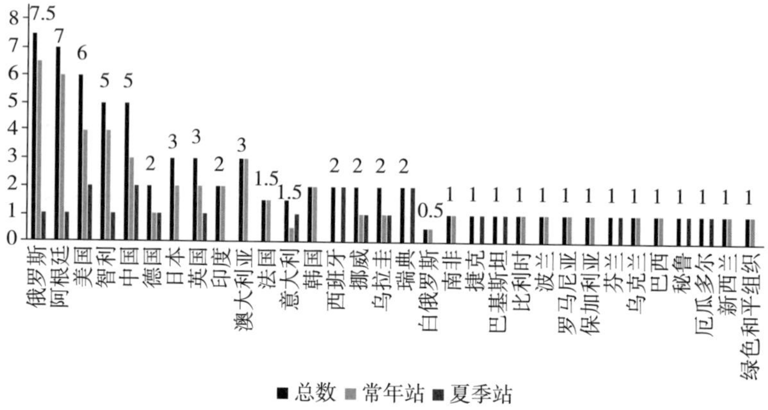

图 7-2 世界各国南极科学考察站数量（单位：个）

注：①中国在南极建设的第五个科考站——罗斯海新科考站，2018年奠基，预计2022年建成投入使用；②德国诺伊迈尔站先后建设了三个，只计算一次；③日本不包括关闭的瑞穗站，包括无人值守的观测站飞鸟站；④印度不包括被迈特尼站取代的甘戈特里站；⑤康宏站由法国和意大利共建；⑥青年站由俄罗斯和白俄罗斯共建。

表 7-5 全球深海潜水器下潜排名

深海潜水器	所属国家	下潜深度	类型
海沟号	日本	10 970 米	无人
利亚斯特 -2	美国	10 916 米	载人
蛟龙	中国	7 062 米	载人
深海 6500	日本	6 527 米	载人
鹦鹉螺号	法国	6 000 米	载人
和平号	俄罗斯	6 000 米	载人

➢超级计算

2020 年，中国超算“神威 · 太湖之光”和“天河二号”在全球超算排名中位列第四和第五。“神威 · 太湖之光”采用国产处理器架构，是全球首台运算速度超过10亿亿次的超算，2016—2017年是全球排名第一的超算。虽然与美国还存在显著差距，但中国超算的发展不仅结束了只能依靠国外技术才能生产超算的时代，同时还为气象学、地质学、材料科学、生物学、国防科技的发展提供重要算力支撑。

新型创新组织

新型创新组织是在创新链的各个环节，实现创新链的各种功能的组织。在要素整合环节，需要能够培养、调动以及整合研究人员、科研基金、科研设备、科研信息的机构和平台；在研发创造环节，科研力量要自发研究或承担有目标的科研项目，以发现新的知识、形成新的技术和工艺；在商品化环节，要将科技研发的成果供给、产业部门的需求对接，实现人员、资金、设备、信息、工艺、管理等要素的结合；在社会效用化环节，要将科研成果或形成的商品应用于社会生活等领域的环节。

为了实现创新链的这些功能，需要建设新型技术研发机构、新型成果转化组织、高科技产业集聚区、创业创新族群这四种类型的新型创新机构。其中，新型技术研发机构的主要职能是开展具有外部性和公共性的知识产出；新型成果转化组织旨在促进知识供需双方的对接，加速成果转化速度、提高成果转化效率；高科技产业集聚区旨在利用知识输入，实现价值创造；创业创新族群则旨在提高科创中心的活力。

新型技术研发机构集中承担知识创造工作，主要包括专门从事科技研发的高校、科研院所、科技公司等。在一个运作良好的创新链上，技术研发机构要有明确的定位，承担企业没能力、不愿意从事的研发项目，包括基础技术、原创技术、共性技术研发，以及搭建公共科技创新平台，这也是政府弥补市场失灵或缺位、分担创新风险的主要职能。以实现成果转化并创造经济价值为目标，新型科技研发机构要有自主选择科研项目的权力，政府资助可以提出重点方向，但不宜设定具体的研究内容，更不能直接干预科研活动。在这方面，德国的经验值得借鉴。在德国四大国家级科研机构中，马普学会侧重基础研究，亥姆霍兹联合会从事大科学研究，莱布尼茨联合会主要从事面向应用的基础研究，弗朗霍夫协会则直接面向产业从事应用技术研发。这四大科研机构定位清晰，职能互补，在创新链上实现了知识的传递，并与企业研发形成了互补。

新型成果转化组织包括专门从事科技成果转移和交易的科技转化部门、科技服务公司和技术交易市场。科研机构中的科技转化部门能够将本部门科研资源与外部需求对接。例如，美国的技术创新和技术转移法规定，联邦研究机构必须设置研究与技术应用办公室；新加坡科技局的成果转化部是与研究所并列的重要部门；德国马普学会成立了独立的马普创新公司。在科技研发机构之外，全球科创中心还应配备功能全面的科技服务公司，为中小企业、独立科研团队提供科研项目对接和成果转化服务。例如，德国史太白经济促进基金会是全世界最成功的科技服务公司之一，有超过 1 000 家转移、咨询和研究中心，合作伙伴遍及 50 个国家和地区。此外，全球科创中心还需要建成立足本地、面向世界，开展技术评价、交易辅导、商业辅导的技术交易市场。香港技术交易所是亚洲最大的专利技术转移服务商之一，该交易所发挥了香港独特的地理和政策优势，为内地企业技术需求与全球先进技术供给牵线搭桥，不仅引导香港科技资源服务于内地产业升级，而且在专利布局、保护咨询和法律保障等方面，服务各类企业。

世界级高科技产业集聚区，特别是先进制造和现代服务聚集形成的区域也是一种特殊的创新基础设施。跨国公司、大型企业则是实现知识创造经济价值的中坚力量。上海信息中心采用基础研究、产业技术、创新经济、创新环境等多个维度指标推出的全球科创中心评价结果显示，排名靠前的城市（或城市群）都不是单纯的科技研发城市，而是在其区域内有世界一流的产业集群，例如，圣何塞的电子信息产业、波士顿的生物医药产业、东京的精密机械加工业、新加坡的化工业都是世界级的产业集群。一方面，产业部门创造的经济价值可以反哺新的科技研发活动；另一方面，作为实际生产经营部门，下游应用企业能够较为全面地检验研发技术成果的经济性，包括投入成本、工艺可能性以及市场潜力，进而为科研成果改进提供重要依据。

通常而言，大型企业对技术创新成果的应用相对保守，如果一个地区仅有大型企业，前沿科技创新成果的产业化往往会比较滞后。因此，区域创新活力的提高在于创新主体的多元化，既要吸引处于行业领军地位的大型企业，也需要各种科研主体共同推动持续繁荣的创业创新活动。其中，大学能够输送年轻人才，是创新型城市发展的重要依托。韩国首尔市在2016年推出了“大学城”项目，涉及首尔的48所大学，旨在促使大学师生与当地企业开展多样化的创业创新合作。项目启动后，约有2万名大学师生参与了该项目，创办了约200家创业公司，很多大学也借助这个平台组建了专门的创业创新平台，为师生的科技研发和成果转化提供了帮助。

超级科学工程

具有特定目标的超级科学工程能够带动各种创新要素的整合与聚集，超级科学工程在装置的建造和利用的过程中，往往需要发展新型技术或把已有技术提高到新的水平。因此，超级科学工程的实施除了能够实现既定科学研究目标，还能成为众多高新技术的源泉和高新技术产业的摇篮。

例如，太空计划一直是规模最大的超级科学工程。作为全球航天最强国，美国在半个多世纪里先后实施了水星计划、双子星计划、阿波罗计划、太空实验室、航天飞机、国际空间站、太空的士、登陆火星。这些计划的实施不仅将人类空间探索一次次推向高潮，还附带了众多科研产出，并在各个领域得到了应用，促进了相关产业升级。例如，在火星拓路者计划实施期间发明的分层涂层液晶聚酯纤维应用到了军队和警察盔甲中，在外太空探索生命迹象的纳米管被应用于生命传感器，哈勃望远镜的设计被应用于光学传感器，用于宇航器的反光材料被应用在动物保护上，纳米陶瓷被用于治疗肿瘤药物的胶囊上。

专栏 7–2

NASA 的创新设施

成立于 1958 年的 NASA（美国国家航空航天局）为保障各种航空航天超级科学工程的顺利实施，在全美甚至全球兴建和共建了众多基础设施，汇聚了全球最高水平的航空航天科学研究和产业应用要素。在美国境内，NASA 华盛顿指挥部为最高管理机构，下设埃姆斯研究中心（NASA–ARC）、德莱顿飞行研究中心（NASA–DFRC）、格伦研究中心（NASA–GRC）、戈达德空间研究所（NASA–GISS）、戈达德航天飞行中心（NASA–GSFC）、独立认证与鉴定研究所（NASA– Ⅳ VF）、喷气推进实验室（NASA–JPL）、肯尼迪航天中心（NASA–KSC）、兰利研究中心（NASA–LRC）、马歇尔航空飞行中心（NASA–MSFC）、斯坦尼斯航天中心（NASA–SSC）、沃罗普飞行研究所（NASA–WFF）和白沙试验研究所（NASA–WST F）。

2000 年以后，中国载人航天、探月工程、载人深潜、北斗卫星导航系统、超能计算机等超级科学工程聚集和整合了国内顶尖创新资源，不仅使中国多个学科的技术研究、产业化应用跻身世界先进行列，这些超级科学工程实施的溢出效应也在各个领域创造了经济效应和社会效应。

因为超级科学工程需要巨大的投资，所以经常会进行国际合作，但由于阶段性的聚集效应和辐射效应，国际合作也经常受到非科技、非经济因素的干扰。例如，欧盟在 1999 年提出了 GSNS 伽利略卫星导航系统的概念，并在最初主动邀请中国作为参与国之一，在中国承诺投入巨额资金的情况下，欧盟由于某些原因放弃了在该领域与中国的合作。2005 年，中国迫于压力开始发展自主的北斗卫星导航系统，并在卫星发射上与欧盟赛跑，最终在卫星数量上一直领先伽利略系统。

表 7-6 全球主要卫星定位系统

定位系统	国家（地区）	建设时间和服务范围
GPS（全球定位系统）	美国	20 世纪 70 年代开始研制，1994 年开始投入使用，全球第一个卫星定位系统，提供全球定位服务
GSNS（伽利略卫星导航系统）	欧盟	2003 年启动项目，2018 年完成组网，提供全球定位服务
BDS（北斗卫星导航系统）	中国	2007 年开始建设，2012 年开始向亚太地区提供区域定位服务，2020 年提供全球定位服务
GNSS（格洛纳斯卫星导航系统）	俄罗斯	1993 年开始建设，2007 年开始运行，2009 年后提供全球定位服务
QZSS（准天顶卫星系统）	日本	2010 年开始建设，提供各区域定位服务
IRNSS（印度区域卫星导航系统）	印度	2016 年开始建设，提供区域定位服务

稀缺应用平台

产业化是技术创新活动的最终目的，也是关键一步，甚至被称作单纯的“技术研发”与“技术创新”的区别所在。无论是有明确目标的技术研发项目，还是奇思妙想的科技探索，最终都需要通过产业应用平台才能得到验证和完善。在最终产业化应用之前，工业创新项目大多会经过严格的“小试”“中试”“大试”三个阶段的产业化验证和优化：“小试”主要验证新工艺的稳定性，一般在实验室进行小批量的生产；“中试”主要验证生产设备的可靠性、匹配性能否满足大规模生产的需要，一般是实验室与工厂车间合作完成；“大试”主要验证生产线全部装置的可行性，一般是在最终生产的工厂进行。无论是哪个阶段的验证，都需要一定的创新设施和制度支撑。在最终投放市场之前，农业技术创新的新种子、种植方法同样需要在一个较大的能够模拟主要种植区土壤和气候条件的试验田进行试种，以发现规模化种植可能出现的问题并找到解决方案。服务业的产业化验证相对简单，但同样需要在一个较小的市场范围内进行测试。并不是所有实验室、工厂都能完成这些产业化测试，具备产业化验证功能的实验室是重要的创新基础设施。

在商业成本和生活成本高企的大都市发展产业应用平台并非易事，但为了有效支撑前端的科技创新活动，全球商业成本和生活成本最高的城市同样要拥有相对较为完整的产业支撑体系和活力强劲的消费市场。日本的“母工厂”为高成本地区的科技创新与产业发展的互动提供了可行的思路：在靠近技术研发资源的地区建设小规模但完整的制造体系，发现并纠正产业化过程中出现的各种问题，待技术成熟之后再将其投放到更具成本优势和市场空间的地区。

表 7–7　全球主要环形铁路试验场

	位置	建成时间	长度	简介和现状
捷克斯洛伐克环形试验线	布拉格以东50千米的维利姆	1963年	大环12.2千米；小环3.9千米，最高时速200千米	—
罗马尼亚环铁试验线	法乌列依	—	全球最大环线试验线	—
法国瓦朗谢讷铁路实验中心和高速铁路试验段	雷斯姆	2000年	2.75千米直线段，设计速度100km/h（千米 / 小时）；耐久性实验环线1.83千米，设计速度70km/h	阿尔斯通公司和庞巴迪ANF公司占总投资的72%，由于规模太小无法进行高速实验

续表

	位置	建成时间	长度	简介和现状
美国国家运输技术中心（TTCI）	科罗拉多州普韦布洛	1971 年	大环 21.7 千米，设计实验速度 257km/h；小环 14.5 千米，最高试验速度 128km/h	主要进行重载实验
苏联铁路环形试验线	莫斯科谢尔宾卡	1932 年	大环 5.3 千米；小环 2.6 千米	全球第一个环形试验场，通过改造完成了 250km/h 的高速动车组实验
联邦德国铁路试验线	多瑙利德	—	57 千米，最高时速 380 千米	1975 年开建，1977 年因为造价和当地居民反对停建
德国西门子特铁路车辆实验中心（PCW）	韦格贝格—维尔登拉	1977 年	大环 6.1 千米，最高实验速度 160km/h	西门子 95% 的高速铁路机车车辆及其他装备的实验在 PCW 完成。计划在柏林—勃兰登堡建设两条 8 千米直线段，最高实验速度 250km/h。
中国铁科院环铁实验基地	北京	1957 年	外环 9 千米，内环 8.5 千米	全球使用频率最高、测试条件最好、测试内容最完善的环铁试验场

对于中小型的产业化应用实验，一般由企业自己建设硬件和场所，但对于一些大型项目的产业化实验，需要调动的资源巨大，只能由国家或者大型跨国公司承担。例如，铁路运输是一个复杂的系统，包括机车系统、道路系统、运营系统等多个方面，由于铁路运输对安全性要求很高，大到新车型的上线、小到一个零部件的更替，都需要经过严格的实验。世界铁路组织和主要国家都对铁路新产品在商业化应用前的实验验证有严格的规定。正因如此，传统和新兴铁路大国都会建设更长的铁路

实验基地以获得更好的产业化验证数据。随着机车速度的不断提高，传统的环线实验场地和短距离直线加速线路都难以满足高速铁路机车产业化应用实验验证的要求，这成为很多老牌铁路国家发展高速铁路系统的重大制约因素。

中国在2000年后开始发展高速铁路并很快迈过了以引进技术和标准、进口整车和主要零部件的阶段，进入了自主知识产权发展的新阶段。在高速铁路发展的过程中，铁科院北京环铁实验基地是重要的产业化应用平台，一条未完成的高速铁路线路也在其中充当了无名英雄。

专栏 7-3

大西线：高铁“复兴号”的摇篮

大西线指连接大同市与西安市的高速铁路线路，也被称为大西客运专线，是中国《中长期铁路网规划》（2016年版）京昆高铁的重要组成部分，也是中国西部铁路建设重点工程。2009年，大西线开工建设，2014年7月，太原至西安段率先建成通车，但由于若干工程难点，大西线北段并未完全打通。在北段中，忻州到原平的86千米线路率先建成，这条不足100千米的“断头路”虽然没有投入实际运营，但一条完整的实际线路成为让全世界羡慕的高速铁路实验验证平台。从2015年开始，永磁电机等机车核心零部件、新型道岔等道路核心零部件、地震预警和紧急避险系统、250千米城际动车组等整车产品在这条近90千米的正线上得到了反复验证，为后期的规模化生产和实际运营积累了宝贵数据经验。当然，在大西线上进行测试的最闪亮的明星还是中国独立设计制造的“中国标准化动车组”。2017 年，于大西线上完成 60 万千米运营测试的“中国标准化动车组”在京沪线投入实际运营，这便是大名鼎鼎的中国动车“复兴号”。

2015—2016 年，由长春客车制造厂和青岛四方客车厂分别设计制造的两列“中国标准化动车组”每天在大西线上往返约 16 个来回，每天行驶 2 000 多千米。通过这一高强度的实际线路上的运行，设计、制造和系统方面的大部分问题和缺陷都暴露出来了，这些信息被反馈到高速铁路的设计单位、工程施工单位、机车制造企业和铁路运营公司，使自主知识产权的高速铁路系统不断得到优化，最终“复兴号”在综合指标上明显超过了国外高铁，而“复兴号”从项目启动到正式运营只用了 5 年的时间，除了科研设计单位和参与各制造企业的不懈努力，在产业化验证中，大西线对于“复兴号”尽快完成 60 万千米运营测试功不可没。

创新基础设施的新使命

中国技术创新地位和使命的变化、技术创新组织和方式的多元化，使技术创新领域和应用场景更加广阔。创新基础设施的“新”主要体现在四个方面。

新的定位

中国有一段辉煌的科技发展史，很多重大发明创造都先于欧洲几百年，这使得中国在几千年里科技水平一直领先全球。但是，由于错过了第一次工业革命，也未能及时赶上第二次工业革命，中国在短短一两个世纪里，从科技水平世界第一的国家成为科技水平较差的国家。新中国成立后，中国科技奋起直追，不断缩小差距，但客观地讲，由于底子薄、欠账太多，技术研发活动主要是消化吸收和再创新，鲜有对全人类文明提升做出贡献的原创性成果。

随着科技综合实力的不断提升，中国逐步成为全球科技研发资源最丰富的国家之一，中国技术创新活动不应继续局限于对国外研究成果的深化和应用，而应当在一些基础性、前瞻性领域开展能够造福全人类的重大创新活动，使中国重新回到全球技术创新舞台的“C 位”。新基建是中国科技水平从“追赶”到“领跑”，技术创新活动从以“模仿创新”“集成创新”为主到“基础研发”“架构创新”为主，完成历史交予“中国式创新”的使命，实现创新目标从突破短板到造福全人类转变的重要保障。

专栏 7–4

20 世纪以来造福全人类的重大发明和发现

从 20 世纪开始，技术创新的科学化、复杂化、专业化趋势增强，接受高等教育的科学家成为技术创新的主力军。同时，创新活动也越来越需要系统性的软硬件支持，包括专门的实验装置和场所。在包括大学、科研机构、企业实验室在内的专业化的创新基础设施支撑下，现代科学理论逐步建立，并通过发明家和企业家应用于新产品的制造，极大地改善了人类的生存条件。在 100 多年的时间里，几乎所有造福全人类的重大创新成果和科技发明都借助了创新基础设施，而拥有全球领先的创新基础设施的企业和国家则成为全球科技革命的领军者。例如，尼龙是在美国杜邦公司威尔明顿实验室发明的；计算机的发明和第一台计算机的制造和运行使用了美国海军研发系统的多个设施设备；虽然青霉素最初是英国细菌学家弗莱明在一个简陋的实验室中偶然发现的，但后期的动物实验、稳定的霉菌培育和青霉素分离、提纯、强化还是借助了牛津大学完善的实验系统；胰岛素的发明与青霉素有类似过程。美国、英国、德国是这一时期迸发重大创新最多的国家，也是创新基础设施最完善的国家，在 1950 年以前，这三个国家几乎包揽了所有造福全人类的科技创新成果。

表 7–8　20 世纪以来部分重大发现和发明及其依托的创新基础设施

重大发明和发现	时间	代表人物 / 国家	依托的创新基础设施
电视机	1900—1950 年	保尔·尼普可（德国）、约翰·贝尔德（英国）、卡罗鲁斯（德国）、布劳恩（德国）、罗辛（俄国）、坎贝尔·温斯顿（英国）、兹沃雷金（美国）	俄国圣彼得堡技术研究所，美国威斯汀豪森电气公司实验室，美国无线电公司光电摄像管系统，德国帝国邮政中心演播室
尼龙	1926—1939 年	卡罗瑟斯（美国）	美国杜邦公司威尔明顿实验室
塑料	1910 年	贝克兰德（美国）	美国纽约一家胶片实验室
原子能	1911—1942 年	卢瑟福（英国）、波尔（丹麦）、爱因斯坦（美国）、费米（美国）	美国曼哈顿计划
胰岛素	1922 年	班廷、贝斯特（加拿大）	加拿大多伦多大学
彩色胶片	1923 年	戈德斯基、曼内斯（美国）	美国柯达公司实验室

续表

重大发明和发现	时间	代表人物 / 国家	依托的创新基础设施
液体火箭	1926 年	戈达德（美国）	美国克拉克大学
青霉素	1928—1935 年	弗莱明（英国）、钱恩（英国）、弗罗里（英国）	英国牛津大学
临床心脏起搏器	1932 年	海曼（美国）	美国纽约一家医院
原子反应堆	1942 年	费米（美国）	美国芝加哥大学
计算机（第一代晶体管）	1946 年	霍华德·艾肯（美国）、冯·诺依曼（美国）	美国海军研发系统，美国宾夕法尼亚大学
晶体管	1947 年	巴丁、布拉顿、肖克莱（美国）	美国贝尔实验室
DNA 分子双螺旋模型	1953 年	沃森（美国）、克里克（英国）	—
反质子	1955 年	张伯伦（美国）	美国伯克利高能质子同步稳相加速器
人工合成 DNA	1956 年	科恩（美国）	美国斯坦福大学
集成电路	1958 年	基尔比（美国）	美国得州仪器公司实验室
激光	1960 年	梅曼（美国）	美国休斯飞机公司实验室
互联网	1969 年	—	美国先进技术研究机构，加利福尼亚大学，斯坦福大学，犹他州大学
顶夸克	1995 年	费米国家实验室（美国）	美国费米加速器
人类基因组测序	2000 年	美、英、法、德、日、中	各国基因工程实验室

新的领域

每一次工业革命都是由一批主导革命性变革的技术拉动和牵引的。虽然产业技术门类众多，但总结起来，传输技术、能源技术、材料技术和制造技术是具有主导意义的使能技术，如果这些技术在短时期内同时出现革命性变革，就会引发新一轮的工业革命。

表 7–9 历次工业革命主导技术的变化

	第一次工业革命	第二次工业革命	新工业革命
信息技术	邮政网络	电话和电报	互联网、无线通信
交通技术	蒸汽汽车、火车和轮船、公路、运河	飞机、远洋轮船	高速铁路、航空航天
能源技术 / 动力技术	蒸汽能、蒸汽机	电力、电机、内燃机	清洁能源、核动力、新能源应用
材料技术	熟铁冶炼	钢铁冶炼、合金冶炼	复合材料、纳米材料
制造技术	工业器械	工业机床、生产流水线	快速成型技术、工业机器人
医疗技术	解剖学、外科手术	化学药物	生命科学

在新工业革命中，信息技术、交通技术、能源和动力技术、材料技术、制造技术、医疗技术全面升级，传统技术路线不断被颠覆，而新的技术路线的发展和验证则需要新的创新基础设施支撑。为了抢占未来国际技术竞争、产业竞争的制高点，获得先发优势，世界各国都在新的技术领域布局了新的创新基础设施。例如，为了解决城市交通问题，马斯克提出了在地下开通汽车隧道的想法，并创建了“无聊公司”。2018 年，第一条汽车隧道在洛杉矶竣工，马斯克乘坐特斯拉汽车，以 177 英里（约 285 千米）的最高时速，穿越洛杉矶 4.3 千米的地下隧道，来到位于加利福尼亚州南部城市霍桑的 The Boring Company[①] 的产品发布现场，这条隧道成为验证地下快速交通网络新

① 马斯克为解决地面交通拥堵成立的公司，主攻方向是隧道挖掘机。

解决方案的创新基础设施，另外两条隧道也在拉斯维加斯竣工并对外开放。此外，人工智能发展需要的神经网络，新一代核能研究需要的可控核核聚变设施等，都是新基建重要的新领域。

新的载体

无论是基础设施的建设还是运营，一般都会借助一个载体，以保障基础设施建设的顺利进行，以及建成后的科学维护和使用。中国的科研体制特征决定了，创新基础设施，特别是重大基础设施的载体一般是科研院所和高等学校来研发的。例如，中国政府研发经费支出的 80% 投给了科研院所和高等学校。

为了实现中国技术创新活动的转型升级，实现新的战略目标，创新基础设施的建设和运行应当借鉴先进国家的经验，培育新的载体。以基础技术研发和理论研究为发展重点的一流大学不仅承担了具有公共产品属性的基础研发，还是最重要的人才培养单位，为创新活动提供了人才保障。例如，全球著名的麻省理工学院拥有麻省理工人工智能实验室（MIT CSAIL）、林肯实验室（MIT Lincoln Lab）和麻省理工学院媒体实验室（MIT Media Lab）等创新基础设施，承担了万维网、GNU（自由软件构成的系统）、Emacs（编辑宏的缩写）编辑器、RSA[①] 算法等美国重大创新项目，校友、教职工和研究人员中有 97 位诺贝尔奖得主、8 位菲尔兹奖得主以及 26 位图灵奖得主。

博物馆、图书馆是重要的科普机构，也兼具相关研发和创新活

① RSA 是由罗纳德·李维斯特（Ron Rivest）、阿迪·萨莫尔（Adi Shamir）和伦纳德·阿德曼（Leonard Adleman）共同提出的。RSA 分别为三人姓氏首字母。

动的职责，还决定了一个城市和地区的科技创新氛围。旧金山探索博物馆的创始人是美国“原子弹之父”罗伯特·欧本海默的哥哥福兰克·欧本海默。与普通科技馆注重展示不同，探索博物馆中有600种可亲手操作的科学游戏或展览，吸引孩子们主动去动手、去探索，获得第一手、最直接的经验，从而学到原理知识。与其说是一个博物馆，不如说是一个大型开放式的科学实验室，所有项目都可以让参观者进行互动。这种互动和参与性的展览方式后来被哥白尼科学中心、索尼探梦园等借鉴，并成为全球科技馆的发展方向。位于北京的中国科学技术馆（新馆）也在很多地方借鉴了旧金山探索博物馆的项目设计。

科技产业园、科技孵化器是创新链和产业链融合的关键载体，同样是重要的创新基础设施。例如，科技活动和产业发展空间均受限的新加坡，长期致力于为高水平的科研项目及其团队提供一流的科技地产和专业化的物业服务。新加坡贸工部下属的JTC（裕廊集团）专门从事发展产业基础设施，自1968年成立以来，JTC通过发展土地和空间以支持工业转型升级，为助推新加坡成为世界级科创中心发挥了积极作用，使得寸土寸金的新加坡建成了在产业链上处于主导地位的裕廊工业区、裕廊岛化工园区等具有全球影响力的工业园，培育出了世界第三大石化基地和第二大海洋工程设备制造业。JTC管理的纬壹科技城则是东南亚创业创新企业聚集地，依托高质量的服务和各种共享创新设备，科技城吸引了超过400家领先企业和机构、700多家初创公司、16个公共研究机构、5所企业大学或学院。新加坡领先全球的生物科技、环境科技等重大研发成果很多都在纬壹科技城进行孵化并最终实现了产业化应用。

科技示范是新科技在大规模商业化应用前进行推广和普及的重要

阶段。一提到科技示范，我们通常会想到政府购买公共产品的行为，如新能源公交等。但从发达国家的经验来看，科技示范其实有很多种实现场景，有的场景不仅不需要政府部门在技术发展早期用巨额资金购买不成熟的产品，造成巨大浪费，反倒能让公众更容易熟悉新科技和接受新技术。例如，迪士尼乐园在建设和扩建时的一个思路就是使用当时尚未大规模采用的技术，给游玩者全新的体验，同时也能验证新技术的实际应用效果。很难想象，线性感应电机、无人驾驶、轨道交通系统等这些我们现在司空见惯的技术和工艺，最早出现在 20 世纪 70 年代，甚至是 50 年代的迪士尼乐园。

表 7–10　创新基础设施的不同载体

基础设施载体	主要功能	典型例证
一流大学	人才培养、基础研发	美国麻省理工学院
博物馆、图书馆	科学普及	美国旧金山探索博物馆
科技学会	资源协调、科学家联络	德国
技术交易市场	创新成果转化	香港技术交易所
科技产业园	成果应用	新加坡纬壹产业园
科技示范	技术验证、市场启动	迪士尼乐园

专栏 7–5

迪士尼乐园的高科技

1948 年，迪士尼创始人华特·迪士尼开始设想建造一个以美和奇观为特征的博物馆，集博览会、游乐场、社区中心、集市等事物于一体，让人们在这里寻找到快乐和知识，这便是后来享誉全球的迪士尼乐园。为了在迪士尼乐园创造前所未有的游玩体验，1952 年，华特·迪士尼个人独资成立了 WED 公司（后更名为 WDI，Walt Disney Imagineering，迪士尼幻想工程公司），各个专业部门的幻想工程师将艺术与科技完美融合，主导设计出了加州迪士尼乐园的两个主题乐园和两艘迪士尼游轮。

由于加州迪士尼的巨大成功，福特公司邀请迪士尼为其打造 1964 年的纽约世博会参展项目。迪士尼由福特生产线获得了灵感，创造了一种全新的分区域精确控速传动装置，成为世博会最成功的参展项目。华特·迪士尼在弥留之际梦想着将这一系统应用于正在建设的奥兰多迪士尼世界的未来之城。1967 年，按照华特·迪士尼生前的规划，“people mover”项目首先在加州迪士尼乐园投入运行，向游客展示了一套高效、安全、精准、节能的未来交通系统。1975 年，奥兰多迪士尼世界的“people mover”项目首次用“WEDway system”LIM（线性感应电机）代替传动轮，这一系统在 1981 年休斯敦国际机场航站楼客运系统建设中中标，成为由迪士尼乐园发明并进入民用领域的科技应用。

表 7–11 首次在迪士尼乐园使用的新科技

新科技	初次使用游乐项目	初次使用时间	扩散应用
单轨运输系统	摆渡火车	1959 年	城市交通
发声机器人	提金屋	1963 年	服务机器人
电脑操控	飞跃太空山	1975 年	自动化设备
无轨骑乘系统	小熊维尼猎蜜记	2000 年	AGV（Automated Guied Vechile，自动导引车）
定制游乐设备系统	使命：太空	2003 年	航天员培训

续表

新科技	初次使用游乐项目	初次使用时间	扩散应用
虚拟现实技术	海底总动员潜艇历险之旅	2007 年	新型显示
增强现实技术	海底总动员大冒险	2007 年	新型显示

迪士尼商业帝国下的迪士尼研究院（Disney Research）也是研发“黑科技”的一股重要力量。智能手环、虚拟现实、人脸识别、无线充电这些已经或正在普及的科技产品最初都是迪士尼研究院主导或参与的创新项目，并且这些“黑科技”在商业化之前就应用在了迪士尼电影拍摄和乐园的娱乐项目上。

新的模式

不仅创新基础设施建设投资巨大、协调工作量大，而且重大创新基础设施的运行要继续追加投资、不断注入新的人才队伍。建设和运营大型创新基础设施不仅要有雄厚的资金保障，往往还需要大型跨国公司和国家参与。对于经济发展水平相对较低的国家而言，如果不能通过行政手段汇聚必要的资源，是难以建设具有世界领先水平的大型创新基础设施的。

从“两弹一星”开始，中国很多重大技术突破都采用了“举国体制”，改革开放以后，虽然私人和民间创新成为国家创新体系的重要组成部分，但在大飞机、航空母舰、载人航天、探月工程、高速铁路等重大创新中，“举国体制”仍然发挥了重要作用。但也必须看到，很多耗资不菲的创新基础设施也出现了“过剩”问题，使用率不高，浪费巨大。2018 年，科技部发布了《中央级高校和科研院所等单位重大科研基础设施和大型科研仪器开放共享评价考核结果的通知》，这是国家科技管理部门首次点名批评存在重大浪费的科研院所和大学。经对比发现，很多科研机构“重物轻人”的现象相当严重，对实验技术人员支撑科技创新的作用认识不够，实验技术人员数量明显不足，分配结构也不合理，无法实现对仪器的有效管理和充分利用。例如，某单位一位实验技术人员同时负责 60 台科研仪器，只能做到开关机管理。还有一些单位缺少专职实验技术人员，造成仪器故障率高，有的仪器仅使用两三年就处于损坏闲置状态。“体制内”科研设备存在巨大浪费的同时，“体制外”的创新活动对基础设施的需求却不能得到满足，一些有商业价值的技术想法因为找不到实验场所和验证场所而不得不放弃。

创新基础设施的建设和运营必须突破传统的“举国体制”，打破所谓的“体制”局限。通过科技研发体制机制改革、激励民营企业的技术创新活动、引导民间资本投入科技创新活动，使更多主体参与到创新基础设施的建设和运营中。这是一种新的、具有中国特色、符合中国当前发展阶段和技术创新特征的以及满足当前技术创新发展要求的“新举国体制”，既发挥了中国在动员资金、要素上的优势，又激活了创新基础设施的利用率，破解了民营企业在技术创新方面的难题。

专栏 7–6

“钢铁侠”结缘肯尼迪中心 39 号发射台

位于美国东南角的肯尼迪航空中心是美国本土最接近赤道的地

区，向东发射火箭时可以利用地球自转附加速度，有助于卫星入轨。同时，该中心又处在美国的边缘，面临浩瀚的海洋，其东南方向有巴哈马群岛和西印度群岛，非常适宜建设一系列监控站，是各种航天器理想的发射场所。从美国第一颗人造卫星到举世瞩目的航天飞机，从1981年哥伦比亚号航天飞机发射到2011年亚特兰蒂斯号最后一次飞行，肯尼迪39号发射台执行了94次发射任务，其中有12次土星五号火箭发射、82架次航天飞机发射，肯尼迪39号发射台一次次被载入人类探索太空的历史。

2020年5月31日，肯尼迪39号发射台再次迎来一次重要发射，航天飞机退役后时隔19年，美国再次在本土将宇航员送上太空，与以往不同的是，担任此次飞行任务的是私人公司Space X研发的猎鹰9号（Falcon 9）运载火箭搭载的龙飞船（Crew Dragon）。由私人航天公司实施载人飞行在全世界尚属首次，如果顺利发射，无论是对Space X还是对NASA，甚至是对全世界航天事业而言，都具有里程碑式的意义。

埃隆·马斯克被称为现实中的“钢铁侠”，他在2002年创立了Space X。2006年，Space X获得了NASA商业轨道运输服务合同，2008年再次和NASA签署价值16亿美元的商业补寄服务合同，2014年和波音公司共同获得NASA价值68亿美元“太空的士”合同，用以执行向国际空间站运送航天员的任务。除了资金上的支持，Space X重点研发的猎鹰火箭和龙飞船的前沿技术以自主研发为主，但不少研究项目都有NASA的科学家参与其中，更重要的是，Space X的研发借助了NASA大量的创新基础设施，最著名的便是承担龙飞船首次载人发射的肯尼迪航空中心39号发射台。

根据媒体报道，Space X 长期租用肯尼迪中心 39 号发射台，这意味着美国重启月球登陆、火星探索等航天计划，将在很大程度上借助包括 Space X 在内的私人科技公司的参与，这也代表了未来大型创新基础设施建设和运营的方向。基础设施的建设仍然需要政府主导的资金投入和资源协调，但私人公司以市场为导向，能够以更低成本完成科技创新项目。自 2014 年，中国政府批准私营企业进入航天领域以来，已经成立了 100 多家企业，重点布局火箭发射与制造服务、卫星制造与运营两大领域，但这些企业与 Space X 相比，不仅在技术水平上存在差距，而且在如何更好地利用包括发射场在内的航天基础设施方面还存在很多体制上的障碍。

美好生活的科技之光

虽然建设创新基础设施的主要目的是促进和升级中国技术创新活力，形成创新驱动发展新动能，助力创新型国家建设，但由于这类设施具有建设周期长、投资巨大、聚集人才和技术要素等特点，其建设、运营可以吸纳大量投资和就业，促进基础设施所在地区社会经济的发展，在带动就业、提升地区知名度、吸引与基础设施相关产业投资、改善地区环境、带动旅游业等服务业发展方面发挥积极的作用。对于一些经济发展水平较低、地理位置较偏远的地区而言，建设这些高大上的创新基础设施，如同为社会经济发展插上了双翼，能够产生“以点带面”的效果，从而在较短时期内实现发展面貌的巨大改观，并形成持续的辐射带动作用。

相较于一般性基础设施选址更多考虑交通便利、产业配套、能源供给等因素，创新基础设施由于自身的特殊性，对环境有一些特殊的要求，在地理位置、地质条件、气象气候等方面具有特殊性的地区往往具有建设创新基础设施的先天优势。大多数科学研究项目需要减少对人类生产生活的干扰，因此，一些生态环境优越的偏远地区是建设大型创新基础设施的理想之地，这也为将“绿水青山”变为“金山银山”提供了有利机遇。

差异化的地方发展

人才和技术是一个地区发展高新技术产业不可缺少的，也是最难获得的要素资源。近年来，中国很多地区为了本地区高端产业的孕育和发展，不惜代价吸引人才，但这种仅仅依靠一次性奖励和单纯经济手段的方式并没有取得预想的效果，一些被政策吸引来的人才并没有在当地找到合适的岗位，人力资源未能有效地转化为地方经济和产业发展的动力，这对欠发达地区本来就紧张的财政和人才本身都是巨大浪费。

无论是经济收入还是作为科研人员价值的实现，技术创新活动，特别是重大技术创新活动对技术研发人员都有天然的巨大吸引力。依托重大创新基础设施的建设运行，科研院所、大学、配套科技服务业等组织会陆续到来，这将大大改善创新基础设施所在地的人才和技术环境，为相关高技术产业的培育和发展奠定要素基础。

专栏 7–7

同途异路：美国火箭之城与中国西南山区的“金凤凰”

20 世纪 60 年代，NASA 开始建设约翰逊宇航中心和总部下属的各种创新基础设施，与此同时，石油工业进入了高速发展期，两者共同带动了当地经济的大发展，休斯敦成为美国南部重要的经济中心。20 世纪 80 年代以后，休斯敦致力于改变单一的石油工业，向多样化发展。进入 20 世纪 90 年代，在美国其他地区经济不景气的情况下，休斯敦经济的增长势头依然不减，逐渐成为美国高技术中心之一。在石油价格波动、全球爆发金融危机的大环境下，休斯敦始终是美国最具活力的地区。大休斯敦地区的生产总值在全美排名第四，世界 500 强企业在此处设立总部的数量仅次于纽约，成为全美第二。与美国很多老工业城市出现严重经济衰退形成鲜明对比，休斯敦成功实现了主导产业从传统石化工业向生物医药、健康医疗、海运贸易等的更替。根据统计，2010—2017 年，大休斯敦地区新增 97 万居民，增幅位居全美大都会榜首。休斯敦取得如此显著的成就绝非偶然，NASA 在此建设和运行的全球最大规模的航空航天基础设施，以及在此工作的近 2 万名高端人才是休斯敦经济在 20 世纪 60 年代起飞以及保持半个多世纪繁荣的重要保障。

无独有偶，在遥远的中国西南地区，借力国家重大创新基础设施建设，原本地处大山深处的小城也上演了殊途共归的逆袭戏码。黔南州位于贵州省南部，是中国工业化水平最低的地区之一，由于交通、要素配套等原因，长期落后于全国平均水平。但就是在这里，中国建设了 FAST，将边远闭塞的黔南喀斯特山区变成了举世瞩目的国际天文学术中心。天文学的发展、天文观测量的增长产生了巨大数据量，这是真正的“天文数字”。作为 FAST 的配套，黔南州同步建设了超级计算中心，并部署了“天眼一号”超级计算系统，为 FAST 的运行以及大型国际科研项目“平方公里阵列射电望远镜”（SKA）提供了数据运算和分析支撑。中科院计算所、曙光、贵州大学大数据与信息工程学院等先后入驻黔西南，黔南州也借力发展大数据产业，成为继贵阳后贵州省又一个大数据产业集聚发展地。2018 年，全州深入推进大数据战略行动，推进大数据与实体经济融合。当年，全州电子信息制造业收入 20.5 亿元，同比增长 24.5%；软件和信息服务业收入 10.8 亿元，同比增长 74.2%。

体验与共享

科普是旅游深度发展的重要领域，而创新基础设施是科普旅游的重要载体。例如，火箭发射对于民众来说无疑是最震撼的科技活动之一，世界很多火箭发射基地同时也是重要的旅游目的地，每当重要的火箭发射来临时，都会有成千上万的民众前往现场观看，基地也会配合火箭发射，举办多种形式的嘉年华娱乐活动、音乐节、美食节，开展丰富多彩的旅游活动和科普活动。20 世纪 80 年代到 90 年代，每当航天飞机发射时，位于佛罗里达州和加利福尼亚州的两个发射基地都会聚集数万民众，发射日也成为当地的重大节庆日。2011 年，日本鹿儿岛 H2A 火箭发射“光学 4 号”卫星，鹿儿岛所有的机票、酒店、民宿提前 2 个多月全部售罄，当地观光协会临时增加的帐篷露营地也是一地难求。中国海南文昌发射基地有望成为首个对外开放、可以现场观看火箭发射奇观的发射基地。

国内外有很多地区依靠重要创新基础设施和以其为基础开展的科学活动，成为名声显赫的旅游目的地。旅游业的发展又带动了相关服务业的发展，聚集了人气和资本，促进了地方社会经济的加速发展。为了进一步深化旅游供给侧改革，推进“旅游 + 科技”产业融合发展，2016 年国家旅游局与中国科学院建立了工作会商机制，并将培育高水平科技旅游产品作为此项工作的突破口和先行军。2017 年，国家旅游局和中国科学院共同发布了首批“中国科技旅游基地”。在首批十个科技旅游基地中，除了三峡水利枢纽工程是水利基础设施（同时也兼具水文、生态、能源等科技研发功能），其余全部属于创新基础设施的范畴。中国科技馆新馆自 2009 年对外开放以来，一直是北京人流量最多的博物馆之一，单日最多接待人数超过 5 万；中科院西双版纳热带植物园在黄金周期间的单日接待人数在 1.5 万以上，是旅游大省云南东线旅游线路的必选景点。

表 7–12　中国首批十大科技旅游基地

科技旅游基地	所在地区
500 米口径射电望远镜	贵州省黔南州
中国科学院热带植物园	云南省西双版纳州
长江三峡水利枢纽工程	湖北省宜昌市
紫金山天文台	江苏省南京市
青岛海洋科考船	山东省青岛市
中国科技馆	北京市
酒泉卫星发射基地	甘肃省酒泉市

续表

科技旅游基地	所在地区
董铺科学岛	安徽省合肥市
国家授时中心	陕西省西安市
遥感卫星接收站三亚站	海南省三亚市

专栏 7–8

顶级植物学研究基地与植物主题乐园

1959 年，在著名植物学家蔡希陶教授的倡议和直接领导下，中国建造了西双版纳热带植物园。几经重组、改制，1996 年，经中央机构编制委员会办公室批准，将西双版纳热带植物园从中国科学院昆明植物研究所划出，与原昆明生态研究所整合为中国科学院的独立研究机构，沿用现名，建制隶属中国科学院领导。1998 年年底，西双版纳热带植物园成为首批中国科学院知识创新工程试点单位之一。

西双版纳热带植物园不仅是中国最重要的植物学、动物学研究基础设施，也是享誉国内外的旅游胜地。20 世纪 90 年代，西双版纳热带植物园在进行科学研究的同时开始了二次创业，建设了科普设施，培育了科普教育人员，逐步形成了以热带雨林和民族森林文化为特征，兼具自然资源观光和植物学科普的旅游线路产品。也正是在这一时期，中国国民收入水平稳步提高，交通、住宿等设施逐步改善，国内旅游市场悄然兴起，西双版纳成为国内最早发展起来的旅游目的地，而西双版纳热带植物园是西双版纳最核心的旅游吸引点。

2011 年，西双版纳热带植物园入选首批 5A 级景区和全国文明风景旅游示范区，在各大旅游电子商务平台中，西双版纳热带植物园都位居西双版纳景区热搜首位。作为中国面积最大、物种最丰富、植物专类园区最多的植物园，也是国内研究水平最高的植物学研究基地，以及国内著名的风景名胜区，西双版纳热带植物园对西双版纳旅游业的发展贡献了巨大力量。

作为新基建的重要副产品之一，在配套设施建设和宣传到位的条件下，创新基础设施能够在创造美好生活，特别是激发青少年的想象力和创造力方面，扮演着无可比拟、难以替代的角色，为世界各地民众留下难忘的记忆，丰富一代又一代人的人生体验，将炫亮的科技之光照在大地上。

第八章　新基建与“中国式创新”之路

人生的美妙之处在于迷上一样东西，人生苦短，少做些虚无缥缈的事，夜晚的灯塔一直都在，只是灯亮的时候，你才看见它。

——刘慈欣

“中国式创新”在路上

不同类型的国家有不同的技术发展道路，但模仿创新是后发国家必须经历的发展阶段。英法是最早完成工业化的国家，技术进步主要由内部经济结构变化引致，并通过保持在世界技术创新方面的领先地位实现经济的持续增长和社会不断进步。与英法相比，德美日在技术创新上都是后发国家，虽然技术成长的起始时间和路径有所不同，但都有一个共同特征：最早的技术创新是从模仿英法等先进国家开始的，然后通过对外开放逐步实现技术赶超。因此，“模仿创新”并非中国首创，更不是中国独有，“中国式创新”的成功不能仅仅归纳为“引进消化吸收再创新”。“中国式创新”的成功，除了中国制度上的优势、广大科研人员和企业技术人员的无私奉献、中国产业规模人口上的优势，还有两个经常被忽略的原因，同时也是很多国家难以借鉴和复制“中国式创新”的重要原因：始终坚持自主的创新活动，以及快速跨越一些低能级的创新阶段，直接进入高能级的创新阶段。

从未停步的自主创新

自主创新的概念虽然近 10 年才被提出来，但中国创新发展的一个特点就是从未停止独立自主的创新活动，这与日韩等在一条固定路线上实现技术赶超的道路存在区别，更与东南亚、拉美国家在实现经济起飞后难以依靠自主创新形成持续增长动力不同。

新中国成立后，中国创新之路一波三折，因为自身基础条件极差、国际环境不断变化，中国的创新道路多次中断。新中国成立初期，中国大量引进苏联技术，弥补了众多短缺技术，迅速形成了工业化所需的技术体系。20 世纪 60 年代，随着中苏关系的恶化，中国不得不放弃苏联技术路线，转向以自我探索为主，并广泛吸收来自外国的相关技术。改革开放以后，为了适应大规模吸引外资的要求，一大批自主研发项目被迫下马，中国的技术路线转为以引进为主，技术路线再次被重新设定。尽管技术路线不断改变调整，但即便在最艰苦的时候，中国科研人员也从未停止过自主创新，这不仅在改革开放前保障了中国“两弹一星”等重大战略项目的成功，也为改革开放后中国在技术引进基础上迅速消化吸收外来技术奠定了坚实基础。

专栏 8-1

高铁名片不能仅靠技术引进

高速铁路是中国在高精尖领域进行技术创新和产业化最成功的名片。不到 10 年时间，中国高速铁路不仅从无到有，还成为全球绝对领军者，高速铁路通车里程超过全球一半，运营速度、舒适性、安全性遥遥领先，高速铁路系统和技术创新体系令各铁路传统大国羡慕不已。

很多人认为中国高速铁路技术源于国外，是在西门子、川崎、庞巴迪的原型车上发展起来的，并不是中国自主创新的产物。事实上，虽然中国铁路发展战略多次被改写，但在长达半个多世纪里，中国铁路从未停止过自主创新。作为高速铁路系统全球唯一的战略买家，仅仅能够在最初的技术引进和产品进口中获得一个更优惠的价格，但在后面的技术赶超中，依靠的是中国铁路坚持半个世纪的自主创新积累。

早在 20 世纪 50 年代，中国就开始了动车组的研发，但在市场需求不足和研发能力有限的情况下，动车组的技术进步非常缓慢。受原铁道部 1995 年下发的《关于扩大铁路局更新改造投资决策的规定》的影响，1995—2003 年，通过独立创新，中国先后推出了多种标准型号的动车组和高速动车组，部分车型的实验取得了令人振奋的成就，例如，设计时速 270km 且创造 321.5km/h 纪录的“中华之星”、设计时速 200km 的“中原之星”、实验速度达到 292.8km/h 的“先锋号”等。一些技术较为稳定的车型被小规模量产，无论是实验还是商业运营，都积累了大量宝贵的经验和数据。2003 年，中国铁路产业发展路线做出了重大调整，提出了跨越式发展的新路线，即要在较短时间内、以较少环节和较低代价实现发达国家近半个世纪走过的历程，这开启了中国高速铁路发展新时期。第一组时速 200km 的动车组在长春客车厂和四方客车厂下线 4 年后，中国自主改进的和谐号动车组车型就创造了全球运营编组列车的最高实验速度纪录。而国外技术专家和媒体在 2013 年普遍认为，中国仅仅是消化 200km 时速动车组的技术工艺就至少需要 10 年时间。

在从西门子、庞巴迪、川崎重工引进成套技术和制造工艺之前，中国铁路企业独立自主的创新活动从未停止，在引进技术和工艺之后，也没有放弃自主创新体系的完整性，这使得中国铁路产业和相关研发机构始终保持完整的技术研发体系，这是中国铁路迅速进入高铁发展时代并创造全球铁路发展奇迹的重要原因。

快速迈过的“山寨时代”

站在 2020 年的深圳华强北，即便是来自日本、德国等制造强国的行业管理官员和企业家，都会惊叹于这一市场所反映出的珠三角地区强大的产业配套能力和反应速度。仅仅需要一张设计草图和几天的时间，就能在这里完成一个电子产品工程机的制造，再等上几周时间，第一批产品就能上市。2005—2015 年，深圳华强北一度被全球诟病为“山寨之都”，整个中国科技创新和产业发展似乎都贴上了“山寨”标签，但 2015 年以后，“山寨”一词就渐渐淡出了华强北。中国产业发展和技术创新不仅没有停留和锁定在“山寨”发展道路上，还很快跨越了这一阶段。

后进入者的创新可以产生两种效果：一种是创造新的市场，另一种是利用更低的价格攫取部分市场份额，“山寨”无疑属于后一种。“山寨”模式并非中国独有，也不是中国首创。20世纪50年代开始，日本很多产品都紧紧跟随在美国的创意之后，电脑、消费品、通信产品都是如此。日本技术人员不仅从书本上吸取知识，还拆解竞争对手的产品，对每个部件进行彻底研究，进而吸收其设计思想。其实，不单是最终产品，日本技术人员还把制造产品的机械装置作为研究对象（日本人把这种“模仿”行为称为“逆向工程”）。1918年，松下幸之助在标准灯头的基础上，发明了改良附属插头。以现在的观点看，这个产品也有“山寨”之嫌，但它却是松下公司最重要的创新之一。从法律角度看，“山寨”不能等同于假冒伪劣，“山寨”也是有商标品牌的，只不过并非名牌产品。“山寨”产品在质优价高的名牌产品与追求新功能但购买力有限的消费者之间找到了平衡，同时也是企业在无力创造新市场的情况下，获得市场份额又规避法律纠纷的无奈之举。

对技术赶超者而言，“山寨”也并非易事，需要具有两个条件：一是创新的欲望，很多国家在接受技术领先国家为技术转移和技术授权的进程中，并没有在此基础上进行研发的愿望，甘愿在国际分工体系中保持从属地位，也不会对国外制造的产品和服务进行“山寨”；二是创新的能力，即便有创新的政策引导，但如果研发资源有限、工程师和技能型工人不足、产业配套能力有限，也难以实现成功的“山寨”。前者以“亚洲四小龙”为代表，后者以拉美国家为代表。

虽然有一段相当长的模仿史，但日本、韩国、新加坡等国家的企业并没有单纯地进行“山寨”，而是在模仿中致力于提高模仿品的质量和功能，或者说是在“山寨”的过程中不断创新。与他们相比，中国的“山寨”阶段其实更短暂。以中国“山寨”产品中最有代表性的手机为例，2005 年，深圳出现了“山寨”手机；2012 年“山寨”手机的产量和销量达到最高值；2013 年前后，华为、小米等中国企业开始推出高端智能手机；2018 年，华为智能手机出货量超过苹果，跃居全球第二。虽然直到目前仍然有为数不多的企业还在生产和销售具有“山寨”特征的智能产品，但中国智能手机产业可以说在 2016 年前后就结束了“山寨”发展阶段，前后仅用了 10 年左右的时间。除了手机行业，这种短暂的“山寨”发展道路在家电、服装、食品、工程机械等产业中都有表现。无论是企业还是产业管理部门，都很快意识到“山寨”虽然是必经之路，但其对自主技术创新和产业升级的危害也是巨大的，一大批优秀企业从“山寨”队伍中脱颖而出。中国在极短时间内完成了“山寨”阶段的过渡，也通过“山寨”阶段进一步积累了技术创新的经验和市场。

创新型国家任重道远

中国的科学技术曾经遥遥领先世界，在工业革命之前，很多重大发明都早于欧洲数个世纪。但是，人类科技的很多重大成果都是在工业革命之后创造的，新工业革命爆发后，其创造的新技术几乎和之前整个人类历史积累的技术相当。错过并远离第一次和第二次工业革命是中国近代技术水平落后不可回避的重要原因，而新工业革命是中国在 21 世纪实现对发达国家技术赶超必须抓住的战略机遇。

2017 年 10 月 18 日，习近平总书记在党的十九大报告中指出，要加快建设创新型国家，瞄准世界科技前沿，强化基础研究，实现前瞻性基础研究、引领原创性成果重大突破。中国已经是全球科研投入和产出最多的国家之一，整体科技研发资源、科技研发能力远远超过了发展中国家的平均水平，即便是与许多发达经济体相比也具有优势。但从整体看，创新型国家战略目标中提到的“整个社会对创新活动的投入较高，重要产业的国际技术竞争力较强，投入产出的绩效较高，科技进步和技术创新在产业发展和国家的财富增长中起重要作用”的目标还没有完全实现，且剩下的道路更加艰辛。

创新型国家，不是遥不可及，更不是近在咫尺。

顶级科学家在成长

借助人口基数大、教育水平高的优势，中国技术创新人员的规模优势非常显著。但是，能够引领科技发展方向、聚集科技研发要素、组织和实施重大科技创新工程的顶尖科学家还非常少。2015 年，中医科学院屠呦呦教授因发现青蒿素能够有效降低疟疾患者的死亡率而成为首位获得诺贝尔医学奖的中国人，屠呦呦同时也是第一位获得自然学科领域诺贝尔奖的中国本土科学家。如果按照获得诺贝尔奖时持有的国籍计算，美国无疑是全球顶尖科学家最多的国家。并且，在美国出生的诺贝尔奖得主占全部诺贝尔奖得主的比重明显低于按国籍计算和按逝世地计算的比重[①]。这说明美国不仅能够培养世界顶尖科学家，还能够依托好的技术研发环境和条件吸引全球顶尖人才，完善和先进的创新基础设施在其中发挥着不可忽视的作用。

图 8-1　截至 2019 年获得诺贝尔奖的国家情况（单位：人）

美国、英国、德国和法国是最早进入现代工业化的国家的代表，同时也是全球经济大国和强国，而瑞典作为一个人口只有 1 000 万的“小国”，由于进入工业革命时间早，高等教育和研究机构资源较多，“小国大企业”的现象非常普遍，在细分领域有不少世界领先的创新基础设施，荷兰、瑞士等国家与瑞典有类似的情况。日本在 20 世纪只有 9 名诺贝尔奖得主，在 2001 年提出“50 年 30 个诺奖计划”并大力兴建世界顶级实验室和其他创新基础设施后，日本的顶尖科学家快速增长。诺贝尔奖在各个国家的分布反映出，中国顶尖科学家还非常稀缺，这主要是由于基础教育难以发现真正拔尖的人才，高等教育不能因材施教，科研机构难以提供顶尖科学家成长的环境和条件等。

---

① 截至 2013 年，按获奖时国籍、出生地和逝世地计算，美国诺贝尔奖得主分别占总数的 38.72%、29.75% 和 33.80%。

基础科学贡献

借助几乎完美的产业体系和强大的产业配套能力，中国技术创新的强项是集成创新和应用创新，但基础研发存在明显短板。在传统技术领域，中国技术禀赋落后，开创性创新少。工业化国家在传统行业有上百年的技术积累，大多数开创性创新都发生在半个世纪以前，例如，化工产业的拜耳、杜邦、孟山都、ICI（英国帝国化学工业集团）等企业都在 20 世纪前 50 年攻克了对化工产业发展起到决定性和转折性作用的技术难题。经过积累，发达国家技术体系完善，形成了既有深度（从发展历史看）又有广度（从应用范围看）的技术体系。相比之下，中国在工业化初期缺乏基本的现代工业技术体系，起步技术基本靠引进，几乎所有的工业领域都是依靠国外技术种子发展起来的。这种依靠引进技术建立新产业的特色直到现在仍未得到根本改变。客观地讲，近代以来，中国在基础科学领域取得的突破非常有限，对全球技术进步的贡献乏善可陈。

表 8-1 部分化工企业优势产品的技术创新

企业名称	优势产品	开创性创新	年份
拜耳	有机磷杀虫剂	硝苯硫磷脂	1942
	合成橡胶	首次合成橡胶	1910
	聚氨酯泡沫塑料	聚氨酯	1942
杜邦	合成纤维	尼龙	1936
	杀真菌剂	代森纳	1936
孟山都	有机化学半成品	氨	1924
	聚丙烯塑料纤维	聚丙烯	1954

续表

企业名称	优势产品	开创性创新	年份
ICI	除草剂	MCPA（2 甲 4 氯）	1956
	活性染料	普施安染料	1955

资料来源：Achilladelis（1990）。

在信息技术领域，虽然中国在互联网、人工智能等方面取得了令全球瞩目的发展成就，但由于信息化始于工业化过程中，中国同样存在基础科学贡献较少的情况。最早实现工业化的国家是英国，从 18 世纪 70 年代开始到 19 世纪 70 年代完成，大概用了 100 年的时间。在英国之后，欧洲大陆的主要国家和美国先后在 18 世纪末和 19 世纪初开始了工业化进程，到 20 世纪初期，绝大多数欧美国家都实现了工业化。1946 年，第一台计算机问世标志着第五次信息革命[①]的到来，发达国家的工业体系、企业实力和劳动力素质经过了百年以上的积累和沉淀。当信息产业兴起时，发达国家具备在第一时间做出反应的所有条件。1993 年，美国率先提出“信息高速公路”计划，掀起了信息革命的第二波高潮，此时，以美国为首的发达资本主义国家已经相继步入了深入工业化和后工业化时代，可以在国家层面实施大规模的向信息领域的产业转移。相比之下，中国目前仍处于工业化的中后期，信息化与工业化是同步进行的，“两化融合”是现阶段中国工业化的基本特征之一。因此，在面临相同的技术机遇时，发达国家更容易推出具有深远影响的基础性、原创性的创新成果。

① 前四次分别为语言的使用、文字的出现和使用、印刷术的发明和使用以及电话、广播、电视的使用。

前沿领域的蛙跳式追赶

每一次技术革命都会形成赶超型国家加速赶超的战略性窗口，例如，在第一次工业革命期间，英国在欧洲脱颖而出，而美国则在第二次工业革命时期超过欧洲，成为全球技术能力最强的国家并保持到现在。这是因为新技术革命总会出现主导技术的更替，在这些全新的技术领域，赶超型国家技术研发的起跑时间与发达国家更加接近，例如，在冶金、化工、机械加工等领域，中国开始技术研发的时间落后欧美半个世纪以上甚至超过一个世纪，而在信息技术相关领域，中国系统的技术研发只比美国晚不到 20 年。即便是传统的技术研发领域，因为采用了新的科研组织方式，使用了新的研究手段（例如人工智能），借助了新的创新基础设施，赶超型国家也有可能借助政策力量实现对发达国家的加速追赶。

中国科学院科技战略咨询院和科睿唯安联合发布的《2019 研究前沿热度指数》以跟踪全球最重要的科研和学术为基础，提出了世界主要国家在 10 大领域、100 个热点前沿和 37 个新型前沿研究的活跃程度，各国前沿热度指数反映了主要国家在新工业革命重要前沿研究领域竞争激烈。中国是综合排名前十名中唯一的发展中国家，且总分排名第二，仅次于美国，但与美国差距巨大。作为全球科技研发能力最强、科技活动最活跃的国家，美国在新兴前沿领域也保持着绝对领先的地位。

在前沿科技研发的重点领域，科技强国几乎没有“偏科”的情况，在10大领域的得分和排名是较为均衡的。一方面，技术的科学性增强后，分工更加明确和细化，而一项科学研究目标的实现，无论是论文的发表，还是科技项目的实施、科技成果的转化所涉及的学科都

表 8-2　10 大前沿科研领域 Top20 国家研究前沿热度指数和排名（2018 年）

	10 大领域合计		农业、植物学和动物学		生态与环境科学		地球科学		临床医学		生物科学		化学与材料科学		物理		天文学和天体物理		数学、计算机科学与工程学		经济学、心理学及其他社会科学	
国家	得分	排名	得分	排名	得分	排名	得分	排名	得分	排名	得分	排名	得分	排名	得分	排名	得分	排名	得分	排名	得分	排名
美国	204.89	1	13.02	1	11.19	2	22.13	1	41.31	1	28.28	1	13.03	2	18.68	1	30.98	1	10.75	2	15.53	1
中国	139.68	2	9.43	2	14.23	1	10.92	2	7.11	9	12.36	2	26.53	1	9.43	2	6.91	11	33.55	1	9.23	2
英国	80.85	3	5.53	5	2.78	7	4.54	5	21.38	2	9.78	3	4.02	5	5.24	4	16.28	3	4.99	4	6.30	3
德国	67.52	4	5.65	3	3.28	4	2.16	8	14.03	3	4.48	5	4.44	3	7.96	3	17.13	2	1.91	10	6.11	4
法国	46.30	5	5.58	4	2.69	8	5.06	4	10.08	5	4.19	7	1.07	10	2.74	7	11.12	5	1.78	12	1.98	9
意大利	39.42	6	3.15	7	2.14	11	1.09	14	10.01	6	5.27	4	0.88	14	3.54	6	10.43	6	1.03	18	1.87	11
加拿大	39.25	7	2.71	8	2.06	13	6.15	3	10.15	4	1.80	16	1.03	12	2.67	8	8.35	9	2.21	9	2.13	8
澳大利亚	35.27	8	3.53	6	3.56	3	3.07	6	8.50	7	2.08	13	0.96	13	0.88	18	7.80	10	1.64	13	3.25	7
荷兰	33.80	9	1.49	19	2.42	9	0.60	19	6.60	10	4.10	8	1.09	9	2.15	12	9.50	7	0.26	30	5.58	5
日本	33.15	10	1.73	15	1.65	16	2.98	7	4.21	11	2.29	11	2.33	6	2.47	9	11.25	4	2.92	7	1.32	15
西班牙	28.20	11	1.86	14	2.10	12	0.84	17	7.20	8	2.16	12	0.64	16	2.40	10	8.67	8	0.54	25	1.80	13
瑞士	24.81	12	1.63	16	1.76	15	0.85	16	3.58	15	4.33	6	1.07	11	3.62	5	6.40	12	0.29	29	1.29	17
韩国	21.75	13	2.16	12	2.29	10	0.40	25	3.30	16	1.55	20	1.29	8	1.84	13	4.67	14	3.34	6	0.90	20
印度	20.74	14	1.97	13	2.79	6	1.47	10	0.37	41	3.82	9	1.32	7	2.15	11	4.26	17	1.35	15	1.25	18
瑞典	17.54	15	2.54	9	1.01	23	1.65	9	4.06	13	1.81	15	0.43	17	0.85	21	3.80	20	0.59	23	0.79	22
比利时	14.83	16	1.56	17	1.47	17	0.32	29	4.18	12	0.72	25	0.21	22	0.45	26	4.31	16	0.12	41	1.48	14
丹麦	13.91	17	1.08	22	1.42	18	0.79	18	3.91	14	1.28	21	0.15	26	1.18	15	2.68	23	0.45	26	0.67	23
奥地利	12.75	18	0.63	30	1.06	22	1.10	13	2.47	18	1.13	23	0.36	20	0.50	25	1.82	26	0.20	33	3.48	6
沙特	12.01	19	1.08	21	2.85	5	0.12	47	0.14	49	0.60	27	0.80	15	0.21	38	0.02	62	6.00	3	0.21	32
巴西	11.52	20	1.39	20	0.62	26	0.17	40	1.76	23	2.30	10	0.08	32	0.68	23	3.53	21	0.13	39	0.87	21

资料来源：中国科学院，2019 研究前沿报告。

很复杂，如果某一学科存在短板，就会直接影响其他领域科技研发活动的开展，最终造成整体科技实力的下降。另一方面，很多科技基础设施具有通用特征，能够支撑多个学科科研活动的开展，一旦拥有了更好的科技基础设施，往往能够同时促进若干学科的技术进步。除了中国，在综合排名前 20 的国家中，还有印度、沙特、巴西 3 个发展中国家，这些国家只在一些领域有较高的前沿研究热度指数，因而排名较靠后。

《2019 研究前沿热度指数》的评价以发表在国际顶级期刊上的论文数量和引文数量为基础，这也是科技研发和创新能力国别比较最常用的办法。毕竟，科技研发最重要的产出就是学术论文和技术专利，而作为前沿领域的研发，学术论文发表的时间要早于专利申请的时间，使用论文的数量和质量更能够反映出各个国家和地区在前沿领域科技研发的真实差距。但是，论文发表和技术的实际应用之间还需要经过复杂的成果转化过程。如果以论文发表作为科研人员考核的最重要甚至是唯一指标，必定会刺激科研人员将精力放在论文发表而不是创新成果的实际应用上，如果缺少技术研发活动与产业创新之间的有效衔接，将会出现论文多但应用转化少的局面，造成巨大的科研资源浪费，甚至使技术发展偏离更优的路线。

新基建加持科技强国建设

“中国式创新”的成功是多方面、多领域共同努力的结果，除了通常提到的制度优势，还有一个因素是其他国家难以借鉴和复制的，那就是在长达 70 多年，特别是改革开放后 40 多年的发展中，不断建设和升级的基础设施，这不仅保障了中国在各个时期都能有一个完整的科研体系和持续的自主创新活动，同时加快了中国创新的发展。在这一过程中，中国顶尖大学的相关专业在工程技术研发、项目规划设计和专业人才培养方面发挥了重要作用，而中国在“压缩式”工业化和快速城镇化进程中积累了丰富的建设施工场景以及复杂的现场问题，这些挑战反过来也为航天航空、通信电子、公路桥梁、港口船舶、采矿材料等基础设施相关领域的中国科学家和工程师提供了从理论到实践、再从实践到理论的创新机遇，从而将中国的这些学科推向了世界一流水平。可以说，现阶段中国最具影响力的学科很大一部分集中在基础设施建设领域（见表 8–3）。

表 8–3　2020 年排名世界第一的中国大学的相关学科及对应领域

世界排名	专业 / 学科	所在大学	对应领域
1	通信工程	清华大学	通信、信息、网络
1	仪器科学	哈尔滨工业大学	工业基础
1	土木工程	同济大学	基础设施
1	船舶与海洋工程	上海交通大学	基础设施、制造业
1	遥感技术	武汉大学	探月工程、通信
1	冶金工程	北京科技大学	制造业、工业基础
1	航空航天工程	北京航空航天大学	航空航天
1	交通运输工程	北京交通大学	交通基础
1	食品科学与工程	江南大学	工业基础
1	矿业工程	中南大学	矿业、工业基础

资料来源：2020“软科世界一流学科排名”。

在快速跨越“山寨”发展阶段的过程中，创新基础设施同样起到了关键性的作用。为了促进移动通信领域的技术创新，2013 年成立的中国大唐集团科学技术研究院有限公司，建成了全球最高水平的移动通信实验室，构建了面向下一代次移动通信标准的创新基础设施体系，这是中国移动通信技术能力和产业化能力在 3G 时代实现从“跟跑”向“并跑”的重要保障。在“山寨手机”带来巨大经济利益的时代，以大唐研究院的移动通信实验室为代表的一批创新基础设施的存在，使中国在智能手机上的技术赶超成为可能，为具有远见的手机企业不断输送自主创新成果和技术人才。在大唐之后，中兴、华为等企业主体也加入到移动通信领域创新基础设施的建设中。

发达国家的领先科学技术水平和强大的国际科技竞争力，在很大程度上是通过一批聚集众多创新基础设施的大型科研基地体现的，其基本特点是科研力量集中、科研任务集中、国家投资集中、科学技术成果累累、学科多样、学科交叉，发展新型、边缘科学和突破重大新技术难题的能力强。在“中国式创新”的发展过程中，创新基础设施在地理上聚集，形成了若干世界级技术创新高地。从 2016 年开始，中国发展改革委与科技部陆续批准了四个综合性国家科学中心：上海张江综合性国家科学中心、合肥综合性国家科学中心、北京怀柔综合性国家科学中心、深圳综合性国家科学中心（见表 8–4）。这些地区拥有全国甚至世界领先的重大科学装置群、大学群、人才群，是中国技术创新的“航空母舰”。

表 8-4　综合性国家科学中心（北京、上海、深圳、合肥）的创新基础设施

	大学和科研院所	重点实验室	重大科学装置
北京	中国科学院46个研究院所； 中国社会科学院； 中国工程院； 数百家国家级的专业研究院所和机构； 北京大学、清华大学等9个世界一流大学A类高校，26个世界一流学科建设高校，34个双一流高校	79个国家重点实验室	北京正负电子对撞机（BEPC）； 综合极端条件实验装置； 地球系统数值模拟装置； 高能同步辐射光源； 多模态跨尺度生物医学成像设施； 子午工程二期； 国家材料服役安全科学中心
上海	中国科学院11个研究院所、台； 复旦大学、同济大学、上海交通大学等4个世界一流大学A类高校，10个世界一流学科建设高校，14个双一流高校	32个国家重点实验室	上海光源； 国家蛋白质科学研究（上海）设施； 软X射线自由电子激光用户装置； 活细胞结构与功能成像等线站工程； 硬X射线自由电子激光装置； 上海超级计算中心； 10PW超强超短激光装置； 上海同步辐射装置（SSRF）
深圳	中国科学院（中国科学院深圳先进技术研究院、中国科学院大学深圳医院、中国科学院深圳理工大学）； 北京大学（北京大学深圳研究生院，北京大学深圳医院）； 哈尔滨工业大学（深圳）； 清华大学深圳国际校区； 南方科技大学； 深圳大学； 中山大学深圳校区	鹏城实验室； 深圳湾实验室； 肿瘤化学基因组学国家重点实验室	未来网络基础设施； 深圳国家基因库； 国家超级计算深圳中心； 空间环境地面模拟装置深圳拓展设施； 空间引力波探测地面模拟装置； 脑模拟与脑解析设施； 合成生物研究设施； 多模态跨尺度生物医学成像装置

续表

	大学和科研院所	重点实验室	重大科学装置
合肥	中国科学技术大学； 合肥工业大学； 安徽大学； 合肥综合性国家科学中心大健康研究院	量子信息科学国家实验室； 国家同步辐射实验室； 合肥微尺度物质科学国家实验室； 磁约束核聚变国家实验室； 类脑智能技术及应用国家工程实验室（NEL-BITA）； 大气环境污染监测先进技术与装备国家工程实验室	中国聚变工程实验堆（CFETR）； 全超导托卡马克核聚变实验装置（EAST）； 稳态强磁场实验装置（SHMFF）； 合肥先进光源（HALS）； 大气环境立体探测实验研究设施（AEOS）； 强磁光综合实验装置

中国在创新基础设施建设方面不仅能修路造桥，在一些重大基础设施的建设和运行上，也表现出了其他国家难以想象的坚持。仍以铁路领域的技术创新为例，由于全球铁路市场萎缩，很多国家耗资巨大的铁路创新基础设施因为各种原因难以正常运转甚至被废弃，而中国众多铁路创新基础设施始终保持很好的运转，成为全球唯一能够提供整个铁路系统（包括高速铁路系统）全部创新基础设施的国家，西门子的刹车装置等创新产品都是在中国得到验证的。中国坚持不懈的自主创新活动与创新基础设施的建设和运行相辅相成，创新活动对基础设施不断提出新的要求，不断更新的基础设施则为自主创新活动的顺利开展提供有力保障。

在传统基础设施建设方面，中国有资金、有技术、有经验、有能力、有人才、有政策，但在超大型科技创新基础设施建设方面，在大国科技竞争的赛程中，在从“并跑”到“领跑”的挑战之下，我们仍然需要进一步探究和把握建设运营的规律。在创新理念和模式的基础上，既要加大软硬件投入力度，又要做好选址布局等兼具战略性和技术性的重要工作。进入数字时代，可以预见，新基建热潮必将携重大创新基础设施，为中国构筑起坚实、开放、充满活力的数字未来。

参考文献

［1］田杰棠. 如何理解“新基建”的意义？［EB/OL］.（2020-03-13）［2020-04-15］. https：//www.tisi.org/13371.

［2］国家发展改革委 2020 年 4 月新闻发布会实录［EB/OL］.（2020-04-20）［2020-04-21］. https：//www.ndrc.gov.cn/xwdt/xwfb/202004/W020200420465025588472.docx.

［3］刘多 .“数字基建”在“新基建”中发挥核心作用［N］. 人民邮电，2020-04-02.

［4］潘教峰，万劲波. 新基建十大战略方向［J］. 瞭望，2020（17）.

［5］邓聪 . 中国工程院院士张平：“数字基建”是新时代增强综合国力的必经之路［N］. 人民邮电，2020-04-28（001）.

［6］刘树成. 现代经济词典［M］. 南京：凤凰出版社，江苏人民出版社，2002：474-475.

［7］UNDERHILL M D. *The handbook of infrastructure investing*［M］. Hoboken, New Jersey：John Wiley & Sons, Inc. 2010：2，15.

［8］WEBER B, et al. *Infrastructure as an asset class investment strategy, sustainability, project finance and PPP*［M］. Hoboken，New Jersey：John Wiley & Sons Ltd. 2016：XXV，XXVI，13.

［9］FRISCHMANN B M. *Infrastructure：the social value of shared resources*［M］. New York：Oxford University Press，2012：61–65.

［10］任泽平，熊柴，孙婉莹等．中国新基建研究报告［EB/OL］.（2020–04–10）［2020–04–15］．https：//mp.weixin.qq.com/s/jwPeeaWiHSMXGvQzX_xAAw.

［11］LIPSEY R G，CARLAW K L，BEKAR C T. *Economic transformations：General purpose technologies and long term economic growth*. Oxford：Oxford University Press，2005：98.

［12］布朗温·H．霍尔，内森·罗森博格．创新经济学手册：第二卷［M］．上海市科学学研究所译，上海：上海交通大学出版社，2017：35–37.

［13］HOGENDORN C，BRETT F. *Infrastructure and general purpose technologies：A technology flow framework*［EB/OL］.（2017–01）［2020–04–15］．http：//repec.wesleyan.edu/pdf/chogendorn/2017001_hogendorn.pdf，January 2017.

［14］BEN S，BOSC R，JIAO J，et al. *Digital infrastructure：Overcoming the Digital Divide in China and the European Union*.［EB/OL］.（2017–11）［2020–04–15］．http：//aei.pitt.edu/92718/.

［15］吴绪亮．新基建与数字中国发展的战略逻辑［N］．中国经济时报，2020–04–23（A04）.

［16］李燕 . 工业互联网平台发展的制约因素与推进策略［J］. 改革，2019（10）：35–44.

［17］卓越，王玉喜 . 平台经济视野的网约车风险及其监管［J］. 改革，2019（9）：83–92.

［18］李毅中．准确把握内涵外延 精准有序推进“新基建”［N］．中国电子报，2020-04-03（001）．

［19］辛勇飞．加快新型基础设施建设，推动经济社会数字化转型［N］．人民邮电，2020-03-11（003）．

［20］刘松．数字基础设施建设需兼顾现实和未来［N］．中国电子报，2020-04-14（3）．

［21］工业互联网产业联盟．工业互联网体系架构（版本 2.0）［R/OL］．（2020-04-23）［2020-04-30］．http：//www.aii-alliance.org/index.php?m=content&c=index&a=show&catid=23&id=1489．

［22］JACKSON F. *Cities of the future：digitally-transformed infrastructure*［EB/OL］．(2018-09-26)［2020-04-15］．https：//www.raconteur.net/digital-transformation/digitally-transformed-infrastructure.

［23］CHAKRAVORTI B，CHATURVEDI R S，TROEIN C. *Building smart societies-A blueprint for Action：How the world's most digitally advanced governments offer a strategic choice framework on technology for policymakers*［R/OL］．（2017-11）［2020-04-15］．https：//sites.tufts.edu/digitalplanet/files/2017/12/SmartSocieties_2017_web.pdf.

［24］IBM. Smarter planet［EB/OL］．（2008-11-06）［2020-05-01］．https：//www.ibm.com/ibm/history/ibm100/us/en/icons/smarterplanet/.

［25］周利敏，钟海欣．社会 5.0、超智能社会及未来图景［J］．社会科学研究，2019（6）：1-9．

［26］赵刚．从“智慧型经济”到智慧社会［N］．学习时报，2017-11-08（7）．

［27］王晓明，刘昌新．“新基建”为经济增长提供新动力［N］．经济日报，2020-03-01（12）．

［28］潘雅茹，高红贵．基础设施投资的资源错配效应研究［J］．改革，2019（7）：62-72．

［29］潘教峰，万劲波．新基建如何实现代际飞跃［J］．瞭望，2020（16）．

［30］渠慎宁，杨丹辉．突发公共卫生事件的智能化应对：理论追溯与趋向研判［J］．改革，2020（3）：14-21．

［31］李晓华，吕铁．战略性新兴产业的特征与政策导向研究［J］．宏观经济研究，2010（9）：20-26．

［32］郭春丽．第二个百年目标：全景展望与实现路径［J］．改革，2018（11）：16-29．

［33］陈小亮．发展“新基建”应该谨防三大“老问题”［EB/OL］．（2020-04-20）［2020-04-21］．https：//share.gmw.cn/economy/xinxi/2020-04/20/content_33754799.htm?from=timeline&isappinstalled=0．

［34］杨志勇．新基建的财政力量与风险［EB/OL］．（2020-03-13）［2020-04-15］．https：//www.thepaper.cn/newsDetail_forward_6488115．

［35］李晓华．面向智慧社会的“新基建”及其政策取向［J］．改革，2020（05）：34-48．

［36］李晓华．产业互联网如何更好服务实体经济［N］．经济日报，2019-09-10（013）．

［37］（美）托尼·萨尔德哈．数字化转型［M］．赵剑波，等译．北京：机械工业出版社，2020．

［38］中国国际经济交流中心．2020 年中国 5G 经济报告［R］. 2020.

［39］中国信息通讯研究院．中国 5G 垂直行业应用案例［R］. 2019.

［40］前瞻产业研究院．中国 5G 产业发展现状及趋势分析报告［R］. 2019.

［41］中国互联网络信息中心．第 45 次中国互联网络发展状况统计报告［R］. 2020 年 4 月．

［42］赵剑波，杨丹辉．加速推动数字经济创新与规范发展［J］. 北京工业大学学报（社会科学版），2019，19（06）：71–79.

［43］杨丹辉，邓洲．应加快建设具有全球影响力的科技创新中心［J］. 人民论坛·学术前沿，2020（06）：23–31.

［44］徐旻昕，王茜，刘秋芸．国之重器：我国大科学装置发展现状探析［J］. 华东科技，2020（02）：58–65.

［45］陈馨旖，黄振羽．大科学装置建设的参与主体演化［J］. 中国科技论坛，2019（12）：156–163+172.

［46］中国科学院科技战略咨询院，科睿唯安．2019 研究前沿热度指数［R］2018.

［47］熊彼特．资本主义、社会主义与民主［M］. 北京：商务印书馆，1999.

［48］闫德利．“新基建”：是什么？为什么？怎么干？［EB/OL］.（2020–03–19）［2020–04–15］. https：//www.tisi.org/13457.

［49］史丹．新基建加速我国经济由大到强转变［N］. 人民日报，2020–04–08（05）．

后 记

因疫情的关系，与一些同事有近半年未能谋面，本书写作过程中关于思路和提纲的讨论多是在线上开展的。作为本书的统稿人和作者之一，我还是感觉视频会议的气氛不够活跃，心下期待的其实是重现《影响未来的新科技新产业》一书创作期间，同事们妙语连珠、火花四射、智慧如炬的交流，那无疑是属于我们这个团队的高光时刻。

这本书的写作是时隔三年之后“未来产业研究组”的再次集结。过去三年多，研究组也曾有过数轮形式多样、颇具洞察力的讨论，讨论中关注到的前沿科技、创新方向、新兴产业和商业模式其实都是不错的选题，在研究组内部发现并凝聚共同的兴趣点亦非难事，但繁重的科研工作分散了大家的精力，迟迟未敲定使研究组动笔的“第二季”，直到 2020 年春天接到了中信出版社的邀约。

与拿下“2017 中国好书”奖、赢得多项荣誉和广泛关注、收获不俗市场反响的“第一季”不同的是，这次我们面对的是一篇命题作文：新基建不仅是中央和地方力推的发展大计，而且是相当吸睛的投资“热点”。不得不承认，“追话题”并非我作为研究组召集人的专长，要把握好这一兼具政策性和市场化的主题，压力不言而喻。同时，近期这一领域的学术研究和政策咨询快速升温，各类成果短时间内集中面世，已然形成一定的同质化竞争。如何彰显自己“产品”的差异性（产业经济学）、抽离红海投入蓝海（管理学），对于谙熟竞争策略的作者来说应该不是真正的挑战。实际上，我们团队的主要成员已经在新基建及其细分领域相继发表了不少有影响力的成果，更大的困扰来自这类知识创造和传播的价值何在，对此我本人也曾有过犹疑，而我们团队之所以最终决定接下这一选题，很大一部分原因还是在于疫情。

2020 年注定是一个极其特殊的年份，突如其来的疫情把这个世界冲击得七零八落，接连上演了一出又一出“活久见”的戏码，为充满偶然性的历史标记下必然的注脚。相信疫情期间不少人都有从这个或那个微信群中决绝退出的经历，即使不退群，在一个燃点和泪点都很低的非常时期，也会选择长时间“潜”着沉默不语。是的，这场“史无前例”的灾害造成了前所未有的割裂。“巨大的灾难面前，未来已成为永远无法到达的彼岸。”这是加缪在《鼠疫》一书中写下的，而他还曾言道：“真正的生活是在这撕裂的内部出现的。它就是这种撕裂本身。就是在光的火山上翱翔的精神，是公平的疯狂，是适度的筋疲力尽的不妥协。”

弥合世界的裂隙、跨越心灵的沟壑，我们无力为之，但此刻仍怀有一丝希冀：以新科技支撑更富创新的产业、建设更有活力的城市、构筑更具智慧的社会，为人们获得选择不同生活方式的机会、拥有独立思考的时间和空间提供先进而有力的软硬件，从而使更多的人面对种种撕裂，能够从容不迫地守护着本心，这正是我们理解的新基建应担当的角色，同样也是可以凭借我们的专业知识，力所之能及。尽管不少观点认为科技进步无益于突破思考自主和思想自由的禁锢，数字时代的智能设施反而会在某种程度上加大而非填平横亘在传统与现代之间的鸿沟，网络平台上更易标签化的意见实则放大了民族国家、社会群体以及普罗大众之间的分歧和对立。

归根结底，写好新基建这一主题与研究组成立的初衷高度契合，那便是不断探索科技、产业和城市的未来。科技纵然无法重塑人性，但它的脊背毕竟倚靠着梦想，恰如埃隆·马斯克所说："不是技术改变了世界，而是技术背后的梦想改变了世界。"在此理念之下，未来的图景应该也完全有条件借助科技创新和制度变革而变得更加美好可期。20 世纪 70 年代，怀揣科学家梦想的我对《小灵通漫游未来》之类的科幻作品并无多大兴趣，而印象至深的却是一本带有科幻色彩的童话书——《丰丰在明天》。细想来，也许是那本薄薄的小书描绘的充裕富足的生活场景在物质极度匮乏的岁月里更令人神往。其中一个细节至今难忘，丰丰小朋友"在明天"乘坐的是能够随时随地起降的"空中公交"，这种交通方式直到今天仍停留在"将来式"。这不免让我们对基础设施的样态生出很多想象和憧憬[①]。在未来，智慧交通的触角一旦伸向天空，人们或将借此从半个多世纪以来现代化路径下"大城市病"的困扰中脱身，而科技创新也必将从供需两侧推动基础设施

---

① 实际上，这种想象和憧憬同样被马斯克列入了其改变城市交通系统的计划之中，而且在马斯克提出电动飞机的设想之前，已有中国企业设计出类似产品，其中一些机型还获得过德国等发达国家的适航认证。近期，特斯拉公司宣称，随着电池能源密度的显著改善，未来 10 年中有望推出电动飞机，并实现"电动化城市航空"（electrified urban aviation）。尽管这一雄心勃勃的计划受到了包括比尔·盖茨在内的一些投资者和工程技术人员的质疑，但马斯克对电动飞机的技术可行性和市场前景仍然信心满满："包括飞机和轮船等所有交通工具将全部电动化——不是半电动的混合动力，而是完全的电动化……这是完全没有问题的。"

持续更新和迭代，一如历次工业革命带给人类社会苍黄翻覆的巨变。虽然人们失望地看到，即使到了21世纪20年代，科学发现及其成果传播的影响依然如此乏力和受限，但“科学的、真正的、合法的目标说来不外是这样：把新的发现和新的力量惠赠给人类生活”（培根）。因此，除了为读者解析新基建为何建、如何建、建什么、谁来建，本书还将视角投射到中国和世界共同的数字未来，力图为读者展示智能化、绿色化的新型基础设施及其为产业高质量发展、消费升级和大国数字转型强基赋能的作用机制。

基于以上出发点，立足作者的专业特长，并考虑到目前国内对新基建的内涵和外延尚无统一界定，本书所涵盖的新基建突出了其数字化技术特征。其中，李晓华承担本书的总论部分，系统梳理了新基建的内涵和特征，李鹏飞和游子安、邓洲、赵剑波、渠慎宁和杨丹辉、张艳芳、金殿臣分别撰写智能交通、科技创新基础设施、5G等新型通信基础设施、作为新一代通用技术的人工智能和区块链、算力基础设施和智慧能源的相关章节，邓洲在第八章中对依托新基建，打造创新型国家做出了展望，杨丹辉在前言和后记中进一步诠释了处在世界百年未有之大变局、大国竞争全面升级、打好产业基础高级化、产业链现代化攻坚战的大背景下，加快推动新基建的重大意义和本书的核心观点。书稿完成后，由杨丹辉和邓洲负责全书统稿。除了承担统一体例、英文专用名词翻译等技术性工作，统稿人对部分章节的标题和内容进行了补充调整，并分别拟定了各章的题记。本书的文责由作者自负。

令我们备感荣幸的是，邬贺铨院士、黄奇帆副理事长百忙之中分别为本书做序，林毅夫院长也撰写了推荐语。高屋建瓴的序言和精彩的推荐语不仅体现出他们对新基建深刻而独到的见地，有助于读者更全面地把握新基建的技术特征、发展路径及政策背景，同时也是对未来产业研究组所做工作的认可和肯定。感激之余，今后我们将持续深入开展“未来产业”的研究，努力推出更具前瞻性、创新性的成果，以回馈前辈们的真诚勉励和殷切期望。

感谢中信出版社的信任，将这一热门选题交给了我们研究组。这也是我们与本书主编寇艺明女士的第二次合作，首发成功为双方顺畅的沟通打下了很好的基础，寇女士专业高效的策划和编辑工作显然有助于改善作者对本书的预期。感谢中国社会科学院工业经济研究所的领导，他们一直鼓励支持研究组发挥在产业经济学和管理学领域长期积累的优势，不断拓展新的研究方向，形成多样化、高水平的智库成果，本所同事有关新基建和相关课题的跟踪研究对我们亦有启发。延续《影响未来的新科技新产业》的风格，我们同样借助网络平台上的技术资源，制作并优化了书中的部分图表，为增强各章节的可读性、提升书稿质量提供了专业支持。

最后，感谢妙笔生花、力透纸背的队友们又将撰写后记的“特权”让给了我，使我能够再次“以权谋私”。作为这本书的结语，我给读者端出一碗自己也不能免俗熬制的“鸡汤”。大约上小学三年级时，父母带回一本连环画书——《居里夫人》。少时一向被指缺少耐心和毫无定力的我快速翻完，接下来却又一反常态地看了数遍。尽管几年后上中学时阅读了文字版的《居里夫人传》，但却无法复制那本小人书营造的心灵涤荡。很多年后我也没弄明白，一位身量单薄的女科学家执着地相信其存在（建立在科学分析之上），并日复一日地在一间破败的实验室里从数吨沥青废料之中提取并发现放射性元素的画面为何如此动人。疫情下撕裂世界中依旧奔忙的人们使我领悟：

“对于未来的真正慷慨，在于向现在献出一切！”

杨丹辉

2020 年 8 月 30 日　北京

作者介绍

中国社会科学院工业经济研究所未来产业研究组，是由中国社会科学院工业经济研究所一批长期从事产业经济学和企业管理研究的学者组成、以探求未来产业发展范式为志业的开放式团队。团队成员承担国家社会科学基金重大招标项目等国家级课题，研究成果多次获得中央领导同志批示，形成了广泛的学术和社会影响。

本书的主要作者：

杨丹辉，经济学博士，中国社会科学院工业经济研究所新兴产业研究室主任，研究员，博士生导师，入选国家百千万人才工程，被授予有突出贡献中青年专家，享受国务院特殊津贴。中国社会科学院工业经济研究所未来产业研究组召集人。

李晓华，经济学博士，中国社会科学院工业经济研究所国际产业研究室主任，研究员，博士生导师，中国工业经济学会常务副理事长。

李鹏飞，经济学博士，中国社会科学院工业经济研究所联络处处长，研究员。

邓洲，经济学博士，中国社会科学院工业经济研究所工业发展研究室主任，副研究员。

赵剑波，管理学博士，中国社会科学院工业经济研究所副研究员。

渠慎宁，经济学博士，中国社会科学院工业经济研究所副研究员。

张艳芳，管理学博士，中国社会科学院工业经济研究所副研究员。

金殿臣，经济学博士，中国财政科学研究院外国财政研究室助理研究员。

游子安，经济学研究生，中国社会科学院大学研究生院。